錢穆先生全集

錢穆先生全集

[新校本]

世界局勢與中國文化

九州出版社

圖書在版編目（CIP）數據

世界局勢與中國文化 / 錢穆著 . -- 北京 : 九州出版社，2011.7（2023.5 重印）
（錢穆先生全集）
ISBN 978-7-5108-1020-6

Ⅰ . ①世… Ⅱ . ①錢… Ⅲ . ①國際形勢 - 文集 ②傳統文化 - 中國 - 文集 Ⅳ . ① D5-53 ② K203-53

中國版本圖書館 CIP 數據核字（2011）第 100990 號

世界局勢與中國文化

作　　者　錢　穆　著
責任編輯　劉瑞蛟　張　婷
出版發行　九州出版社
裝幀設計　陸智昌　張萬興
地　　址　北京市西城區阜外大街甲 35 號
郵　　編　100037
發行電話　（010）68992190/3/5/6
網　　址　www.jiuzhoupress.com
印　　刷　三河市東方印刷有限公司
開　　本　635 毫米 × 970 毫米　16 開
插頁印張　0.5
印　　張　24
字　　數　269 千字
版　　次　2011 年 7 月第 1 版
印　　次　2023 年 5 月第 3 次印刷
書　　號　ISBN 978-7-5108-1020-6
定　　價　86.00 元

錢穆先生

绝壁上千寻陡峭岩栖庐望鹤
去不还人间自今古洞天谁写青
旧贯高超鸥鹭雁长翅风
月夜清唳九霄间书赠

钱穆

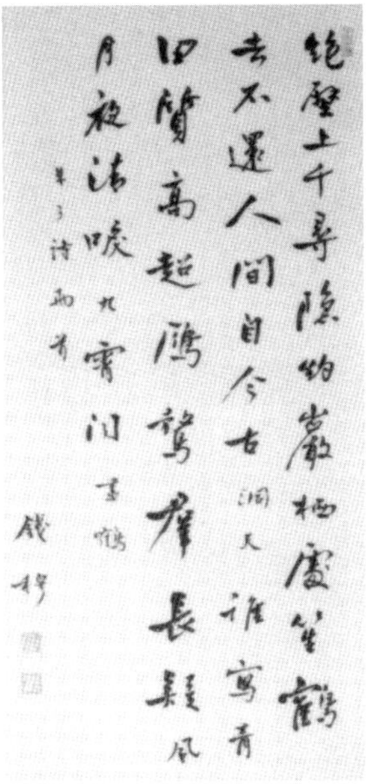

新校本說明

錢穆先生全集，在臺灣經由錢賓四先生全集編輯委員會整理編輯而成，臺灣聯經出版事業公司一九九八年以「錢賓四先生全集」為題出版。作為海峽兩岸出版交流中心籌劃引進的重要項目，這次出版，對原版本進行了重排新校，訂正文中體例、格式、標號、文字等方面存在的疏誤。至於錢穆先生全集的內容以及錢賓四先生全集編輯委員會的注解說明等，新校本保留原貌。

九州出版社

出版說明

一九七五*年，郵政總局爲協助員工進修，編印郵光叢書。錢賓四先生應邀將散篇論文二十一篇彙爲一書，付與出版，爲郵光叢書第二輯之一；並擇其中一篇世界局勢與中國文化，取爲書名。當時郵政總局印行叢書，只供內部員工閱讀，不對外發行。一九七七年，先生重新整理本書，增稿十篇，刪去人生之兩面一篇，另收於靈魂與心一書中，共得三十篇、交由臺北東大圖書書局重版，以廣流傳。

本書討論當前世界局勢之演變，及中國文化在此變動中因應區處之道，所涉方面甚廣，論題或大或小，或專或通，每題各申一義；然會合觀之，則彼此相通，不啻全書成一大論題，義趣通貫。其中若干篇雖因時立論，觸事而發，自今讀之，亦無過時之感。蓋先生對中國文化實抱堅定之信念，弘通之認識，故隨機觸發，皆成勝義，自有源泉混混不擇地而出之致。

*新校本編者注：原文為「民國」紀年。下同。

原書中有六篇，或與他書重見，或改入他書，計為：

談中國文化復興運動：已見歷史與文化論叢。

毛澤東與文化大革命：原題中國傳統文化之潛力，先生晚年有意編入中國學術思想史論叢：今遵遺命改入該書第九編。

中國今日所需要的新史學與新史學家：改入中國歷史研究法。

理想的大學教育：改入文化與教育。

中國文化體系中之藝術：已見中國文化叢談。

中國平劇之文學意味：改入中國文學論叢。

今全集新編，上述六篇不再重收。另增附內容相類之零稿，計十篇：

大局展望

人類登陸月球與歷史前瞻

一個中國人讀索忍尼辛哈佛講辭

對日抗戰之一些回憶與感想

漫談老子在美國

略論歐洲文化前途

知心與知道

質與量
今年我的最後一課
中國文化對人類未來可有的貢獻

合舊有共三十四篇。先生生前曾囑，收集散篇論文，儘量以類相從，歸入舊編，不添新書：本書增附部分，蓋謹遵此意而爲之。

此次整理，乃以東大圖書公司初版爲底本，校改原書若干誤植文字；整理標點符號，主要爲加入私名號、書名號，及重點加引號，以利讀者閱讀。目錄中新增之文例加「*」號，以資識別，整理排校，雖力求愼重，然錯誤疏漏、在所難免，敬希讀者不吝指正。

本書由胡美琦女士負責整理。

錢賓四先生全集編輯委員會　謹識

目次

序

本書彙集作者散篇論文共二十題二十一篇，擇取其中一篇題名「世界局勢與中國文化」作爲本書之書名。其中最早兩篇，一在民國三十一年，一在民國三十五年，距今已及三十年前後。此外起一九五一年，距今亦踰二十年以上。今天的世界，不斷在變動。五年一小變，十年一大變，二、三十年前的文字，目前讀來已如明日黄花。但其大趨勢依然沒有變。亦可說當前世界此一大變，已開始，未終了。回讀二、三十年前舊文，有些話到今正可說依然有徵驗。何況文化大統有其變，更有其常。二、三十年的距離，恰如一瞬。惟個人學養，二、三十年未能有大進步，茲應郵政總局之請，彙集此二十題二十一篇文字。而統合觀之，則甚感慚怍而已。

一九七五年十一月錢穆自識於臺北士林外雙溪之素書樓時年八十有一。

本書再版，又增稿十篇，遂成今目。一九七六年十一月穆又識。

一　漫談歷史與盱衡世局

漫談歷史，盱衡世局。

歷史只是許多人事之叢集，此一件件的人事，即成爲歷史之內容，亦可說即是歷史之本身。除卻人事，將不復有歷史。

人事之主動，在人不在物。物可以爲人事之限制，乃及人事之誘導，但決定一切人事之動向者，則在人心的某些願欲與想望。人之智慧與意志，則追隨於其所願欲與想望而使用。

每一件人事之活動，必有少數之領導，多數之附和。從事於此同一事件中之羣衆之心願與想望，則必大體略相同。亦有少數倡導者，揣摩多數心理，僞造口號，以資煽動。或多數附和者，假裝服從，別具期圖。要之，非有大體可相會通的心情，決不能創出羣衆團結的事業。

只待某一些願欲與想望，在某一時期獲得多數人之響應與團結，而形成爲一事件，此一事件即成爲當時歷史之動力。換言之，此一事件，將會推進歷史，依隨其事件所內包的人心之願欲與想望而前進。

此一動力，有時並會吸引乃至裹脅其他動力屈服與合作，使許多動力追隨趨附於某一大動力之下，而會合向前；這便成爲此一時期歷史之主流。

此一動力，若非遇有堅强不可克服之阻碍，勢必逐步前進，到達其所欲達之目標。此謂之歷史之趨勢。故歷史上某一事件之開始，早有其情勢上内在必然之演進。中國古語說「觀微而知著」，又說「履霜堅冰至」，「爲虺勿摧，爲蛇將若何」。此等皆人事必然可有之經驗。依據於此等經驗，乃可對歷史趨勢，有一種大體近情之推測。

然歷史絕非依循某一條線路爲單軌之前進。同時必有許多事件，頭緒紛繁，各自向前。有時此許多事件，各有進程，互不相犯；有時則匯成一流，有時又互相抵拒。力大者壓制力小者，使力小者之進趨，終於阻礙而至於消失。有時雙方勢力不相上下，而在極端衝突之情勢下，激起了戰爭。

中國人應付人事，向主從人類心情之願欲與想望方面作根本的調解。其中如道家一派，每主「謹小愼微」，於事態初兆端倪時，即設法予以融釋與消散。故曰：「爲無爲，圖難於其易，爲大於其細。」若失此一機，事態演進已達相當堅强與顯著時，便不主張用强力來抵壓。他們卻想因勢利導，任其更益向前，到達於自趨崩潰破裂之階段，乃徐起而乘其敝。

此因歷史上任何一事態，其所資以向前推進之動力，決非單純而和協。往往由於多種的願欲與想望，因於某些機緣而偶然湊集，暫時合作，成爲一大力量。及其到達某一階程時，此種合作將會解體。又某種願欲與想望，亦可因於某一部分之滿足，而失卻其鼓舞向前之强力。故道家常主避其鋒銳，乘其怠疲。甚至於「將欲歙之，必固張之」。這是中國道家深諳人心祕竅以後，所主張的一些權謀與術數。

若論儒家觀點，則與道家絕不同。儒家信仰人類之性善論，以人心相同爲其一切理論主要之出發點，認爲人類心理種種願欲與想望，其最後無不可以相通而相成，在根本上不會有大衝突。故儒家宗旨重在教導與感化，在一種更高道義標準之下，使人類一切事件，到達於終極的融和。「天下一家，中國一人。」「道並行而不相悖，萬物並育而不相害。」因此天下太平，世界大同，遂成爲中國儒家對於歷史演進最後的大理想。

上述中國人的歷史觀，我們暫可說其是一種東方型的柔道的歷史觀。若論西方歐洲人態度，似乎有些和東方不相似。首先說到希臘人。他們似乎尚未深入認識到人類歷史演進可能到達某種嚴肅慘酷的境界，因此他們常沉溺於現前之喜悅與愛好，體驗了人生之光明面，沒有警覺到人生之黑暗面。羅馬人無疑看重在權力。因此憑藉他們的組織與統治，形成了大帝國。他們所努力者，在把一個力量來控制領導其餘一切力量。這一努力，也可使歷史獲有某一時期的光榮與昌盛。然而到底則不可久。

蠻族入侵，帝國崩潰，繼之而起者爲基督教。基督教帶有一種極深的人類原始罪惡的觀點，因此由於基督教所形成的感化與教導，不幸在其終極精神上，常易偏向於出世。基督教的指導理想，不在歷史，而在天堂與神國，因此有時不期而然的會遠離了人心。這是基督教與中國儒家之相歧點。

我們也暫可說，西方人的歷史觀，較之東方，是一種剛性的，強力的。此則證諸近代西方歷史之演進而更可見。

中古時期基督教會統治的歷史，也可說是一種剛性的；因其太過低壓了現實的人生，於是而有文藝復興與宗教革命之繼起。其時人所最先憧憬者，厥爲一種希臘型的人生之復活。由於個性自由與現世福利之追求，而有中產階級之崛起，繼之有民主政權之爭取。但近代歐洲，又不能長久停留在古代希臘型的人生境界裏，其最大理由，厥爲新科學之發現。

近代科學最先用心，本爲接替宗教來究探宇宙之祕奧。但在其演進中途變了質。由於科學方面之應用，而更激起了人類追求現世福利之信心與熱忱。由於有新科學而有新工業，與新商業。於是歐洲現代國家，其內部核心雖爲希臘型的民主，而其向外發展，則成爲羅馬式的帝國。

近代歐洲營建帝國、向外殖民的歷史，更不能不說是一段剛性的強力的歷史。即就民主政治言，西方民主政治的基本理論，一向重在個人之自由與平等，不重在羣性之融和與協調；也仍可說是一種剛性的，強力的。

剛性的歷史演進，顯白言之，只是一種強力爭取的程度逐步趨向於激烈。近代科學，鼓勵了強力爭取的興趣，又加深了強力爭取的信心。而這一趨勢，也終於招來了近代西方歷史轉入悲劇的命運。

最先是帝國與帝國間向外殖民爭奪的鬥爭。第一次世界大戰，可說是此項鬥爭最後之一幕，隨之而起者，在內部的口號是「打倒資產階級」，在外面的口號是「打倒帝國主義」。這兩個口號實際上仍還是沿著近代歷史之大趨勢演進，而只是主客的形勢倒轉了，遂成爲第二次世界大戰乃及今天的形勢。

正因爲近代西方民主政治的基本理論，建築在個人自由上；由於資本主義之出現，而一般對此潮流未獲滿足者，遂改走階級鬥爭的路。若進一步分析，階級鬥爭是手段，個人自由還是其目的。

也正因爲近代西方民主政治的基本理論建築在個人自由上，於是工商業先進的國家，即科學發達走上前面的國家，其國內政治雖是民主的，而此種政治之轉向於國際間，則終不免要變爲帝國的。

我們若明白得這兩層，則階級鬥爭與打倒帝國主義之兩種口號之必然相因而俱有，也就不難得理解。

若我們在大體上，認定近代歷史之演進軌程所由達於目前之形態者，其主要在於強力爭取之一途；則此種強力爭取，有會合人心處，也有違逆人心處，其一切得失強弱之形，都可由此來闡尋。

我們暫分當前的世界爲兩面，一是爭取而已得的，一是爭取而未得的。爭取而已得的，處在保守方；爭取而未得的，處在進取方。這是人心之大趨，不易輕有所改變。當前民主自由方面的國家，以美國爲代表，主要的理論和精神，多偏近在保守。今天鐵幕後面的國家，以蘇維埃爲領袖，我們也可說他們是爭取而未得的。他們主要的理論及精神，則多半屬進取。

此處所謂「保守」與「進取」，並與分辨是非、善惡不相干。保守的不必非，進取的不必是。但進取的常在撥動，在闖進；保守的則只求安撫，求防堵。因此進取的總是搶先了一步，總在積極地主動；保守的總是落後了一步，總在消極地應付。

凡屬站在保守一面的，總希望維持現狀，相安於無事。但進取一面，則正爲其於現狀有不滿，因於不滿現狀而產生的反動，如何仍可以此現狀來消弭？如是則此種衝突之解消，決然不在於保守現狀，其理不煩言而定。

而且站在保守一方的，其內心信仰，也仍還是一種強力爭取的舊傳統。他們似乎認爲只要強力優勢常保在我一邊，則對手方終於會不敢動。此純就強力觀點論，也不是沒根據。但對方心理則正在爭取此強力；只要此種爭取強力的心理一日不解消，其勢仍還在爭取。如是永遠的強力爭取，結果必然會落到強力的決鬥上。雙方將來的勝敗，是一件未定的事；而現狀之不可久保，則是歷史趨勢的大傾嚮，早已揚露不容再否認。

第二次世界大戰將臨結束之際，出現了原子彈。最近原子彈之飛速進步，又出現了氫彈。然而一樣無所挽救於世局之動盪不平靜與不安和。這就足證明了我上面之所說。

然則人類當前歷史，是否仍有其光明的一面呢？淺言之，即就今天的和平局面言，是否仍可保持呢？站在保守方面的人，又寄望於進取方面內部有了出人意外的突變。歷史上突變的事也常有。例如史太林忽然死去了，貝利亞忽然被清算，東德、波蘭、捷克一些鐵幕裏面的衛星國家忽然起騷動，那都足以引起保守方面種種的幻想。但歷史上早已顯露的大趨勢，決不能從這些突生事件來衡量，來推測。這些突生事件，最多可以使歷史趨勢受頓挫，但歷史趨勢顯已成形了，而且其勢又不可侮。若求此種趨勢之確實轉向，則決不在於此等突生偶發事件上。

即如第一次世界大戰以後俄、德皇室之崩潰，第二次世界大戰以後德、意極權政治之消滅，豈非同樣不能挽救近代歐洲歷史悲劇性的應有的演進？則更何論於如當前那些突生偶發的事項？

如此則當前歷史光明面，究竟在那裏？若純從理論立場看，只能依隨著歷史大趨勢的，便是歷史的光明面。所惜者，是目前的兩大對壘，只是或多或少地把捉了此一歷史的大趨勢，同時又是或多或少地違背了此一歷史大趨勢。複雜的人心，糾結成複雜的世局。於是此種對壘抗衡，遂驟難獲得一項平易近人輕鬆的解決。

讓我們平心說。當前保守方面，已往一切既得權益，多半還是由強力所爭取，到底不免於所謂「帝國主義」、「資本主義」的，這已引致了人心絕大的不滿。若一意堅決地要保守這一些既得的權益，則悲劇性的歷史，無論如何，仍會變形地演進。再就進取方面言，他們種種黑暗殘酷，究也把捉了這一時期悲劇性的歷史演進中一種反動的力量。換言之，他們之所以站在求爭取的一面者，正爲有大批不安的、不滿足的人類心理做後盾，遂能乘機煽動和裹脅。就已往歷史言，也從沒有全違背了歷史潮流而能形成一股反動威脅的力量。

若如上所指述，已往帝國主義的殖民權益必然得放棄，人心所向的個性尊嚴，與人類自由平等的內心要求，必然得暢遂與滿足。對內固須爭取政治的民主，對外也須爭取民族的自由。此是近代歷史兩大潮流，而所惜的只在尚未獲得一個合理的配合。在複雜的事變中，未能紬繹出一條眾所歸往的大趨向。於是顧此失彼，齊固失之，楚亦未得，形成了一種僵持的局面。若我們仍還遵循著以前武力爭取、剛性歷史的老路向，似乎這一段的歷史悲劇，未必即是再一番世界大戰便可徹底地消弭。

「物極必反」，又是中國人深透人心、妙觀歷史的一句古格言。當前保守方面似乎有一些決策人，卻像要走上中國道家所主張的「將欲歙之，必固張之」的舊權術。這是很值得我們深細體味的一會事。我們看慣了向來西方那一段剛性的歷史，對於最近那一套，不免要失望，要詫怪。其實當前歷史，早已主客倒置了，不該仍把舊傳統來推究新形勢。近代的帝國主義者卻會轉到懷柔一方面去，不論是有意，或無意。像慕尼黑與雅爾達，也可說讓他喫了些甜頭，到後嘗苦味。中國道家那些權謀術數是深沉的，讓他喫了些甜頭，必然到後會嘗到苦。但這些權術，用在一向是柔性歷史的演進中，爲害或尚少。若誤用到一向是剛性歷史演變到大鬥爭的局面像今天般，虎兕出柙，究竟是大危險。「天地不仁，以萬物爲芻狗」，存心不仁的，不惜以別人作芻狗的，究竟喚不醒當前歷史的噩夢。

儒家理論即在中國，一向也見譏爲迂濶而不切於事情。然即以兵爭論，「攻心爲上」，便是儒家的精義。無論近代的冷戰或熱戰，也同樣少不了宣傳。試問除卻經濟數字、戰場火力，那些科學的精密計算之外，若能加上些深入人心的宣傳與號召，豈不同樣的有用？否則火海縱能堵塞住人海，物力豈能盡勝過心力？三年來使用著聯合國名義的大軍，到今天，也僅能在韓戰場取得如此一個光榮的和平，這還不是當前一現實教訓嗎？若許我們仍說一些中國儒家的迂濶話，今天所缺乏的，到底不在強力上，而在道義上。強力感太敏銳，道義感太模糊，這是今天悲劇性歷史主要的成因。即就強力論，今天世界大多數人類所想望的，豈不還是儒家所說的一種「仁義之師」嗎？「東面而征西夷怨，南面而征北狄怨。」「簞食壺漿以迎王師。」「若大旱之望雲霓。」今天我們設身處地，親嘗了其中的滋味，才知道那些話，有深入人心的眞切處，並不太荒唐，太幻想。扭轉歷史的，有時不盡在強力。人類若無新理想，很難開展出新歷史；人類若無新號召，很難激發出新力量。歷史的動力在人心，這是一條再也顛撲不破的大道理，即使原子彈、氫彈，一切由新科學所發明的新物力，只要違逆人心，依然解決不了人類歷史的眞命運。此刻那邊在說反帝國、反資本，這邊在說反極權、反鐵幕。老實說，人心並不完全在某一邊。老是如此般兩兩相反，卻喚不起一個涵蓋雙方的正面的更高理論來。這便告訴了我們今天人類尚未走盡幾百年來歷史潮流轉進到悲劇命運的唯一的理由。

世界命運係於這一點，中國命運也同樣係於這一點。今天須有大智慧，大仁慈，大勇敢，才能抉發出人心之所同然，來領導歷史脫離悲劇重新演。否則以暴易暴，「如水益深，如火益熱，亦運而已矣」。老像這幾十年來的翻身和轉側，終於得不到安寧。這大家回頭一想便可知。

我並不想復古，但人類智慧總有限，往往只能從舊東西上來變出新花樣。此後的中國人，似乎仍還只有讓別人牽著鼻子走。我暫不想多說話，我願試爲領導世運的西方人姑爾借箸一籌。一張一弛是天之道，他們儻能稍偏近東方柔道一邊來，或許會好一些。或許憑藉他們現代的科學進展，再回頭到希臘的人生，莫再迷戀在羅馬的帝國形態上。或許憑藉他們傳統的宗教信仰，能設法運化進中國儒家的觀點，莫再把上帝太遠離了人心。如此般努力，或許不失爲人類最近當前可有的一種新祈嚮。世界的大火焰，到處在蔓延，誠然少不得需要焦頭爛額的人；但大火未到處，也仍還得要曲突徙薪的，因此我這些陳舊的迂濶談，也不妨姑妄言之了！

（一九五三年八月一日香港星島日報）

二　和平與鬥爭——兩世界勢力之轉捩

一般的看法，總認爲世界是分成爲兩個了：一個是自由世界，而另一個則爲鐵幕世界、極權世界，即不自由的世界。人類又誰不想自由呢？如此看來，好像不自由的世界，應該斷不能與自由世界並立爲敵。然使我們眞肯面對現實，當知此一看法，實在太皮相，太膚淺。若眞據最近趨勢言，不僅這兩世界，儼然可以並立，成爲敵體；而且自由世界一邊，往往像是屈居下風，不斷有捉襟見肘，招架不迭之象。這又是什麼理由呢？

若我們肯換一種看法，當知人心斷無不喜自由的。然而爭取自由，則可採兩種不同的方式。一種是憑仗個人才智，分別來爭取自由；另一種則是憑仗團體，集合來爭取自由。若我們肯改用如此的看法，則憑仗個人來分別爭取自由的，應該不會比憑仗團體集合來爭取自由的更強些。若我們肯如此來看當前的世界，便會使我們減少樂觀的成分了。

近代所謂「個人自由」那一派思潮，興起在西歐，旺盛於北美。他們是爭先一步，攫得了世界之霸權。然而因於一部分人之站在自由之優勢上，而使另一部分人轉逼到自由之劣勢方面去。那站在劣勢一邊的，固然涎羡這一邊的個人自由；然而形勢逼人，逐漸引他們認知要爭取自由，卻非結成堅強的團體不可。爲要結成堅強的團體，逼得他們甘心暫時犧牲個人自由，來貢獻於此堅強團體之凝成。即如以前希特勒，能在德國建立起一個擾動世界、威脅自由的極權政治，何嘗不是把握到這一種心理呢？

這一種堅強團體之凝成，大體不外利用幾種心理。一是階級的，一是民族的，一是宗教的。蘇維埃共產主義，並不全仗「全世界無產階級共同團結鬥爭」的一口號，而使其堅強不可破。它一面還是有民族心理作後盾，以大斯拉夫主義作爲其背後暗藏的另一股鼓動與團結的力量。他們這幾十年來，馬克斯、列寧已崇奉爲一種宗教迷信的對象。因此在蘇維埃內部，是階級心理、民族心理、宗教心理，三者混合利用，而才始建立其今天之對內獨裁、對外侵略，那一股力量的。

至於蘇維埃思想之對外滲透，亦是三方並進，只看隙縫在那一面裂開，他們便向那一面滲進。就宗教言，今天全世界尚有兩三個以上的大宗教分立著。信奉耶穌教的各民族，比較已獲得自由的分數多了些；信奉其他各宗教的各民族，難免多少都有些被壓迫之感。他們會感到，在他們同宗教的各個人間，本已無多少自由可言，不如集合著向外爭取。而蘇維埃在這上，正願冒充爲他們之同情者。

民族集團和宗教集團，有時分不開。同一民族，往往信奉同一宗教。一民族可以自覺地集合起來向外爭取自由，而幾個民族又可集合在同一宗教的陣線下面來向外爭取自由的。

階級的分別，本來在各民族的內邊都可說有其存在的。但若換一看法來看，世界上顯有某幾個民族，現擁有過多的資產；而某幾個民族，則從大體比較上來說，如近代之所謂「落後民族」，便即是無產民族了。如是則在「打倒帝國主義」、「取消殖民政策」之號召之下，儘可形成各宗教、各民族，乃及此各民族中之各層階級，暫時都團結起來，而向已先占得自由優勢者來爭取他們之自由。

所謂已先占得自由優勢者，無疑就目前論，只屬信奉耶教的西歐、北美幾個民族了。但他們，個人主義之色彩太濃重。國內政治，取決於個人從違之多少數；而國際外交，也不免各顧各的利害，各守各的自由，而難於形成一致的力量。而且，正因爲他們是佔到自由之優勢者，因而其意態亦偏在消極方面，只求各自保其所已得之自由而止。這就遠不如那一邊之站在主動積極進取鬥爭方面之團結更有力量了。

若如上所分析，則所謂「自由世界」，其實只在保守其已得之自由；而其所謂已得之自由，又是分屬於個人的。而所謂「極權世界」，其中亦有許多意向乃在爭取未得之自由；而其爭取之手段，則憑仗於集體的團結。如此說來，則強弱之形，顯會顚倒過來，而勝敗之預測，也很難說勝利定在先占優勢的一方！

今天所以世界像若形成兩個對立，而一時未見勝敗之誰屬者，則正爲尚有許多站在中立界線上，而猶豫未決定其投向那一邊之故。但此許多站在中立線上者，其實也都是站在自由劣勢一邊的。只他們一時尚不肯犧牲個人自由理想來從事團體結合作鬥爭而已。若他們的個人自由理想，終於得不到，或是愈見減縮了，則他們也會翻然變計，來改站在集體鬥爭的那一邊去。到那時，中立分子少了，兩方強弱勝敗便會立刻而判了。

我敢正告站在自由世界這一邊的人，你們當知，自由是眞理。但向你們來爭取自由，同樣是眞理。自由是該屬於個人的，但向你們爭取自由者，卻結成了大團體。這卻又是個別力量所難抵擋的！

若自由世界，昧忽了這一眞理，因其自己站在自由優勝之地位，而傲視自由劣勢者。舉例言之，如帝國主義者之傲視其殖民地羣衆。又如國際間之背棄其自由友邦，而來討好極權強敵。則正可證明自由世界並不重視別人之自由。則有志爭取自由者，自會另尋道路。循此以往，世界終有大轉變之一天。

今天國際間，正喧嚷著「和平共存」的聲浪。但自由劣勢者，顯已與自由優勢者不平等。不平等引起不和睦，不和睦即到底會引起鬥爭，而陷致於不共存。蘇維埃帝國主義，正存心等待此一情形之逐步轉進。而已占自由優勢者，則只求暫時目前確保其優勢。當知兩大之間，縱可和平共存，而衆小被壓迫者，則必自擇所趨。今天世界動盪之關捩，則正在此衆小間。即如當前中東與北非情形，豈不明白易覩了嗎？

我以上這些話，並不是危言聳聽。爲要求世界人類和平自由之幸福，繼長增高，莫使人類陷入大災禍，則自由世界一邊，正須大大改變其以往乃及當前之態度。國際間當以正義相號召，當以平等相對待。切莫太重視了各自獲得的那一分自由優勢，而忽略了站在自由劣勢中之各宗教、各民族、各階層之絕大羣衆。若天天只注意於和蘇維埃帝國謀和平，而不惜犧牲弱小；當知世界之各弱小，亦無不希望其各自之自由，自由世界若有意犧牲了他們，正好給蘇維埃帝國主義之煽動與利用。如是則只要在兩大和平共存之現狀下，一面會坐大，一面卻會坐小，其勢顯然，不待多久，我言必驗。

我亦並非幸災樂禍，希冀戰爭。只是提醒自由優勢一面，若不講正義，不尚平等，僅與強敵謀求和平，則當知今天的世界，實並非兩大壁壘之對立，而尚有多數弱小者之游移中立的那一分力量，實為兩大互爭勝利所首當角逐而爭取。

言及中國，正是站在劣勢弱小羣之中。中國人要想爭取自由，分別著個人來爭取，其勢也會一無所得。今天的自由中國，莫仗謂站在自由一邊，站在眞理一邊，勢不至敗。當知自由世界一邊，如我以上所分析，正多弱點。此層不可不警惕。而自己之弱小劣勢，則更當加倍警惕。若求善處之道，仍莫如自己團結，以團結的力量來加進自由世界。求其先為不可侮，以使人之莫能侮，則庶乎是立國之道，亦是吾中華民族爭取個人終極自由之惟一正道也。

（一九五五年十月二十六日自由人四八五期）

三 一個世界三個社會①

一

因於科學之發展，交通之便利，工商業機構之活潑而龐大，當前的世界儼然眞像是一個了。所不幸的，在一個世界裏，同時分裂成三種不同的社會而存在著。一是自由資本主義的社會，二是共產主義社會，三是所謂的落後社會。此三種社會之分別，其實亦只就於經濟之立場與觀點而分。因而在此三種不同社會裏，卻藏有其關於經濟上的一種共同的趨嚮。

請先言自由資本主義的社會。此種社會，乃由近代西歐文化中產生，而今天的美國，則成爲此種社會中最前進最標準者。今天的美國社會，可謂已達「人盡其力、財盡其用」之一境。除卻年老者被

① 編者按：本文原名現世界的三種社會，原收歷史與文化論叢一書中，今存此去彼。

迫退休，年幼一輩，尚無需參加充分工作外，今天美國的中年男女，幾乎盡趕上了工作的前線。但他們的工資所得，卻很快地都化用了。不是消費，便是由種種途徑重投入金融大鑪之内又化爲資本。甚至今天收進，明天支出。更甚的是寅喫卯糧，幾月幾年以後所得收進的，亦早在本年本月預先分期付出了。因此美國社會人人有工作，家家無存款，生活儘富足，卻不能讓你閒下慢慢去享受。

此所謂「人盡其力、財盡其用」，亦是互爲因果，遞相爲用的。苟非人盡其力，便也不能財盡其用。因不能充分供給勞力，錢財便不能大量運化爲資本。從另一面說，苟非財盡其用，便也不能人盡其力。因資本不雄厚，亦無法容納此大量的勞力。而美國社會今天所以能達此境界，則正爲有一個資本主義的力量在背後作鞭策。

今天美國社會的資本主義，已和馬克斯當時所想像的資本主義大不同。馬氏認爲資本主義的社會，必然是一個貧富不均的社會。彼不知資本主義同時可有兩趨勢。在資本之運使上，自必求其大量集中，而後可以發揮更大的效能。但在生産所得之分配與消費上，則必求其更普遍更廣泛，然後其資本始可有繼續向榮之望。否則社會貧富對立愈尖鋭，消費範圍愈促狹，將使資本主義之生機亦隨之愈萎縮。今天美國社會生活之普遍繁榮，漸趨於貧富均等之階段，則正是資本主義社會所正常應有的現象。

其他西歐如英、法、意、西德，東方如日本，雖其社會經濟之前進程度，有快慢，有順遂與曲折，但其憑藉於各自具有的一股資本主義的力量來誘導社會、驅促社會，走向「人盡其力，財盡其用」之一大目標，則與美國如同一轍，殆無二致。

二

其次說到共產主義社會那一邊。其實他們之所想望而求能急速完成者，亦正是此「人盡其力，財盡其用」之一境。只因他們社會經濟落後，沒有這一股資本主義的力量來督導來鞭策，於是遂改用一黨的極權與專制，來強迫社會走上此道路。只看蘇聯，他們每常自誇，再過若干年，他們的生產，便會超過了美國。中共也如此般自誇，再過若干年，他們生產，便會超過了英國。可見共產主義只是一種變相的資本主義。因於他們沒有自由資本，遂用一種強迫資本來替代。他們嘴裏呼喊的乃是反對資本主義；而他們內心所欣羨的，則正是那一套資本主義社會之遠景。雙方只是方法不同，而目標則一。所以共產主義者常自誇說，看誰的一套能使社會經濟更繁榮，人的生活更富足。

今天的共產主義，也和當時馬克斯所想像的大不同。馬氏認爲資本主義愈前進，共產主義在此社會中長成的可能愈接近。但今天的共產社會，卻生產在經濟落後、距離資本主義愈遠的那些社會中。他們並不是來摘取資本主義之果實，乃把資本主義的新枝硬接上它的老幹，來求造變種。

今若問：憑藉極權政治，組織強迫資本，是否能走上自由主義社會所到達的道路？這一問題，非本篇範圍所欲論，但有一點可在此指出者，當資本主義在西歐諸邦開始萌芽時，他們都曾借助於帝國主義與殖民政策之向外攘奪與剝削，來培育此資本主義之茁長與成熟。此乃歷史事實，無可諱飾。而今天的蘇維埃則正亦走此路。那些環繞著蘇俄的大批衛星國，則正是蘇俄變相的殖民地。若果蘇俄沒有這一批變相的殖民地供其吸收與搾取，則蘇俄的社會經濟決不能有如今天的成就。

在西方自由資本主義社會中，有不少人抱著一種樂觀的期望，他們認爲只要蘇俄社會內部生活水準逐步提高，也如西方自由資本主義社會之生活水準般；到那時，蘇俄人民的革命情緒，將會沖淡，而自由要求將會增強；如是則兩個不同性質的社會，仍會走攏靠近，不復像今天般有嚴重的衝突。此一想法，未始無理，但強迫資本之效用是否眞能追上自由資本，此是一大問題。而且強迫資本是否能自然地溶解爲自由資本，而其目前所用以培育此強迫資本的一種赤色帝國主義之變相殖民政策，是否能功成身退，無疾而終，此又大成問題者。故自由資本主義社會此種樂觀的想法，實未免太過於樂觀。

三

最後講到所謂落後社會之一面。其實所謂落後社會，只指的是經濟之落後。若我們單站在經濟一角度來看，則自由資本主義社會，固是最前進；而共產主義社會則已然是落後了，而被稱爲落後社會者則更落後。共產社會正爲經濟落後，才逼出他們這一套強迫資本之替代方法來，好盡力地向前進的自由資本主義社會作掙扎而奮鬥；而所謂落後社會，則尚未能有此一套強迫與掙扎之努力與表現。兩者間之分別，如是而已。

在當前共產社會與資本社會持死角逐、互爭雄長之際，而被稱爲落後社會者，轉若在此兩大陣容之對立間，具有舉足輕重之勢，而爲此兩大陣容所刻意求爭取。於是此兩大陣營對於此舉足輕重之落後社會，乃不免有其各自之看法與想法。

從共產社會方面言，他們爲經濟落後才採用那套強迫資本的辦法，於是他們想凡屬落後社會，必然會是他們的同路人。既屬同樣沒有自由資本可憑藉，則勢必同樣想到以強迫資本來替代。若要在落後社會中，憑空培育出一宗自由資本，其事難。由一黨極權來強力製造出一宗強迫資本，其事易。故共產主義者認定落後社會必然會倒向他們那一邊，而最後勝利，無疑必屬於他們。

自由資本社會方面則抱異樣的想法。他們認爲落後社會缺乏資本，可用貸與及贈予的方式補助之。資本主義社會方面的經濟能力，遠勝於共產社會，則落後社會之所樂意仰靠者，自必在此不在彼。若使在落後社會中能培植出自由資本，則共產主義方面之宣傳，自將失效，而勝利仍屬於此方。

然此仍不免有過分樂觀之嫌。資本社會之形成，有其必備之條件，並須深長的歷史淵源，其事非咄嗟可冀。惟美國地大物博，得天獨厚，只其本身西部開發之一段，不待向外，已走上了資本主義之康莊。其他如西歐諸邦，如東方之日本，他們都曾配合上帝國主義向外殖民，乃始有資本主義之成就。第二次大戰以後，此諸邦經濟，一時均陷困境；獲得美援，轉瞬即告復生；此因其社會內部早有資本主義之基礎，故能如此。若論那些落後社會，豈能僅靠外援，急速間便能進入資本主義之理。據眼前事實言，資本社會接濟落後社會，乃憑藉於雙方之政府。於是落後社會之當政者，狡黠的則標榜中立，兩面伸手，左右逢源，多多益善；暴戾而抱野心的，則乘機崛起，以能於一夕間出現強迫資本爲快。在此等心理、此等情勢下，求於落後社會裏醞釀出資本主義來，豈不近於一廂情願。

然則是否共產社會方面較易與落後社會合流呢？是亦不然。當知民族覺醒，乃是此下世界趨勢一條大主流。帝國主義與殖民政策，已在逐步急速崩潰中。凡屬已往落後的、被壓迫的、受控制的民族都想站起來，而且也都會站起來，此乃人類歷史當前一新潮流，世界將由此變成一個新世界。此種趨勢，誰也阻不住。而蘇維埃偏偏要縱身逆流赤色帝國主義，戴著一副更猙獰之面具而出現。鐵幕內的衛星國，如幾年前之匈牙利與波蘭，均曾拔刀相向，南斯拉夫則早已脫籠。最近所謂中、俄共思想分歧之爭，均足證明此違抗歷史大流之赤色帝國主義之美夢，終難圓成。即同屬共產社會，尚不免有分崩離析之虞。謂落後社會甘願自投羅網，殆無其事。

惟一般落後社會，其對已往之帝國主義殖民壓迫，固所深惡；而對資本社會之生產富足，經濟繁榮，則亦不勝其艶羨。今者驟脱羈勒，其事若易。而求臻安富，則其事實難。仇恨與妒羨之情相交織，自尊心、自卑感更生迭起，又經共產主義者不斷從旁慫恿攛掇；以如此複雜之心情，處如此複雜之環境，究將如何疏導而使之安帖下來，驟然間恐不易覓得此方案。

四

如上分析，舊帝國主義之宿孽，尚難刷清；而新帝國主義之罪惡，又繼續塗上；又值此人類歷史進程之轉捩點，人心動盪，茫然不見前途歸宿之所在；人類悲劇，難保不就此演出。今所當特別指出者，當知今天世界之種種動亂，其背後乃有兩股力量在指使，在領導。一股力量是舊傳的，即是帝國主義與殖民政策尚未徹底消散，而主要的則在唯物的經濟的無限向前。這一趨勢，仍在風靡著全世界。其另一股力量，則是新興的民族覺醒與落後社會之爭求解放與上進。此一股力量，其背後乃有各民族相異的文化傳統，以及人類心理在物質生活經濟條件之要求之外的其他要求在支撐，在鼓盪。

針對此兩股動力，我們首先當知，所被稱爲落後社會者，其實亦僅是經濟生活之落後。一個社會經濟落後，未必即是樣樣落後。而一個社會之經濟前進，亦未必即是樣樣前進。即就美國言，少年犯罪，已成爲一嚴重問題；而其中年男女之夫婦婚姻關係之不穩定，其老年人之被棄置，被冷藏；在美國社會中，其主要家庭一環，已然暴露出甚深弱點與病象。而共產社會則更是變本加厲，扼殺人性，不顧一切，專一只注意在大力生產上，乃至殘暴恫嚇狡詐欺騙，不論對內對外，無所不用其極。

然則人類社會在當前階段中，除卻經濟一項像是前進外，其他恐亦無前進可言。無疑的，當前的世界正在走上一條極端唯物主義的路，一切惟以經濟問題爲主，其餘全成爲次要，甚至被視爲不要。當前世界種種病痛，此是一大癥結。人類此下種種災禍，均將由此一大癥結而導演，而終於將使人類會感到此一導演乃無法去防止。

經濟發展重視過於人文陶冶，外面物質生活之改進，重視過於內心精神生活之提高。一切人羣向前的道路，背後都操縱在關於資本與利潤的種種打算與要求之下。一切全在物質生活上作考慮。這不是今天這世界的實情嗎？若循此方向前進，縱使世界每一社會都能「人盡其力，財盡其用」，但我們還得問，人盡其力，究竟這些力用向那裏了？財盡其用，究竟這些財又用向那裏了？試問果使人人有一輛汽車，家家有一口電冰箱，一架電視機，如此等等，盡如人意；人類社會是否便可從此相安無事，不再有問題，不再有嚴重的問題呢？抑且如目前般，大家競向這一方向而角逐，大家全在物質生活上用心眼，到底也達不到能使物質生活盡如人意之一境。要之，重物不重人，這是當前人類社會共同一大病痛。不論自由資本社會，或是共產社會，或是所謂落後社會，風氣所趨，羣相感染，總是全向著外面物質條件上來競賽、爭持，而把人類本身自己那一面忽略了。無論如何，這不像一條前面可望有平坦的通路。

五

是否在此三種社會之外，能有一個理想的新社會出現呢？這一個理想的新社會，其惟一特徵，將是重視人勝過於重視物。一切物質條件，全爲著人類自身另有一個理想的前進目標而存在。一切經濟生產，它們都將爲奴不爲主；它們只能爲人類追求其前進目標供驅使，它們不該本身自成爲目標，轉回頭來驅使人。若使此一理想社會眞能在現世界出現，庶乎可以轉換當前世界人類之視聽，解消其唯物氣氛之蒙蔽，感召人從物質生活之沉溺中振拔起來，大家改走一新方向。果能如此，當前人類具有之一切物質經濟條件，它們也會趨奉人意，另換出它們一番新意義來對人類作一番新貢獻。

但這一理想社會，又如何來促其實現呀？說到這裏，我們當知當前所被稱爲落後社會的，有的或許會距此理想社會的道路更近些。那些物質生活經濟條件更前進的社會，有的或許會距此理想社會的道路更遠些。此因人類美德易於接近此理想社會者，或許保留在那些落後社會中的，會比保留在經濟前進社會中的更多些。而且，落後社會在經濟問題上之種種纏縛與顧慮亦比較少，或許會走向此理想更易些。

這些，都像是想像之辭；但我知，東方中國社會則早就朝此方向而努力。已往表現在歷史過程中的中國社會，可說甚爲接近此理想。此因中國文化傳統，其特徵即在於重視人勝過於重視物。中國人從不曾把物質經濟條件看作社會中主要的條件。中國人從未在此上過分地來督促人，或過分地來鼓勵人。中國社會一向所鼓勵督促人者，多是與物質經濟比較疏遠，或竟是漠不相干的其他人類之美德。但比較說來，中國社會之物質經濟狀況，一向也不見甚落後。把歷史過程中各時期中國社會物質經濟狀況，來和同時代其他社會相較，常見爲有過無不及。只是中國人認爲物質生活經濟條件遇到可滿足時即該知滿足，不宜再無限地向前。因此中國社會也從不曾走上資本主義的路。這該是中國社會所以能悠久維持、廣大擴展之一原因。不幸是這一個半世紀來，驟然和西方資本社會接觸，而相形見絀，處處被攘奪，被剝削，而陷於落後社會之困境中。更不幸的，是其由落後社會而終於被關進了共產社會之鐵幕。

若使此一社會，還能保留它一向的傳統理想和典型，而又能在不損傷其本有原則之上，善巧地採用近代科學發明，來保護它的物質經濟，使不致過分落後於西方；若果如此，正值當前世界人心惶惑，道窮思變，而又不知所變之際，有此一個具體榜樣存在，正可發生重大影響，給人啟示。而惜乎此種機緣，現在是失卻了。要在今天來闡述中國傳統社會之原有理想及其種種美德，則只有從歷史記載上作證明。然而中國社會緜歷了三、四千年以上，一部二十四史，從頭說起，談何容易。縱使說來，也僅是少數人注意的一項專門學術性的研究而已了。

六

話雖如此，一個偉大而悠久的文化傳統，斷不能就此斬絕。讓我姑就眼前事例，如最近所傳中、俄共的思想分歧，舉世矚目、人人知曉者，來試作一說明。

當知中共在大陸所作之宣傳，其最易激動人心者，並不在其建設共產社會一口號上，更要的乃在其「打倒美國帝國主義」及「解放全世界被壓迫民族」此兩口號上。此因中國社會，一向重視人文理想勝過於物質經濟方面之現實條件，因於人心所重而對之作宣傳；非如此，則不能收鼓動與團結之效。就中國文化傳統意識言，建設一共產社會，其事僅像是一種手段；而「打倒帝國主義」與「解放被壓迫民族」，則其本身即是一目標。在中國，苟非有一種精神的、理想的、道義的、超現實的，可以不計成敗利鈍，而只是理該如此的，如此一類的號召，則決不能激起人心，發揮出大作用。在西方人看來，中國人此等情緒，似乎不可解。此種宣傳，若用之於西方社會，亦將引不起同情。遠的如匈牙利事件，近的如西藏事件，自由資本社會方面，用此作宣傳，終像不夠勁，終苦於激發不起公憤，喚不起相互間同一的步調。此因他們的傳統觀念上，太顧慮現實，太計較利害了。所謂人道與正義，乃須在不妨害其各自眼前具體利益之上而始作考慮。故在資本社會方面之種種宣傳，則永遠是被動的、消極的、招架防禦的、解釋辨白的。偌大一個世界性的大爭端，在資本社會方面，好像並沒有一個積極嚮往之目標爲他們所必爭。他們所給予別人的影像，似乎始終以保持自己既得權益爲前提。他們間所誠心一致期望者是和平。所謂和平，也是現實的，他的一份既得權益可在此現實和平下保持。

但共產社會之起因，則正爲要改造現實，俾可從落後社會之地位崛起，以與資本社會相抗衡。尤其是蘇維埃，正在憑藉其赤色帝國主義之向外攘奪來培養其強迫資本之成長。保持現狀的和平，豈其所眞願。但蘇俄究竟亦隸屬在西方文化之同一傳統下，故赫魯曉夫亦懂得在其內部經濟生活稍向寬裕時，提出此「和平共存」之口號；對內可以撫慰其國內之人心及東歐各衛星國，對外可以麻痺自由資本社會方面之警惕心與敵愾心，並渙散其團結。此則仍是一種西方宣傳，亦本於西方文化傳統而來。

即在馬克斯、列寧當時，他們所唱導之共產主義與世界革命，亦只認爲此乃經過一種科學的辨證法而證成人類歷史演進之必然如是，此是一種冷酷無情之鐵律。但共產主義流布到東方，東方人並不眞能欣賞此種冷酷無情之科學辨證法與歷史唯物觀。在東方人之一般意識下，無寧認爲共產主義乃人道所當然，正義宜如此。大多數的東方人，乃在被騙中激出義憤來；如抗美援朝，即其一例。故中國文化傳統雖與共產主義本質不相容，而竟亦捲入此漩渦，實由另一種宣傳而來。若中共方面，亦採西方現實路線，向蘇俄屈服，只叫和平共存，則今天的中國大陸，早已陷入無衣無食之境，其政權之崩潰，早已企足可待，試問憑何與人共存？故不得不採此向外點火之一著。而西方資本社會方面，則始終不瞭解此一層，認爲中共政權必有其向外點火之一筆資本存在。故中共愈喊「打倒美國帝國主義」，而美國人卻愈想和它打交道。此等亦只是西方心理只從現實打算之一貫習慣而已。

至於其他落後社會，不在西方文化傳統之下，又未被關進赤色帝國主義之鐵幕者，其內心亦多同情中共宣傳。打倒帝國主義，正是現世界民族覺醒一大趨勢大潮流之下，爲彼輩所急切需要者。若僅言和平共存，好像只是保持現狀。落後社會正是不滿現狀，則此種和平，終亦打不進他們心坎深處。中共正爲挾著此背景，故得與蘇俄分庭抗禮，堅持而不讓。

就目下大勢言，蘇俄口說和平，而時時挑撥著落後社會之不滿與擾攘，來向資本社會施其恫嚇與敲詐。資本社會方面則心希和平，僅求現狀保持，而有時不免想犧牲落後社會向蘇俄求妥協。而問題則將永遠出在此種唯物的不合理的現狀之終難保持，而常此動亂不得安定上。現在的局勢，則只是一個「拖」。其原因是不得不拖。一切拖的方法，最多則只是一個「防」，而又是防不勝防。主要則在當前人類，除卻唯物的經濟的打算之外，更沒有一種明朗的積極的理想來領導。

七

今天世界之惟一希望，則希望西方資本社會方面，能擴大心胸，放開眼光，知道世界尚有許多不同傳統之文化，尚有許多不同心習之民族。能瞭解所謂落後社會者，除卻經濟落後外，未必全落後。而人類社會之前進，亦並非全在物質生活經濟條件上求前進。眼前種種問題之起因，主要還有心理的因素，並不專爲是他們之貧。而解決此等問題，亦不能全賴於我們之富。至於因富得強，而強力不能解決人類問題，更不待言。主要是在今天富強的一方面，深切瞭解此意義。能轉移目光，改從全世界人類共同方面之人道立場與正義立場作號召作奮鬥。則人心所歸，目前那一股違抗歷史大流的赤色帝國主義，亦實無可深懼了。

然而此一想法，則仍是沉浸在東方文化傳統下面人的想法，西方一般人將仍難瞭解。本文作者不得已姑此提出來，向全世界凡具高深智慧而有意爲世界和平人類幸福前途努力的志士仁人們作呼籲。

（一九六一年一月一日香港星島日報）

四　世界暴風雨之中心地點——中國

一九〇〇年，即前清光緒二十六年，義和團事變時，美國國務卿海約翰曾云：

全世界的暴風雨之中心地點，目前業已轉移到中國去了，所以任何人士儻能從社會政治經濟宗教各方面瞭解中國，便可預測此後五百年的世界政治局面的變化。

這是海國務卿對此後五百年世界歷史所作一個偉大的預言。到今恰只五十年，僅當他預言的十分一之過程，海氏的預言價值，已逐漸襮著。但海氏的預言，卻已爲世人所忘棄。

羅斯福總統因爲不瞭解中國，不瞭解中國在此後五百年世界歷史上所應佔有之地位與比重，始與史太林訂下雅爾達協定，強迫中國放棄外蒙，出讓旅順、大連，並山海關外九省的一切重要權益，削弱了中國在東亞乃至世界國際上的地位，在此五十年來中、美傳統友誼上投下一個其深無比的黑影。

其次是馬歇爾，在中國調解國、共失敗，一氣回國，規劃了一個「重歐輕亞」的新政策，把中國問題擱置腦後，一筆勾銷。杜魯門、艾契遜遵循著這一政策，直到發表白皮書，對中國政治社會一切大變動，他們決心袖手旁觀，熟視無覩，只靜待著中國自身，看其變出什麼一個樣子來。

此刻是五十年後第二次義和團事變重演了。中共的人海，正面對著世界十四國聯軍在南北韓屢進屢退。杜魯門、馬歇爾、艾契遜依然是決心拖，決心靜待中國自己之變，其他則一無辦法。他們這一姿態，正爲是不瞭解中國，不瞭解中國在此五百年世界史上所佔有之地位與比重。

只有麥帥，可說是美國自海國務卿以來第一個瞭解東方、瞭解中國的人。他最近在國會發表演說，曾謂：

吾人在估計現在亞洲局面之前，吾人必須瞭解過去亞洲及其演變至現在情形之多次革命，不能獲致社會公平、個人地位、或較高水準之生活。所謂殖民主義國家，經有長期之剝削。亞洲人民發覺過去在戰爭中之機會，尋求脫離殖民主義之桎梏，並希望新機會之曙光。此方面人民，佔有全世界一半之人口以及百分之六十的天然資源。此等人民，現在迅速結集其新力量、精神與物質，以提高生活水準，及爲其本身之顯著文化環境而作現代化之設計。此係亞洲進步之方向，乃不能被阻止者。在此局面中，吾人之國家，應要根據此種基本發展狀態，而修正其政策，勝於盲目遵循其已成過去之殖民時代之途徑。而亞洲人民現正集中力量於改善其自由命運。彼等所需要者，爲友好之指導、諒解及支持，而不是專橫之訓示。

他又十分致慨於最近美國縱容中國共產主義在增長其權勢之無能表現，而說：

> 由海約翰、塔虎脫、伍德、威爾遜、史汀生，及吾國（指美國）之太平洋政策各大建築師之一切經營，均因此舉而推翻淨盡。余（麥帥自指）相信此爲一根本錯誤。吾人在此一世紀內，將須自食其報。

麥帥這兩番話，可算已極深切著明。然而若使我們不能瞭解五十年前海國務卿的那番話，及其對將來五百年的預言之內在眞理，我們仍將無從瞭解麥帥這兩番話，以及其所指出的一百年的預言眞理。自從麥帥撤職，美國內部掀起了對其外交軍事方略的供辯大瀾。這一爭端，明明是面對著中國問題而發。但美國政府自杜魯門、馬歇爾、艾契遜以下，卻偏不承認是一個面對中國的問題，而硬說是一個面對蘇聯的問題。他們全神一志，只注意著蘇聯，而忽略了中國。這已夠十分證明今天的美國當局，其心目中並沒有中國，並不感到在當前的世界風雲中，中國也有它的地位和比重。因此他們內心蔑視中國，既不屑與中國爲友，也不屑與中國爲敵。他們一筆勾銷了中國，也一筆勾銷了五十年前他們海國務卿的一番預言；則麥帥之撤職，自屬勢所必至，理所當然。

但今天美國的執政當局因於估計錯了中國，也終於要估計錯了蘇維埃與史太林。史太林雖同樣地不能瞭解五十年前海國務卿那番五百年的預言的深意，但就中國在當前世界風雲中之地位和比重言，在史太林心目中，卻並未輕估了。要征服世界，須先征服中國；列寧、史太林這一觀點，卻不能與日本田中義一之類的狂想，相提並論。何以故？就日本的地理位置言，要征服世界，自必先征服中國，那是不足爲奇的。在日本人心目中，也從未高估了中國。但列寧、史太林便不然。今天是美國向西方防禦，史太林卻向東方進襲。在美國看，是西方重過東方；在史太林看，則正一相反，毋寧是東方更重過西方。這是史太林高估了中國。美、蘇兩邊的看法，誰錯誰準，卻不待五百年以至一百年，在最近將來，便可判決，便可證實。

惟其美國當局，在其內心輕蔑了中國，因此不願把中國問題當作一眞問題，卻只幻想著有一天中共政權會變成狄托，那豈不是中國問題不解決而自解決了嗎？但他們並不覺悟史太林對中國，並不像美國那樣的輕視。惟其史太林懂得重視中國，他才費盡心機，強制著中共，逼得他們不能成狄托。同時就使美國現當局這一套幻想，終於沒有實現的希望。

我們若爲中共打算，他們自攫得了大陸政權，第一上策，應該是急速獲取國際間的同情與承認，加進聯合國。只要他們在國際上正式爭得了代替國民政府的地位，他們的政權，自然就將日趨穩固。但中共政權日趨穩固，便有轉身變成狄托之可能。這一點，縱使中共本身無此想，然史太林對此則萬不放心。美國當局輕看中國，所以才輕易讓中國產生出中共政權。史太林並不像美國當局般輕看中國，那肯輕易讓中國產生狄托呢？伍修權到成功湖，那時的聯合國，豈不早已抱著重演慕尼黑的決心？蘇聯亦那有不知？若果蘇聯誠心希望中共加入聯合國，伍修權不致空手而歸。

中共加不進聯合國，他的第二中策，應該急速運使全力解決臺灣；若使中國只存了一個政府，他們的政權也可逐漸穩定。但這又爲史太林所不樂。因此中共自攻下海南島，卻反而進兵西藏，來毀裂他們和印度的友誼；支援越南，來製造他們和法國的敵對；更進而把人海横潰過鴨綠江，浸淹到南北韓，來正式向聯合國十四國聯軍大膽挑戰；卻把臺灣輕輕擱置在一邊。杜魯門、馬歇爾又看錯了，急忙飛派第七艦隊來保持臺灣之中立。其實史太林又何嘗肯支持中共取臺灣？美國這一舉措又落空了，成爲無的放矢。

中共不能進取臺灣，還有他們第三步的下策，便如去年七月毛澤東宣言，裁軍復員，閉起大門，整頓內部，先求恢復社會秩序，安定人民經濟，像史太林當年在蘇聯驅逐托洛斯基後的作法，那仍不失爲穩固其自身政權之一道。但仍爲史太林所不願，所以才逼得他們如瘋狂般向西藏、向越南、向北韓，挖空了自己心臟，來向外面四方遍覓敵人。

只爲美國看輕中國，因此無誠意來扶植中國。惟其史太林看重了中國，才要處心積慮破壞中國。這一點，美國當局決不瞭解。中共人海淹過了鴨綠江，美國當局便在提心吊膽，防著下一步是蘇聯的大量飛機與坦克之援助，要把美國趕出釜山港。其實史太林又何嘗作此想？若果中共獲得蘇俄的眞心支援而成此偉績，毛澤東在東方亞洲的聲望，無疑將激劇上升，韓共、日共、越共、印共，東南一切共產勢力，因地理人文種種關係，都將集向毛澤東，史太林亦復無法與之相爭。這將成爲中共失計中之意外得計，無策中之無上上策。但史太林並不那樣蠢。第二次世界大戰，美國曾盡量援助了史太林，最後更增添一個雅爾達協定，遂致形成今天的局勢。史太林決不肯再蹈此覆轍，在未打垮美國以前，卻親手來造成東方一強大的中國。

馬歇爾、艾契遜在參院的供辭，他們一面說只要美國軍力一達到中國大陸，陷下泥足，正爲蘇俄所期望；但一面卻又說，只要美國軍力一著到中國大陸，蘇俄便將遵守中蘇條約出面應戰。此項意見，恰恰正相反抵銷。這仍足以證明了美國當局對中、蘇關係之沒有正確的認識。仍只有麥帥，有他一針見血的解答，他說：「若使蘇俄認爲發動大戰於彼有利，它自會主動地發動。若使蘇俄認爲發動大戰於彼無利，他何至爲著中國發動大戰呢？」不錯，史太林是懂得看重中國的，但史太林並不是在愛護中國啊！

史太林對中國的策略是顯然的：第一在把中國和民主國家隔離而使它孤立，第二是使中國走上不安的路。從此兩著棋上史太林便控制了中共。史太林固然不輕易讓毛澤東做狄托，但也決不肯讓毛澤東做另一史太林或是史太林第二。這一態度，在內心輕視中國的美國當局，那能瞭解呢？

史太林還是舊日的史太林，他曾反對過托洛斯基，今天他卻在鼓勵和督促毛澤東來當托洛斯基。現在是東方托洛斯基和西方史太林合唱雙簧。中共推奉史太林，認爲是他們的革命導師，但史太林卻嗾使中共做當年史太林所反對做的事。試問史太林何嘗是在愛中國？又試問中國人會不會眞受史太林這樣稱心的指揮呢？今天氾濫過鴨綠江的中共人海，他們的浪濤呼嘯，是「抗美援朝，保家衛國」，並不是說爲共產主義來完成其世界的革命。他們的領導精神，還是五十年前的義和團，並不是馬克斯和托洛斯基。這已經麥帥慧眼看準了，史太林豈有不心中雪亮？然而正爲中共要驅策人海繼續氾濫過鴨綠江，因此逼得他們不得不在國內大陸放手屠殺，加緊恐怖鎮壓。如是則國際上既使中共和聯合國爲敵，國內又使中共與人民爲敵，留下可作中共唯一靠山的只有蘇聯。史太林的魔掌如此般抓緊了中共，使之更難「狄托化」。至於此人海的嘯聲，說要美國貢獻出臺灣，並要美國恭請如儀地讓中共昂首大踏步走進聯合國，這一半是中國人民五十年前的義和團精神，再一半則是史太林用來做愛斯基摩人引誘他們的馴鹿拉車前跑的那塊可望而不可即的懸掛車前的肉。好在史太林已覷破了美國的弱點，只要有東方托洛斯基在帶領，又何必反對這一種保衛國家的義和團呼聲呢？

於是我們將回頭來談到中國人的本身。說也慚愧，這五十年來，最不瞭解中國的，正是中國自己的所謂知識分子和其統治階層。海約翰五十年前的那一番預言，在中國智識分子的意識裏，是絕未接受的。此五十年來，中國智識分子，只想瞭解西方的、外國的，社會、政治、經濟、宗教各方面之一切，卻決不情願回頭瞭解中國自己。這是長期在西方帝國殖民主義壓迫下所醞釀出的一種自卑心理。今天的中共，便是此五十年來這一種自卑心理之透骨表露。中共一攫到政權，便立刻宣布他們的「一面倒」。他們的革命成功，自認是全由於史太林之偉大。頌讚之爲「可愛之鋼」、「可愛之太陽」。把自己的血，和民眾之希望擁戴，一筆勾銷了。他們知道中國民眾可利用，但絕不信中國民眾可依仗。他們知道中國社會、政治、經濟、宗教一切該推翻，絕不信此等該瞭解。試問這樣的心情，又那能成狄托？此五十年來的中國，不斷有兩條相反的潮流在相激相盪。一條是潛伏在下層的，便是中國民族由於其五千年來的傳統文化之積累，遭受西方殖民帝國主義之長期壓迫，而不斷尋求掙扎的那種自覺自尊的激情。另一條是顯露在上層的，便是中國智識分子與其統治階層之對其祖國傳統文化之絕端的不自信、極度的自卑心理，與向外依存精神。他們只肯盲目地崇拜西方，而不肯回頭瞭解自己。他們對中國社會、政治、經濟、宗教各方面之一切，變成了西方帝國殖民主義者的代表人。他們亦常憑藉國內民眾之不滿的激情而乘機攫得政權，但在他們既得政權之後，其對國內民眾之態度，也一樣的像麥帥所言，不是友好之指導、諒解及支持，而仍是一種專橫之訓示。他們憑藉西方教條，來訓示中國民眾。今天的中共，只是其中走到最極端之一例。只有孫中山，是中國這五十年來惟一理想的領導人，然而孫中山也抵不住這一潮流，未獲竟其所抱負。

今天的中國智識分子，因爲他們的一雙眼睛，太多看了西方，而忽略了自己。今天的西方人，又因爲常把今天中國少數的智識分子和統治階層來代表全中國，而誤會了中國人之眞相與眞情。今天的史太林，卻想巧妙地同時運用此兩潮流，指導中共一面倒，既滿足了他們的自卑心理；同時又嗾使中共發揚義和團精神，來向外發洩。然而這一巧妙，不霎時早已破綻畢露。

今天的世界風雲，已使人們不敢作五年以外的推測。那一輩主持世界外交軍事的大人物們，他們盡已在五月乃至五天的短暫目光中絞腦汁。我忽然提起五十年前一位美國國務卿對於將來世界五百年事變的預言，似乎是太迂濶了。然而此五百年的預言，卻已有五十年來的歷史事實作證明，又有最近麥帥的百年預言作參考。我願大家注意此兩番預言中所含蘊之眞理，不要再在此短促打算中來加多製造此下五百年的人類浩刼。

我站在中國人的立場，自覺十分慚愧，同時也十分悲痛，來訴說這些話。一個民族，要逼得他們使用義和團精神和人海戰術來掙扎出路，那還不可悲嗎？一個民族中的智識分子和其統治階層，至於對其自己本國文化傳統，社會、政治、經濟、宗教各方面之一切，到達一種全不瞭解的地步，那還不可愧嗎？若我們只用平面現實的眼光來看當前的中國，那中國確乎是好像無足輕重。然而我敢正告全世界，中國民族究竟佔了全世界人口四分之一的數量，中國民族究竟有他五千年連綿不斷的優良文化作背景。試問當今全世界那一民族，就其歷史傳統言，有中國民族那般的光榮？近代兩百年來西方帝國殖民主義的好運，早已過去；像中國，就再不該沒有它全世界人類中所應有之地位。而且我敢正告全世界，只有中國文化，是完全站在人類道義立場經歷幾千年的長期培植，而形成的一種眞實愛好和平的文化。這一文化之內在含蓄，實在足以啟示將來世界人類一條新生路。這決不能專就目前國力的貧富強弱來衡量。若使中國無出路，世界暴風雨將永難休止。若使中國文化被毀棄，將成爲世界人類一莫可計量之大損害。若使日本人先瞭解這一點，第二次世界大戰或許根本不興起。若使羅斯福總統以及承繼他的美國的當局們深切瞭解得這一點，也不會有今天的局面。今天是人類走上了一條文化絕續、人類絕續的交叉點，決不是專憑飛機、大砲、坦克、原子彈所能勝任解決的；也不是專憑國際間的縱橫捭闔、陰謀詭計，只論目前利害、不問人道正義所能勝任解決的；也決不是專憑經濟貨幣、財富數字所能勝任解決的；更不是身負政府重任的大人物們，運用幾許傲慢、輕薄、尖刻、譏諷的辭令來撕毀了國際間的尊嚴與相互敬意，所能領導世界挽救危局的。我們還是應該放遠眼光，才能應付當前。

我再敢正告全世界，只要對中國五千年的傳統文化，略有瞭解；只要對近五十年來深藏在中國四億五千萬人民心坎裏的眞切要求，略有見識；他們將決不會相信，中國眞個會變成一個信奉馬克斯主義的共產國家，更不會變成一個蘇維埃的尾巴衛星國家的。若把今天一時得志的中共政權來誤認爲是代表著中國的全民意，那決然將加深中國之悲劇，決然將轉成爲世界人類更深更大的悲劇。世界問題還得從人道正義立場，大家肯虛心接受各民族傳統文化教訓，從相互間的瞭解與尊重來求出路。

我對於中國的智識分子們，還要垂涕陳辭。我們是負擔著自由世界人類文化歷史所僅有的綿延了五千年不輟的傳統文化之應予重新發揚與光大的大使命，我們是負擔著在近代史上長期遭受帝國殖民主義所非分壓迫下的佔有全世界人口四分之一大數量的一個民族之內心鬱結所急應善爲宣導，而令其得在世界人類中獲有其應有的地位，善盡其應盡的責任之大責任。我們今天既然只知道西方人的話是值得重視的，故而我揭出五十年前美國海國務卿以及最近麥帥的兩番話來促起我們自身的反省和努力。

（一九五一年六月民主評論二卷二十四期）

五　世界局勢與中國文化

一

復興中國文化是我們當前的責任，而世界局勢則又是我們今天大家擔心的一件事。

今天的世界，可說是一個大變動的世界，而且正在變動之開始，急切盼望不到能安定下來。若我們問，此下如何變，要變向何處去？便該先問從前如何變，變從何處來？明白得變從何處來，始可推測變向何處去。此事應放開眼光從遠處看，源頭處看。若只在目前薄薄浮面的一層上來注意，則把握不到變的大勢所趨，將徒見其波譎雲詭，難可捉摸。

一兩百年來，這世界，完全由歐洲人宰制分割。那時是帝國主義與殖民政策的橫行時代。勢力所到，幾若無可抵禦。亡國滅種，接踵而至。到後來，歐洲內部勢力衝突，終於引起了世界大戰，此乃今天世界之變之開始。第一次世界大戰後，又賡續引起第二次世界大戰，範圍更擴大，影響更深廣。

從兩次世界大戰後，整個世界顯然變了。今天之一切變，都從此兩次大戰中引生。

在第二次世界大戰時，昆明西南聯合大學有幾位教授出了一本雜誌，取名戰國策。他們認爲當時世界大勢，正和中國先秦戰國時代一般。七強相爭，後來成爲兩帝，東齊，西秦，終於秦併齊而統一。他們認爲當前一邊是美國，一邊是蘇維埃，將來演變所及，世界亦必歸於統一。只是歸美，抑歸蘇，他們未下斷語。

我在當時，曾反對此說，在民國三十一年五月，在某雜誌寫了一篇論文，題名戰後新世界，後來此文又收入在重慶出版的文化與教育一小書中。書中所收，全是抗戰時期我在川、滇兩地各報刊雜誌上所發表過的一些短篇小文。現在此書已不易得，我手邊僅有一册，乃是來臺後一友好所贈①。

我在此論文中，提出我對戰後世界之看法。我認爲此下世界，應是一個「由合而分」的局面，決不是一個「由分而合」的局面。從前爲歐洲帝國主義殖民政策所吞併並支配的各民族、各國家，均將在戰後獲得解放，重歸自由。故我又爲此第二次世界大戰定名爲「解放戰爭」。事隔三十多年，究竟算是說中了。戰後新興國家，如雨後新笋，不斷產生，已超過一百數十個。只看目前的聯合國，豈不足以證明我說！

但世界尚在混亂中，究不知將到達若何地步。目前的聯合國，則並不能解決問題。此亦盡人所

① 編者按：此書一九七六年已在臺重版，現收全集丙編。

知。今且問：今天的世界，究竟問題何在，癥結何在？該向何方面去求解？我試仍本我三十多年前那篇文章的一些意見來重加闡申。

二

首先我該指出，目前世界問題最重要者仍爲一「民族問題」。一切糾紛，追根究柢，仍多在民族問題上。

如說共產世界，中國大陸與蘇俄分裂，此顯是一民族問題。此下演變，無論如何，中、蘇兩民族有分無合，是斷然的。東歐諸邦，對蘇俄都抱離心態度，此下也只有愈趨於分，不能轉趨於合。馬克斯的「唯物史觀」，只注意在經濟問題上，絕沒有注意到民族問題。他似乎瞭解到農民與工人間有區別，卻沒有瞭解到民族和民族間更有區別。他要聯合世界上無產階級來掀起世界革命，卻不懂得無產階級之背後，尚有一民族界線。許多異民族到底不能形成一個眞實堅強的無產集團。

又如中東以色列與埃及乃至其他阿拉伯國家之間，也是一民族之爭。印度、巴基斯坦乃至孟加拉之間的糾紛，也是民族之爭。從前的帝國主義與殖民政策，認爲一民族可以壓制消滅另一民族；此項觀念，現已不能再存在。

在當前，糾紛最大，癥結最深，非獲解決，則此世界斷難和平安定，厥爲把一民族用外力強分爲二，如東西德、南北韓、南北越，皆是受第二次世界大戰影響，勉強分裂。韓戰、越戰震動了全世界，繼之苟安言和，斷非可以長久。東西德爲現實形勢所逼，互認獨立，此也只是一時之計。尤其是我中國，蘇俄扶植共黨攫奪政權，政府遷來臺灣，也成一分爲二之勢。此與韓、越、德三國一般，皆違背了世界向前之大趨勢。在我固必以「反共復國」爲大目標，在韓、越、德三國，若非重歸合一，亦仍必引起糾紛，使世界其他問題連帶不能有解決。

要之，必須世界每一民族，各自獲得其內部完整之自主，而後可以希望其相互間之和平與合作。其次要說到經濟問題。今天世界棣通，天下儼如一家，經濟問題密切相關。民族界線不可不分，而經濟流通則已難隔絕。乃今天世界，分成了「極權共產」與「自由資本」之兩大壁壘。此乃今天世局一切糾紛之第二主要來源。

先言共產主義。貨求其通，此是人類從來經濟發展一大趨勢。今天共產國家高築圍牆，限制國外通商，逼得國內經濟形成一潭死水，此是第一大病。在國內生產分配上，定要取消私有方式，此是第二大病。人類因有了私有財產，才可有私有生活。如何能在共通的公有財產之下來完成各自的小我私生活，此事遠在將來，是否有此可能，尙屬未可預卜。共產主義違逆了人性之私要求，又違背了經濟發展之大原理。此一主義斷不可久，事象顯然，不煩多論。

但自由資本主義也同樣有其內在之病。馬克斯即是在倫敦目擊當時資本主義之病害而激起其共產主義之想法。一百年來，資本主義內在病害，愈益𦞂露。最主要的是貧富不均。無論在國際間，在民族相互間，因於貧富不均而易啟糾紛。經濟上的落後國家、落後民族，易於歸向共產隊伍。在同一社會裏，過富易生驕縱，過貧易生憤恨。一面引起奢侈，一面激動罷工。此兩者又是相引而長。生活奢侈，永難滿足，不斷罷工，自會使資本主義趨於崩潰。

三

歸結言之，世界問題其實只是一「人生問題」。人生應分兩方面：一是「物質人生」，即經濟的人生；一是「精神人生」，即心靈的人生。亦可謂兩事屬一事，但仍不妨分兩面看。最應知者，物質方面易變，而心靈方面則不易變。由於氣候相異，物產不同，引生出各地居民間各種區別。自然影響與歷史積累，久之而形成各不同的民族。民族形成之主要因素，偏在心靈一面，不在物質一面。如宗教，如文學藝術，更要的在其內在之性格、愛好，與娛樂方面之情感意向，顯然互有不同，很難融和合一。縱使在同一物質人生下，亦驟難泯滅其心靈人生方面之鴻溝。

如非洲黑人到美國，已有兩三百年的歷史，但依然有黑白距離。此下縱在法律上、教育上力求調和平等，恐此一距離終不易消失。中國人在南洋僑居，爲時亦越兩三百年，但馬來人、印尼人與中國人中間之界線，仍然存在。

近代西方人，過分看重了物質人生，看輕了心靈人生。他們把物質生活來作衡量人生之標準，而高自位置，養成一種民族自傲心理。不知物質經濟上之優越條件，並不能來領導人生乃至支配人生。在人類精神心靈生活方面，惟一正道，乃求各自獲得其個性之發展。每一人各有個性，每一民族亦然。尊重個性，對每一人每一民族，務求各自獲得其高度圓滿之發展；而在個性發展中，乃有其相互間之融通協調；此始爲人類邁向世界大同一條惟一的正道與坦途。

中國古人，早抱此一種理想，而提出一「仁」字來。「仁」是一種人與人相處之道。但雙方必各自保有其個性。其人沒有個性，決不能是一仁人。不知尊重對方他人個性，也決不能是一仁人。故眞是一仁人，必會尊重自己個性，也同時尊重對方他人個性。孔子曰：「爲富不仁。」若太過專重於在物質生活方面著想、打算，則必然會忽略了對方他人個性，而連帶忽略了自己內在個性。總之是爲了物質人生而損害了心靈人生。而人生正道則必然要以心靈人生爲主，物質人生爲副。今天世界人類，乃反其道而行。中國古人所謂「以心爲形役」，正可爲今天世界人類生活寫照。這是今天世界人類一切糾紛一切禍難之總病根。

四

根據上面所說，我們可以預測世界此後之趨勢，亦可明瞭我們當前的責任。

遠在一百年前，西方帝國主義經濟勢力洶湧東來。先有鴉片戰爭，後有五口通商，中國成爲西歐經濟侵略最後最大一目標。吾國人創鉅痛深，如夢初醒，奔走呼號，羣以保國存種爲迫不及待之急務。這時國人思想，大要不出兩派。一是太看重在物質條件上，主張人家以機關槍來，我亦以機關槍去。另一派則更看重在精神條件上，認爲自己百不如人，「中國不亡，是無天理」，遂對自己歷史文化一應傳統均取一種消極否定的態度。此兩派很快就匯爲一流，乃有民國初年的所謂「新文化運動」。

但在當時，世界局勢實已起了大變化。歐洲第一次大戰以後，西方帝國主義宰割世界之惡夢已成過去，下面世界，將要開出一新局面。而我們國內的智識界，並不能高瞻遠矚，覘厥機先，卻仍守舊觀念，仍抱舊主張，認爲不徹底改造自己模倣西方，不全盤西化，則斷不足以立國。一眼只向外邊看。自己本身則若不值一視。好像只要是自己原有的，全都不要；只要是外面西洋貨，全是起死回生萬驗靈藥。結果導出共產極權，奉列寧、史太林爲他們的開國祖師。甚至我們此刻在海外未受共產極權控制的，似乎也只認爲我們是在自由世界之一邊，只望自由世界壓倒共產世界，這便是我們之前途。但不知形勢又變，大陸共黨竟進入了聯合國，我們所一向崇拜的西歐諸國，羣相承認大陸政權。所謂「自由世界」與「共產世界」之分界線，究在那裏？於是我們不免要惶惑，要問世界局勢究將如何變？我們的前途，究會怎麼樣？

其實世界的新局面，早已顯豁呈露，擺在我們的面前，只要我們一看便知。從前西方帝國主義宰割世界的舊夢，再難重溫。大家各自立國，誰也干涉不了誰，誰也不得干涉誰。立國基本，則在各國內部自己，不在外面他人。所以自由國家，也在承認極權國家。即此一事，便可透露其中消息。更要的是民族精神與民族自負。至於物質經濟力量，再也不能銷燬任何民族要求自己立國之自由。

中國五千年來，建立一個「民族國家」之悠久優良傳統。由中華民族來建立中國，由中國來團結發展中華民族。民族大團結，同時即是國家大統一。民族發展，同時即是國家發展。至今有七億民眾，爲全世界惟一大民族，同時亦爲全世界惟一大國家。

在其過程中，亦不斷有異民族之滲混。兩漢以下，如五胡、如遼、如夏、如金、如蒙古、如滿洲。凡屬異族入侵，憑其武力，占吾土地，奪吾政權；但吾民族傳統歷史文化精神，則始終保持完好。入侵的異民族，不久亦即歸同化。至於異民族環峙吾國外者，吾民族只求自保吾疆，從不曾想以眾欺寡，以強凌弱，來肆侵吞；卻不斷宣揚吾文化精神，教他們各自立國，敦睦相處。如韓、如越、如日本，皆是明白實例。

若把中國立國和近代西方帝國相較，中國立國是王道的，西方帝國是霸道的。侵佔殖民地，奴役異民族，爲成立帝國的條件，與中國自始以來以王道建國者絕不同。所以此下的中國，不僅仍當以民族傳統、民族精神爲自己立國基本，並當以此精神貢獻全世界，作爲此下世界新趨勢惟一重要之指針。

但我們此一百年來之知識分子，競於蔑己媚外，也想把立國基本轉移在武力、財力上。今天世界局勢已變，但我們此一百年來之迷誤，反而堅持不捨。明知西方帝國主義以向外亡國滅種爲他們建國途徑之凶殘霸道，已如死灰之不可復燃；而我們則仍認爲繁榮經濟乃爲建國之惟一途徑，認物質科學爲當前惟一亟待昌明之要道。不知立國在人，不在物。物質昌明，武力、財力雄厚，如西方歷史上古代之羅馬帝國，近代之大英帝國，一蹶不振，可資炯鑒。

五

近百年來中國智識分子，巨眼先矚，明白得此道理的，只有孫中山先生一人。他倡導「三民主義」，首先是「民族主義」，其次是「民權主義」，再其次是「民生主義」。立國第一條件是民族。兩個乃至兩個以上的民族，很難共同建立一個長久的國家。一個國家，亦不能常使國內兩個或兩個以上的民族永久和平共處。所謂「民族」，乃由一種共同的生活信仰、生活理想，與夫共同的生活情趣、生活愛好而形成。即如一個家庭，在此家庭中之每一分子，苟使在相互生活上，並無共同信仰、共同情趣與共同愛好，即不能說是一個和順圓滿的家庭。成家如此，立國亦然。中國人說「國家」，正說家亦如國，國亦如家。只在財力、武力支持控制下，斷不能成爲一國。所以中山先生三民主義的首先第一項便是民族主義。

有了此民族，有了此民族在其生活上之共同信仰、共同理想、共同情趣，與夫共同愛好，才能建立起一個共同政權來。所以在民族之下才始有「民權」。若把政權交付與一羣不瞭解自己民族文化傳統之人物，縱不說崇奉列寧、史太林要不得，即使崇奉華盛頓與林肯同樣要不得。若果是列寧、史太林或是華盛頓、林肯，眞來統治中國，他們也必求先瞭解吾中國民族的歷史文化傳統之內情，才能來作合理的統治。不論他存心爲彼不爲我，爲私不爲公，總必求對我民族先有瞭解。只有馬克斯，是一猶太人。猶太民族在歷史上從未建立起一個國家，因此在馬克斯的心腦裏，無此一套意識。他只講「唯物史觀」，不懂人類內心生活，只主張激起無產階級來奪取政權，便可造成世界革命。只注意在財物上，不注意在心靈上。而我國內一百年來新起的知識分子，也正是蔑己媚外，宿痼難療，所以我們今天的政治理論，全是抄襲外來的，究該法蘇抑法美，乃成爲爭論焦點。

即如我們全國各大學，講政治，全是一套外國理論；而對自己歷史上的政治傳統，則全不理會。只說中國秦以前是封建，秦以後是專制，全無民權自由可言。如此說來，豈不是今天共黨在大陸之極權統治，反而配合國情，較之空言民主，更近情理？在前袁世凱稱帝，也有外國人贊成，正和今天贊成大陸共黨極權統治的，同一想法。他們對自己是贊成民主的，對我們，卻反而贊成極權專制。我們說他們受了利用，受了騙。但眞個騙他們的，怕是我們一百年來新起的一輩知識分子。他們所瞭解於我們的，正在我們這一百年來新起的知識分子那裏得來。他們認爲政治須配合國情，這是未可否認的一項大原理。而他們認爲帝制與極權卻比較配合我國情。所以我們這百年來的新起的一輩知識分子要推翻國情全盤西化，而西方知識分子則勸我們還是配合國情帝制極權的好。只有孫中山先生，在民族主義下來接講民權，他講「五權憲法」，又在西方三權之外，添上我們自己歷史傳統的「考試」與「監察」兩權，這也是配合國情，不專惟西方人之馬首是瞻。但今天我們國內知識分子，眞瞭解此一深趣的，實是少之又少。

「三民主義」是先民族，次民權，才始來講「民生」。今天世界各都市，幾乎全已有了電燈和自來水，馬路和汽車。但這些只是物質條件，並不能因此使全世界各都市道一風同，同躋於和平康樂之境。在有電燈、自來水、馬路、汽車以前，各地早有各地之人生。今天的電燈、自來水、馬路、汽車，已普遍使用，但各都市依然是風格不同，情貌各別。而且各大都市物質文明愈發展，反而使人生境界愈墮落，愈苦痛。即就眼前，已是不勝舉例。可見物質條件，並不能解決人生一切問題。

中山先生所講的民生主義，則既不是共產主義，也不是資本主義。我們此一百年新起的知識分子所共同崇拜的西方，他們的帝國主義，固已無法再存在；但他們的資本主義，也不是可以永遠存在的，帝國主義之武力侵略，既難復起，則資本主義之經濟侵略，也有限度。而且沒有資本主義，也不會產生共產主義。只要資本主義存在，則共產主義也難消滅。當前資本主義國家之相互間，如貨幣問題、貿易問題，處處衝突，陣陣風險。而在各自國內，驕奢淫佚之風化問題，怨恨不滿之罷工問題，又是層出不窮，變本加厲。總之資本主義有流弊，有限度。我們斷不能爲了物質經濟而忽略了心靈精神。立國不由物質，乃由文化。而近代西方，乃不免誤認物質人生即代表了人類文化之全部。那是大錯特錯。

中國歷史上，自戰國以下，即已轉入了工商社會，但從不產生資本主義。因中國人歷來自有一套經濟思想及其經濟政策，配合其整套文化。簡言之，乃由政治來運用經濟，不由經濟來領導政治；乃由人生運用經濟，不由經濟來領導人生。經濟繁榮，不必即是商人得勢，這是兩回事。民生目標不在做生意發財，爲著做生意發財而妨礙民生的多得是。中山先生在民族、民權之後再始提到民生，這裏自有層次。我盼望能根本發揮我們的民族文化精神來創立我們的新教育，再由我們自己教育中培養人才，來刷新我們的新政治。我又盼望能根本發揮我們的民族文化精神來創立一套新的經濟理論，再來建立我們的新民生。

國家的基本在民族，民族的基本在文化。今天世界各民族都由帝國主義殖民地統治下解放，須能各自來發揚各自民族各自固有的一套舊傳統舊文化，來求各民族心靈人生之滿足；此始是世界此下的新潮流。此下世界，決不是再由歐西人來一手宰制的世界，而乃是由世界各地人來各自管理的世界。今天聯合國的新陣容，便是此下世界局勢一個新開始。而此下的人生，也將是世界各民族各自發展其心靈內在之人生，而決非必然奉仰歐西人生爲標準爲楷模之人生。在我中國此一百年來之知識界，惟有中山先生一人，與他所提倡的「三民主義」，實已早爲我民族我國家如何來適處此下世界新局勢提示原則，舉出綱領。只要不流爲幾句空口號，能不斷繼起，有研究，有充實，有改進，能成爲此下中國知識分子學術研究一個新方向一條新道路，則庶乎我今天所講「世界局勢與中國文化」這一題目，也可藉以獲得親切而正確之答案。

（一九七三年十月社教司文化講座專集。）

六　文化與生活

「生活」即指我們每個人的生活，不用細講。而「文化」必由人類生活開始。沒有人生，就沒有文化。文化即是人類生活之大整體，匯集起人類生活之全體即是「文化」。但我們也可說人類乃在文化中生活，人生脫離不了文化而獨立。文化是個大圈圈，每個人的生活則是此大圈圈中很小一圈，或說是一點。我們也可說：文化與生活乃是一體之兩面，一而二，二而一，可分亦可合。若論孰先孰後，如說究竟是鷄先生了蛋，或是蛋先生了鷄。若認鷄生蛋在先，則此下即成爲蛋生鷄。所以既說先有人生才有文化，亦可說人生必在文化中。

此下，我將先講下一層，即人生在文化中。然後再講上一層，即文化自人生而始起。如何說人生在文化中？如我面前桌上放一杯茶，諸位當知飲茶生活，在中國已有一千年以上的歷史，其間亦歷有變化。此刻飲茶已成爲中國文化中一小項目，並不是我此刻要飲茶，乃始有此一杯茶。若在中國文化中無此飲茶一節，我如何會忽然想飲茶。再說此玻璃杯，歷史較短，當是西方傳來。然則此一茶杯，乃是中國舊文化放入了西方新文化，乃是新杯裝舊茶，即此亦可謂是一種東西文化之交流與配合。又如此桌上放一擴音器，此是西方文化中現代科學產品，當不過幾十年歷史。現在我們在任何一講演場合中桌上放一擴音器與一杯茶，成爲我們生活中很普通的一部分，但此乃是東西古今文化交流會合而始有。由此推想，每人生活中衣、食、住、行各項，乃至於其他一切，都是出生在文化中。沒有一千年來之歷史文化，就不會有這杯茶。沒有幾十年來之歷史文化，也就不會有此擴音器。可見人類乃是生活於文化中，無大小、無輕重，形形色色，都各有其文化傳統。我試再作淺譬，人類生活於文化中，約略就如其生活於空氣中一般。衣、食、住、行種種物質條件是具體的，文化則如空氣，看不見，摸不著，是抽象的。諸位認爲生活只是一現實，但也有其另一面，有傳統、有變化，有其不斷之流通與更新；決非限於眼前現實，即能說明。

又如爲何在此有中山堂、有光復廳？我們爲何在此中山堂光復廳舉辦此一講演？這都有其歷史背景，與其應有之意義與作用。剛才我來時經過街道，望見有間舖子名爲「艾森豪」；爲何中國店舖有此名稱？當知此中亦有文化，並不偶然。

今天在座諸位，大部分是中年人，或者年齡更大，都不是此地出生，爲何來此？是否由我們自己想來，是否即是諸位之自由意志。在座中亦有臺灣同胞，回想二十年前事，可知臺灣同胞來此聽講，此一歷史經過，亦不簡單。

我們今天濟濟一堂，很明白、很清楚，這即是我們「生活」中的一部分。但我們即生活在當前「文化」大潮流大變動之下，我想諸位也可一想便知。不論此一文化變動是好是壞，要得與要不得，我們的生活，總之是由此變動而來，而亦在此變動之中。

我們再問，我們的生活是否只像喝茶般，喝過了喉嚨就完？是否我們這兩點鐘的講演，散會後就一切沒有了？諸位今天在此聽講，或許可能在各人腦子裏發生一些小小的新刺激，增助一些新印象和新影響。人的生活儘有變化，可能來聽這兩點鐘講演，也能有作用；並且其影響和作用，也不一定只在今天，甚至可能十年、二十年，乃至一百年或一百年以上還可有其影響和作用。

諸位或說這是時代在變，時代之變每天都有。

今且問時代如何會變？推上去，可說是歷史在變。再推上去，則是文化在變。那就接觸到文化問題。明白言之，生活上有許多事並不是我們自己要變，而是時代歷史變、文化變，我們的生活即不得不變。這幾十年來，中國民族文化可說是在極度騷盪中，可說是在天翻地覆，才變得使我們都跑來臺灣。我們只簡單思考一下，可知在我們每個人的生活之外，尚有個大力量，或說大趨勢，驅使我們對此力量和趨勢，不僅要知其由何來，亦該知其將由何去。如天冷穿厚衣，天熱穿薄衣，大太陽及下雨就帶傘，這都不是我們自己忽然做主要如此。在我們生活之外還有一個大生活，要我們如此。我們則只是生活在此大生活之內，文化就是這個大生活。在我們生命之外，還有一個大生命，文化就是這個大生命。個人的生活和生命，則只是其中一圈小生活和一段小生命。

個人的生活和生命，雖亦有其力量與其道路方向；可是我們必當在此小生活之外，小生命之上，認識有個大生活和大生命。我們應在此大生活中得啟示，在此大生命中得意義。不應懵然不知外面時代大潮流的變動。我們當知大生命的趨嚮在範圍著我們，支配著我們。我們每個人的小生命，眞如大海裏一浮漚，高山上一微塵。倘使我們對此大生命懵然不知，虛過一生，嚴重說來，那是醉生夢死。平淡說之，亦是隨波逐流。不關心文化大生命的，那種個人生活是空洞的，是被動的、浮淺的，根本將是一不存在。

我今天所講，主要在舉出人是生活在文化大生活中，我們是此文化大生活中一小圈。諸位當知，今天我講這些話，在我生命中，也並不是突然的。我之所講，或許在我生活中已先蘊蓄了幾天幾月，甚至有蘊蓄在十年、二十年或更久以前。故我今天這短短兩小時的講演，乃與我的長期生命合而爲一。故在我生命中，此兩小時講演，也感有意義。我不是隨便找個題目來應付，也不會講過便休，在我心中便沒有了。我們正各自生活在此文化交流之大激動大趨勢之下，而由其安排著。若依照中國古人說法，此一安排就出於「天」。

孟子說：「莫之爲而爲者謂之天。」可知我們各人生活，並不單憑我們各人好惡，或說是自由意志而決定。我們又當知，此「莫之爲而爲者」，亦可有兩種分別。一是醉生夢死，隨波逐流，或說是一種要不得的聽天由命。自認爲自己在生活著，而實非自己在生活著。另一種卻是遵道而行，上與天合。要把我們各個人的小生命納入到外面大生命中而與之爲一。

孔子說：「五十而知天命。」這一「天命」，是從外面命令派給我們的。像是沒有人在命令我們，派給我們，然而確有在命令派給我們的，那卽是「天」。

我們要懂天命，這是中國古人之老講法。換新的話來講，即是人當知其生活於文化中。我們現在所講，其內容意義，若已與古人相隔甚遠，但實際還是這一個。生活不能老是一樣，猶如空氣也不能不隨時流通。在生活中要不斷有新觀念、新刺激、新啟發、新覺悟、新變動。在生活心情上要有新創闢。不能只如穿過一件衣服換件新的，只在物質生活上翻新，那是要不得。

各位若能由此引生出各位生活上一番新的心胸，變更了一番新的情調，那就好。不比喝茶穿衣，只在物質上變換，便無甚大意義可言。當知我們各人的心胸情調，也都由大生命中來。若照此講法，並可知我們各人的生活，也是不能各別分開，不能各別獨立的。在大文化大生命中有其共通的存在。不如喝茶、穿衣，這是物質生活，可以各別分開。真實的生活，並不只限於個人的與物質的。只懂得有個人生活不能算是個人主義，只是把生活內容縮小，以個人生活作目標；如人為何進學校、為何就職業，一切的一切，都以個人獲得為目標，而其所欲獲得者，則以物質為條件；那樣的個人目標的物質生活，在人的生活中，只屬於最低一級。

諸位或許說，大家都這樣，那是時代潮流。在此時代潮流下大家都這樣，也覺得心安理得，那就大誤而特誤。中國歷史已經有了五千年，人類歷史，從原人時代起，則已有了五十萬年還不止。此是人類共通的生活歷史。我們如何只講現時代，只講個人。只講個人與現代，都有不對。但我們也得說，沒有時代、沒有個人，如何有此大生命？這就要轉到我上面所講第一個問題上去，即是文化由人的生活而開始。沒有時代、沒有個人，不能有文化。此層且待下面再闡發。

此刻仍再講人必生活在文化中這一層。若我們不關心文化，只講生活，此種生活乃是一種無生命、短暫狹小，而又無意義可言的生活。深一層說，「生命」與「生活」不同。天地間一般生物，禽獸動物乃至於草木植物，皆不能說其沒有生命；但其生命意義太淺薄、太微小，只是生活佔了重要地位。貓鼠也講求生活。若我們只講眼前個體自足的生活，只顧今天，不考慮到明天，只顧自己，不考慮到別人，此與禽獸、草木、貓鼠生活何異！此種生活，會合起來，就成一大自然。但人的生活，不盡於自然，而又有文化。文化有傳統、有變動，不能今天這樣，明天也這樣。但也不能今天這樣，明天便不這樣。生命中有新生、有舊傳。有共通部分，也有單獨部分。這不單是生活，而在生活中寓有生命，並寓有大生命。人之需要衣、食、住、行或作息，與禽獸差不多，那是自然生活，可以個別分開；但人類在自然生活中發展出一個文化大生命，便與自然生活有不同。

人類生活在文化中，與禽獸生活在自然中不同。人既生活於大的文化生命中，則更貴我們自己有自覺，由自己來負起這文化大生命的責任，來做文化生活中之一分子、一單位。我們放開眼界看世界各民族，中國人有中國人的生活，西洋人有西洋人的生活，其他各民族，各有他們一套。這已是自然生活之不同。我們並不是說人的生活可以不要衣、食、住、行，不要物質條件與個人生活。文化生活仍在自然生活中。我們要在物質、個人、自然生活之上，還有一個文化生活。在個人生命之上，還有一個集體的大生命。古今中外的大聖賢、大偉人，即如國父孫中山先生，也一樣需要物質條件與其個人生活，這都與我們一般。但其生活觀念絕不以個人爲目標，以物質爲條件。他的生活情調、生活心胸，如他所講「三民主義」，即從中國文化大生命中來。在他的自然生活的小圈子之外，有個更大的文化生命的大圈子。這一個分辨，恰是中國文化最重視的，也可謂是中國文化的傳統精神，也可謂是中國文化之特質。禽獸生活必賴物質條件，人的生活也要物質條件。禽獸生活是個體各別的，人的生活也一樣是個體各別。但有一點不同，此點亦可謂是很小，但我們今天所當特別注重者正是這很小的一點。人之所以爲人，基於其在自然中展出了文化。我們不能專以個人目標物質條件來論，這可說是一種天命，我們要在一共通的大文化中生活。這裏有人禽之辨、義利之辨，也正是中國古人所特別注重的。

我可說，今天所謂的世界時代潮流，都不由中國流出，而由西方流出。今天的中國文化，不被世界其他人類關心，也不爲世界其他人類了解。西方文化力量太大，在各地發生影響。今天的世界潮流中，乃無中國文化。中國文化在今天的世界上無力量、無影響，地位太低，資格太小。如我們今天這個講堂，講桌上可以沒有茶，但不能沒有擴音器。推開來說，如前面所講街道上那店舖取名「艾森豪」，其他店舖取外國名稱的著實不少。總之只要來自西方，都對、都好。目前我們的一切，正是深受西洋影響。中國人喜歡西洋，崇拜西洋，甚至如一個店舖也得取西洋名稱，好像是中國的便不值錢，不受人重視。

但今天的西洋人生活，在我看來，正走向一條路，就是以個人爲目標，而重物質條件的生活；這就是稱爲時代潮流的。但我要問，西洋文化從始就只是這樣嗎？倘使直從希臘、羅馬以及中古世紀直到今天，他們的文化就只是這樣，我想也就會沒有了今天的西洋文化。中西文化固有不同，但不能謂西洋文化只是個人目標與物質生活。亦不得謂今天的西方社會已全是個人目標與物質生活。但亦不得謂今天時代潮流不是在這一方向走。這正是當前時代一大危機，可以造成此下人類之大災禍。我認爲今天的西方，實已走上了歧路。他們只在承襲他們祖先遺產而盡其消耗與浪費之能事。他們的祖宗遺產，使他們得有今天的力量與影響。但祖先遺產雖多，不能望其吃用不盡。

今天的西洋人，可說在世界上居於領導的地位。世界其他各地，則並無不豐富之遺產，而競相慕效西洋，無怪要造成今天世界動盪不安的情勢，使大家感到今天不知明天之苦痛。

諸位可知，美國人在越南戰事上將會怎樣？蘇俄對捷克又將如何？這些不但我們不知道，連他們自己也不知道。他們已盡爲個人的、物質的問題所困。現在我們也盡在講求個人物質生活，趨向時代潮流，狂瀾無可抵禦，眞是一件值得憂心的事。我們固是在大文化中生活，西方也有他們西方文化的生活。但今天的西洋人，似乎不關切過去。不僅不關心，而且也不了解。只在科學方面是進步了，其他如文學、哲學、藝術、宗教，乃至政治、教育等，一切不如前。今天之美國，除卻物質進步外，恐不能如華盛頓、林肯時代之美國。我們不能只拿物質條件來講文化之各方面。科學發明固重要，但科學也只是生活中一部分。例如我此桌上之擴音器，其所具價値不能比我講話內容的價値更高了。其所有作用與意義，只要使我講話的聲音大家都聽到。這是一種次要的副作用，主要的正作用則在我之講演。聽的人多少，講的話多少，也都不重要，重要只是講的人與聽的人在心靈上能產生交流，能產生作用。如此想來，可見我們不能太過重視了科學。即論科學在西方，也是他們祖宗的遺產，現在西方人不該專以自傲。而且若使哲學、文學、藝術、宗教、政治、教育各方面不長進，科學也將不能一枝獨秀。我們不能只看今天，還須看到明天。今天有今天的時代潮流，明天也還有明天的時代潮流。我們不能只承襲祖宗遺產來過消耗生活。我們只認爲他們祖宗遺產了不得，該能統治世界；但直到今天，他們實還是不能統治世界。物質生活、個人目標，雖日見提高，但與世界人類的共同文化大生命無補。我們以前只爭論究應學蘇維埃抑學美國。若學蘇維埃，這二十年來整個中國大陸的災痛可說已太大了。若學美國，儘講個人目標與物質文明，在我們這裏也是有毛病。其實我們也還是在消耗祖宗遺產，所以還得有今日。

若我們要學西洋文化中之精義，即說科學，西方現代科學也不從個人目標、物質追求中產生。但到今天，西方科學亦已大部分被資本主義利用去賺錢，爲帝國主義利用作爪牙。我可說，今天世界已碰到了文化的嚴重問題。今天不僅我們中國人要講「文化復興」，西洋人也應該講他們的文化復興。但是他們有一個錯誤觀念，認爲人類不斷在進步；他們有一番驕傲心，看不起他們的前代。其實美國歷任大總統，後來的，都比不上華盛頓與林肯。就各個人講，那見得都進步了？我認爲今天世界所急切需要的，還不是新的物質，而是新的人與新的文化。

文化如何產生？現在反過來講第一個問題。文化要從人的生活而開始，而人的生活則必然是個人的。由個人生活匯合、交流，達於諧和，而產生文化。再進一步言之，每個文化，則都從其中少數人開始。例如科學，沒有少數大科學家，科學也就不會產生、不會進步。又如宗教信徒，即由他們教會中之所謂聖人的來作領導。諸位看，究竟是中古世紀耶穌教中的聖人多呢？還是現代的多？馬克斯提倡階級大衆，他的主義雖不高明，究竟也由他個人創始，非由大衆合成。個人的物質生活愈看重，則個人對文化上可能有的貢獻將愈減少。文化要永遠前進，則要不斷有少數傑出人才來開創、來領導，不能讓他們都埋沒在物質生活之追求中。由少數人來開創領導文化，此一理想在中國最重視。似乎前代西方也比不上我們。例如希臘、羅馬，早都完了。今天如法國、如英國，也快完了。只有中國傳統文化更側重反對重視個人目標與物質生活的兩項時代潮流。所以復興中華文化不僅可以救中國，並亦可以救時代。

最要問題，在能發展個性。教育便該在發展個性上立主意，起作用。推廣言之，一個民族也有一個民族之個性。今天如要來創造世界新文化，西方人的心胸首應放大些，要懂得尊重其他民族的文化。不論是中國、印度、以色列人、阿拉伯人，乃至非洲民族，難道他們的文化乃無一處及得西方嗎？而且文化也不能單憑某一點評論其優劣。文化各有個性，正如個人之各有個性，皆當受尊重。如此匯合、交流，始可形成將來世界的新文化。

最近美國人爲何熱心研究中國文物？主要是要對付大陸，慢慢地始覺得中國東西也有意思。但要把中國文化和他們文化傳統平等看待，其事尙遠。我們若要自由，就必須看重個性。個性並不是物質的，也與個人生活不同。人類平等，亦在個性上著眼。個人有個性，民族也有個性。最先應從「民族解放」開始，使各國文化系統獲得平等重視，始是將來世界之眞自由與眞平等。

中國文化有其博大深厚之個性存在，今天我們中國人乃不知尊重。一輩青年自謂前進，不知美國的是非利病所在，而一意前往美國。求其底裏，仍爲個人目標、物質追求，及仰慕時代潮流之三項觀念在作祟。其後面很少更高的觀念，更大的心胸，更平正、更開濶的生活情調。當然，留學亦是件好事；但時代病則應糾正，而加意在發揚各民族各自文化傳統之新的內容、新的體系上。西方有西方的體系，東方也有東方的體系，將來兩邊可以互相配合。我們要放大心胸，才可創造新文化。簡單一句話，先要發展個性，創造新生活。我們要創造生活的觀念、生活的心胸與情調。我們可和西方人在同一桌上喝咖啡，但應有一些雙方不同的情調，這才更有味。我們在此講演場合，也可用西方人發明的電燈、擴音器等，可是我們要有我們要講的話，要有我們新的生活觀念、新的生活心胸和情調。若在咖啡席上，只有西方情調；在講演會上，只有西方觀念；人人的心胸只是一西方的，一切全似了西方，全似了美國，則在世界上將沒有了中國人。

今天我們提倡文化復興，並不是要在世界上關著門講中國，等於我不能在中國關著門講我。美國也不能靠著科學只講美國，蘇俄也不能靠著他們的階級鬥爭只講蘇俄，中國人如何能關著門，違反世界潮流來講中國。提倡復興中國文化，並不要這樣做。我們講中華文化的特質，也可說即是中華民族的特質。每個人都有其與眾不同的個性與特質。父母、兄弟各不相同，一個人的眞價值正在此。若除掉他的一些個性和特質，便如沒有了他這個人。中國人不講中國文化，中國文化特質就不能存在。在我們要「全盤西化」，但我們究竟是黃面孔，即使少數人到了外國住上一、二十年，想學他們幾千年來積累下的文化，也未必就眞能學到；但自己的卻喪失了。主張全盤西化的，也只在物質生活上著眼。各人便在各人立場向此物質生活方面追求。

諸位不要看輕「文化」二字。而且今天已到了民族解放的時代，同時亦即是文化解放的時代。各民族間之文化，固有其共通面，但亦有其個別面。世界人類文化之前途，決不就是一種清一色的如天下老鴉之一般黑。中國人可講中國的，印度人可講印度的，以色列人、阿拉伯人、非洲民族，都如此。不只是歐洲及美國可講他們自己的一套。將來在一個共同大理想之下會合交流，取精用宏，乃始有世界人類新文化之展出。今日的時代潮流，乃在追趨個人目標和物質生活，這是一條走不通的死路。我們不該人窮志短，只因一時物質生活不如人，便把自己傳統文化擱在一邊，甚至想連根斬絕，只由每一個人在物質生活上來追向此現代潮流，那眞要不得。

我們不要認爲有了今天就可代表著明天，更不要認爲有了今天便可不必要昨天。我們要新的文化，便舊的都不能要；那麼明天更是新，今天也就根本要不得。所謂時代潮流，一衝便過。我們該換個觀念，應放大我們的心胸，提高我們的情調，始能有新人生之展望，與新文化之前途。大家應過現代人生活，那是不成問題的。但斷不是要我們只追隨此一時代潮流，專把個人作目標，專在物質條件上謀生活。也不能專認現代科學便可包辦了人類文化。每一個民族，都該回過頭來找尋自己的文化傳統，使每一民族個性都得到自由發展。在每個文化系統下之每個人也如此。難道我們這一代的人，生來就都該是一科學家嗎？我們不應只說時代潮流，把每人自己的個性完全抹殺。有些父母見兒女看文學或哲學書，卻擔心說：「將來你如何生活呀！」如見兒女讀科學書，便開心說：「你好好努力，將來還可以出國留洋。」這是我們的時代潮流。

我們該換一觀念、換一心胸、換一情調，更注意到自己傳統大文化中的大生命。我們也不要認爲復興中國文化乃是來與西洋文化做敵對。近代的西洋人，想把西方文化來統治全世界，但他們是錯了。世界還未受他們統治，而他們自己卻已四分五裂。美國無法對付法國，甚至英國。蘇俄也無法對付南斯拉夫、羅馬尼亞，乃至今天的捷克斯拉夫。諸位只認爲那些只是一個政治問題、經濟問題，或是外交問題嗎？應知這是一個時代問題，是一個時代中之文化問題。在今天，非洲已獨立了許多國家，亞洲也獨立了許多國家，難道中國在此世界中便會沒有他獨立的地位？所怕是沒有了可以獨立的文化，和可以獨立的個人。在此所謂「個人」，乃指各個人之天賦個性言，不指各個人之身體，屬於自然物質方面者而言。我們爲何要一意學外國？我們有我們自己的文化與生活。我們每個人都該了解自己文化，並了解自己個性。都該參加進這復興文化的行列，在這行列中，當一小兵也好。

我們當知，我們每一個人的生命，就可以代表著全體的大生命，而增添其意義與價值。主要則在發展個性上，並應在文化大生命中來發展我們各自的個性。

今天所講的，主要是講今天的生活由昨天的文化而來。明天的文化，從今天的生活而起。「個人目標」、「物質條件」、「時代潮流」這三項，我認爲要得而要不得。這也許是我個人意見。我們生在這時代，應順應此時代。生活應有相當的物質條件。生活是個人的。這些都不錯。但不能把這三個範圍儘放大，而應在另一大範圍中來調整這些觀點。在大的文化生命中來調整各人的生活理想，使我們即從各人生活中來生出明天的文化。

（一九六八年十月中央月刊一卷一期。）

七　中國人之宇宙信仰及其人生修養

一

中國文化建基於人生修養，而其人生修養則根源於其對於人類所生存的此一宇宙以及此宇宙與人生間之關係之一番認識與信仰。

中國人對於宇宙與人生之認識與信仰，既不成爲一宗教，亦非全本之科學，更非如西方哲學上之唯心論與唯物論，成爲一番純思辨之推理。在中國，則只是一套常識，歷古相傳，彼此共認。在枝節上縱非無異同，但大體則終歸一致。我此下所講，將不多引典籍作爲一種學術上之討論，而只是簡略地概括地作爲一個共通的說明。

中國人看事情，每喜看作一個圓，不喜看成一條線。我們看此宇宙，亦可分成幾個圈。然此亦只是勉強所分，實際則宇宙只是一整體。

首先我們來看此宇宙之最外一圈，或說是最高一圈。中國人乃謂此宇宙是從最外一圈逐漸縮向裏，亦可說此宇宙乃從最高一圈逐漸落向下。中國人稱此一圈爲「天」，在宗教上說即是「上帝」，在科學上說則是一「大自然」。惟在西方，科學與宗教相衝突。但中國人說天，則同時兼涵有主宰與自然之兩義。在中國人的觀念中，似乎宗教、科學不致發生有衝突。亦可如宗教家言稱天爲上帝，亦可如科學家言稱天爲自然。因此在中國，雖經近代科學種種發現，而中國人向來對天之一觀念，則仍可存在，不需大改動。

中國人說天，又可分爲兩部分。一部分是可知的，另一部分是不可知的。宋代理學大師朱子說：「天即理也。」理是自然中之主宰。「天即理」說雖屬新義，卻與中國古人說法無大違悖。因理有可知有不可知。主宰此世界宇宙者莫非是理，而理則必歸於一。我們雖可知此宇宙間之許多理，但我們若問此世界此宇宙由何來，此一切理中之最高或最先一理究是如何，此即近代科學也難解答。即使再歷數千百年之後，科學日益發明，此一問題將仍難解答。在科學後面，將會永遠有一不可知。縱使科學無限止的發展，此一不可知仍會跟隨在後。惟我們儘可知在整個天體與整個宇宙之上或裏，必然有一最高眞理在領導，在主宰。西方近代科學家們，曾有一時期，認爲只憑人類科學發明，可以經由人類科學來領導主宰此宇宙。但此一觀點，終於隨著科學之逐漸進步而漸歸於消散。主宰此宇宙者，還是在此宇宙大自然中有其爲人類所不可知之眞理之存在。因此在西方科學、宗教儘相衝突，卻依然並存兩行，不能全由科學來代替了宗教。

在中國，此宇宙大自然中一項最高不可知之眞理即是天，由天來領導主宰此宇宙大自然，中國人又稱之曰「天命」。宋儒言「天即理」，此一理體，宋儒又稱之曰「太極」。萬物共一理，因說萬物共是一太極。物各有理，因說物物各是一太極。依照天即理之說，亦可謂萬物共一天，物物又各自有一天。此一太極，因其無體可尋，故又曰「無極」。「無極而太極」者，謂其似有而實無，似無而實有。故中國人說天，並不要說成具體一上帝，而只認天是一最高眞理。此一最高眞理，是上帝，或不是上帝，此亦不可知。因此，中國人觀念中之天，實可彌縫現代宗教與科學兩者間之衝突，而使之和會爲一體。

中國人之天，細分可作兩圈。其較高或較外一圈，即指不可知之天而言。又一圈較落實、較縮小者，指天體天象，如日月星辰、陰陽寒暑、風雨晦明等。天理天命乃是形而上者，天體天象則是形而下者。形上難知，形下易知，在中國則同認爲是天。在中國古人，或許對此形下之天之知識有錯誤，有不盡；但經科學知識不斷進步，在此方面知識之缺乏與錯誤，可以隨時補充，隨時修正，而無傷於大義。

由此最高或最外的天之一圈更落實，或更縮小，則爲地。地則更屬形而下。中國古人說：「氣之輕清者，上而爲天；氣之重濁者，下而爲地。」此一說法，只說天地雖有分別，而實爲一體，亦可不分別。故中國人常「天地」連舉。若就第一圈之天言，則不僅天有不可知，地亦有不可知。若就第二圈之天言，則天地同爲可知。可知與不可知，又可合而爲一。世界各大宗教每言天不言地，地不能與天並列。但在中國人觀念中，常把天地並重合看，天中即有地，地中即有天。此乃中國人之宇宙觀所以能擺脫宗教束縛而向下與科學通聲氣之重要關鍵所在。

從高高在上的天地大圈更落實，更縮小，則又有「物」的一圈。此一圈，又可分別爲兩圈。外一圈是無生物，裏一圈是有生物。中國古人常言「天地萬物」。當然天地亦可是萬物中之一物，但中國人觀念認爲有了天地，乃有萬物，萬物只在天地之內，而更落實更縮小言之。嚴格說，萬物中，有些則並不是一物。如言土地，言山河，皆是。因此，中國人又在萬物中分別指出有「五行」。「行」是流動變化義，非固定而可加以分割者。金木水火土，是謂五行。此乃指出在萬物中有五種不同方式之流行變化。一是向內收縮的，這是金；一是向外放散的，這是木；一向下，是水；一向上，是火；一是平舖無所向的，是土。萬物一切變動流轉，不外此向內、向外、向上、向下、平舖無所向之五方式，故中國人稱之曰「五行」。印度佛教講地水風火四大，此乃就人身中所有分別言。中國人言「陰陽五行」，主要乃是把陰陽歸入天地界，而把金木水火土五行歸入萬物界。在五行中，木是有生物；但中國人觀念，有生無生，雖可分，亦可不嚴格分；而木之列入爲五行，主要乃指其在萬物之變動轉化中之占有某一特有形式言。

由於無生物之一圈再轉進，再收縮，則當爲有生物之一圈。物而寄寓有生命，應該與無生命之物有了絕大相異。但中國人之宇宙觀，固亦看重其分別相異處，同時亦同樣看重其合一會通處。故言天地萬物，乃見萬物仍包涵在天地圈之內而一氣相通。在萬物身上，則各有其天地之一分。又說二氣五行，乃見在萬物之變動轉化中，仍只是二氣五行在化。在陰陽中見有五行，在五行上亦見有陰陽。陰陽五行皆不指生命，生命一圈則仍包涵在天地萬物之大圈之內，有分別，而仍相通。

二

中國人於天地觀念中，重要在觀其「化」，又進而觀其「生」。故又曰：「天地之大德曰生。」在萬物中有生命，也只是天地之一化。而生命本身則是天地大德所表見。

由物的一圈轉落到生命的一圈，再由生命的一圈轉落到人的一圈。中國古人說：「人爲萬物之靈。」此語有兩涵義。一說人亦是萬物中一物，第二義則說人有一種靈，或說心靈，或說性靈。但不是說萬物無靈，惟人有靈。實是說萬物各有靈，而人則爲萬物中之最靈。此萬物之靈何自來？則來自天地之神靈。而人之靈，則爲萬物中最能表達出此種神靈之存在者。天地本質，即可說是一種神或靈；萬物各賦得此神與靈之一部分，而人則最能表達此神與靈。於此見人即是天。「天人合一」，即合一在此靈。而益見宇宙之所以爲神而不可測。

人之靈，最易見處在其心。故人在宇宙圈內，一面當屬於萬物圈內之生命圈，又一面則在生命圈內自成一心靈圈。人有心，其他生物亦有心。至少高級動物，顯見其有心。因此從生命界又滲透入心靈界，或可說由生命界轉化出心靈界。至少此一轉化，在一些高級動物身上已開始；惟演變到人心最靈，乃始到達其頂點。天地變化，卻不再有更靈於人心之一物之出現。

現在問：在此宇宙間，如何由物世界中展演出生命，如何又由生命世界中展演出心靈？近代科學對此問題，也尚未能十分完滿地解答。在西方哲學家中有主張「生命意志」說的，謂一切生命，皆有其求生保生延生的一番意志。如草木植物由其根柢而萌芽，而枝葉，而花果；由此一生命之成長過程中，即看出有一項生命意志之存在。所說「意志」，亦可說其是一「心」。

但此乃哲學家言。科學家不願侵入形而上界，則只認心亦是一自然現象。但自然有了此一心，卻回頭來變動創造出許多非自然來。如鳥在樹上做窠，原先沒有，三、五天後搭成，此乃由生命界來改造了自然界，或說由心靈界來改造了自然界。自有了爲萬物之靈的人之心，而天地自然乃大經改造，其實已遠非原先之自然。

如我們遨遊山海，縱觀郊原，我們只說是欣賞自然，實則到處已是人文化成，一切皆是由人類文化來改造過了的自然，並不是洪荒原始的自然。我們此刻走遍全世界，已很難覓到幾處未經人類心靈改造過的洪荒原始時代的自然。今日之所謂「自然」，大致都經過了人造，亦可說心造，都已顯然接受了人心要求而如此。

於是在自然世界中，又產生了一種別經創造的新世界。如梁上之燕子窠，簷下之蜘蛛網，莫非由生命界背後一番生活意志來創造。至於有了人世界，那就更如此。如一棵樹上生了蛀蟲，在蛀這棵樹。天地自然產生生命，生命便一如蛀蟲，回頭來蛀此自然。人類則是天地自然界中一大蛀蟲。於是在如上所說之天地萬物之外，又平添了更多的人造物。人造物之背後，即見有一顆人的心。人爲何要造此物，人又如何能造此物，皆人心作用。

如一所建築，並非自然有此建築，乃是人心憑藉自然，利用自然，而始得有此一所建築。只在此一建築上，便可看出人類的多項心智與心欲。而且此一建築，實乃由長時期演變而來。在此建築上，不僅可以看到當時從事此建築者之心，並可看到經年歷歲，越過長時期，古人從事建築之心亦在此建築上積存而表現。此所謂慘澹經營。經之營之，煞費心血，而達於慘澹之程度。人類在此一建築上所見的心靈之曲折進展，已是不易細說。

一物如此，物物皆然。但再從另一方面說，生命與心靈之在自然界，一面固是在建造，另一面卻是在破壞。試想我們完成一人造境界，要破壞幾多自然境界。因此也可說，人類文化日進步，而自然環境日破壞。此乃一事之兩面。但人終是從自然中產出，也仍得在自然中生存，若過分破壞了此自然，正如蛀蟲蝕樹，那樹的生命完了，蛀蟲的生命也將失其依附。中國莊老思想，要人歸眞守璞，還返自然，而不贊成人類文化之無限向前，這也有他們的看法。

但我們若轉換一看法，人心也自天地自然中來，心與物交，憑人心之靈來改造自然物，以備人生之用，此亦是自然。亦可說是一種天理，或說是一種天命，其事皆由天。由人之心靈來改造萬物之背後，還是有天地自然在主宰，在領導。近代科學家，因於有了科學發明，而過分自喜自傲，認爲人類可以憑藉科學來宰制天地，改造自然；則不免有些處太近於過分與偏激。但如中國莊老思想，則過分消極，過分悲觀，亦反而不自然。

三

上面講的，也可說是心靈界中之第一圈，乃屬「心與物交」之一圈。更進一層，又可劃出「心與心交」之一圈。上面說過，其他生物亦有心。至於人各有心，則更不煩再說。心不能封閉在內，必然要向外流通。若果封閉在內，不使向外通流，則會失去此心，更不見有心之存在。今專就人言，心與物交必要靠雙手。人和其他動物之不同，主要在人有雙手。其他動物，有時用四條腿，有時用一張嘴，有時用一條尾巴。至於植物，並此而無。人則能站起身來，運用雙手十指。因此人之遇物，心靈運用更爲靈活。也可說人心之靈，因其有雙手，而始更爲易進步。

至於心與心交，主要則在語言。鳥獸只憑呼叫聲來表達其喜怒哀樂種種內心情感，所能表達者有限，而其相互間之感染亦有限。因此其內心情感極粗略，難進步。智識方面，只憑呼叫，更嫌不夠。如老鷄叫小鷄喫米，或叫小鷄躲避老鷹，只憑呼叫，不能明白告訴小鷄此地有米，或天上鷹來。因此心心相通之可能亦有限。感情、智識兩不能進，只得停留在最初階段上。人類則憑有語言而感情日益純摯，知識日益精明，心與心之交流相通日益暢遂。

馬克斯只知人類有雙手爲其生產工具，因此他只知心與物交之重要，卻不知心與心交之更重要。於是遂有他的「唯物史觀」與「階級鬥爭論」。他只認得人類能創造出一個「物世界」，卻不知道人類之更能創造出一個「心世界」。只知有關人生的物世界之存在，卻不知更有有關於人生的心世界之存在。我上面說人生修養，必根源於其對此宇宙之認識。馬克斯以唯物與鬥爭爲人生修養之終極目標，正是一最好例證。

一草木植物之生長，固然有賴於其內在之一分生命力，但亦需外在的土壤、水分、陽光等種種條件相配合。心亦有其生長，亦可謂心亦有其生命。「心生命」乃是「物生命」以外之另一種生命。其最先來源，亦不得不謂其本於天。心生命之生長，亦賴外在條件之配合。人類之有手與口，乃是人類心生命生長之主要的外在條件。如言建築，由穴居巢處直到今天之摩天大厦，一般說來，此是一種物質變動。此乃人類所創造的一種新的物質世界。就實言之，此亦是一種心的生長。人類的心生命，乃寄存於外面之物質世界而獲得其進展。故在此宇宙界，凡屬人類所創造的新的物質世界中，則莫不有人類心的生命之存在。

人類自有語言，繼之而有文字，於是心與心之相通，乃更獲急速的進展。在此宇宙中，既由心與物交而創造了一個新的物世界，又因心與心交而創造了一個新的心世界。此一心世界，乃不僅是寄附於各自身體內之每一人之心，而變成爲超越於身體外的心與心相通之心。此心可稱爲大心，乃是人類自有文化以後所發展而成之新心。亦可稱爲「歷史心」與「文化心」。今所說人心者，應指此一心言。至於寄附在各自身體內之心，則僅同於禽獸心，或生物心。亦可說生物心、禽獸心乃是先天的「自然心」，而此共通之廣大心，則是後天生長的人類文化之新心。此一個心世界，亦可稱爲「精神界」。我們不當說此宇宙只是物質的，更無精神存在。而此一精神界，則還是從宇宙自然界之一切物質中展演而來。故此人類文化大心，我們亦可說爲乃心與天交、心通於天之心。此由人類所創造出的精神界，即心世界，實則依然仍在宇宙自然界、物質界中，相互融爲一體，而不能跳出此自然宇宙而獨立存在。至於如上面所說，在此整個宇宙之最高最外一圈所謂不可知之天，中國人既不認其是一物，亦不認其是一心，而只認其是一理。只因此理無可說，故謂此理不可知。因其不可知，故中國古人又稱其爲「神」。神之中猶有可知則爲「理」。

四

今再綜述上說。人類所生存之此一宇宙，乃是外圍一大圈，亦可稱此宇宙圈爲天地圈。在此圈內，包有一小圈，是爲萬物圈。萬物圈內又有一小圈，爲生命圈。生命圈內又有一小圈，爲心靈圈。心靈圈內更有一小圈，則爲人心圈。此一人心圈應屬最小，而有莫大妙用。可憑各自的己心通他心，又可以通物、通天。此一小圈，可以回歸到最高最外一大圈而同其廣大，同其精徹，同其神妙。故人類文化之終極理想，中國古人則稱之曰「天人合一」。亦可說爲是人類文化與自然之合一。

亦可換一說法，由天地圈降而爲萬物圈，又降而爲生命圈，再降而爲心圈。所謂「降」，是落實義，亦寓遞次演變義。愈演變，愈落實，卻能逐步翻身，轉向上去，愈接近原始自然中之神通內蘊。所以中國古人說：「先天而天弗違，後天而奉天時。」萬物皆後天而奉天，至於心靈階段，乃能到達了先天而天弗違之階段。到那時，人類生命所存在之世界，實已無異於天堂。中國人則稱之曰「大同」或「太平」。此乃人類文化之大理想所屬，大功能所在。那時的人生，不僅要道德，不僅要科學，不僅要藝術，還要三位一體。人類文化，憑於此道德、科學、藝術之三位一體而不斷前進，而還歸自然而上合於天。

中國古人，有一寓言故事。一道士擔一竹籠，籠中兩鵝，恰恰地放得正好。嗣又放進兩鵝，還是正好。於是連續放進，一百鵝，兩百鵝，仍然正好。籠不加大，鵝不加擠，儘放還是依然。此籠正如人心，可以無限充實。如去圖書館看書，窮年累月，博極萬卷，他人心裏的，儘裝入己心，還是儘寬舒。即如科學研尋，上窮碧落，下徹黃泉，天地之高厚，萬物之浩博，可以在一心中裝進，恰如那道士之竹籠。而且上下古今，億萬人心裏所有，可以全裝進己心。己心所有，也可轉裝進別人心裏。而且可隨時裝進，引起整個心之隨時變動。恰如一小石投落池塘，池塘中水激漾成圈，圈子愈擴愈大，全池塘水滴地位，一一無不變動，而還是那一池塘之水。這又遠非那道士竹籠寓言，可相比擬。

再說心交物，可以把心裝進到物內。如人唱戲，把來錄音，灌成唱片，再放如同再唱。把我心寫進文字，思想也好，情感也好，別人讀此文字，正如我心復活。一走進圖書館，古今中外，億兆心態，全都收藏在內，由人閱覽欣賞。正如千萬個廣播電視機放出無限聲音色相，蕩漾太空中，只要有一架機器收接，長波、短波，隨意收看收聽。則在此宇宙之內，別有一個心世界之存在，夫復何疑！

即如我在此講演，講演完畢，大家散了，人各一方，但講演內容，或可在各人心裏掀起微波，不僅三天五天，甚至三年五年，乃至數十年，在某幾個人心上保留變化；此非絕不可有之事。再把我此番講演寫爲文字，保存愈久，讀的人比聽的多，影響愈廣大，愈精微，抑且會愈新鮮，愈活潑；此亦事所可有。

上面又說過，宇宙自然界應有一主宰。此項主宰，從各別處到會通處，從廣大處到精微處，由萬到一，最後則應有一最高主宰，亦即是一最高眞理。無此一項最高眞理，宇宙何由成立，何由存在，何由變化?若使儘此般日新月異，變動不居，而無一最高眞理在背後作主，那將是一件不可想像之事。心世界由大宇宙展演而來，心世界亦該有一眞理主宰。心之主宰，中國古人稱之曰「性」。中國古人極重此性字，認爲不僅生物有性，無生物亦有性。如火必炎上，水必潤下，附子必熱，大黃必瀉，此乃物性。進而至於有生物，好生求生，此乃生命界共同之性。萬物原於天地，萬物之間有一大共通，因此物性亦有一大共通。此一大共通即是天，故曰「天命之謂性」。宋儒則稱之曰「天即理」。亦說「性即理」。可見理即是天與性。此如上述西方哲學家之所謂「生命意志」，而實又有不同。淺顯言之，生命意志僅屬生命界，而天與性則編屬自然界。其他深細處，此暫不論。

因有性而展演出心。生命是一大共通，生命界之性與心，亦有一大共通。人類生命又是此生命大共通圈中一小共通。人性乃由天賦，故曰「天性」。人心最靈，最能表現出此性，即是最能表現出此天。故曰「人性善」。因整個宇宙只是一善。天有好生之德，此即宇宙之善之表現。人性之善，則即此宇宙之善之一表現。如此則由性展演而來之心亦必是一善。人心之善，中國人稱之曰「仁」。宋代理學家說：「仁者能以天地萬物爲一體。」故能對天地間萬物一視同仁，亦如天地之於萬物然。

莊老持相反觀點。老子曰：「天地不仁，以萬物爲芻狗。」莊子說：「惟蟲能蟲，惟蟲能天。」只有一條蟲，此生命中之最微小最低級者，蟲心之功能不彰者，故能保留天之所賦，而從蟲身上顯示出天。人類則有文化展演，仁義、禮樂、道德、修養，離天日遠。惟上古時代，文化之展演尚淺，故能較接近自然，較不違背宇宙之大眞理。

儒家則謂人類文化雖似違離自然而展出，但實質上則是由人文逆轉而還歸於天，始是人類文化自然展出之最高點。而使文化與自然合一，人道與天道合一，則須賴有人之修養。故孟子曰：「盡心可以知性，盡性可以知天。」中庸又曰：「盡己之性可以盡人之性，盡人之性可以盡物之性，而後可以參天地，贊天地之化育。」天地化育，此乃自然大德，人心則可以逆轉，而直上達天德。故中國古人又以天地人爲「三才」。此「才」字，即指能創造世界、完成宇宙之才。天地在那裏不斷工作，不斷化育，而人亦能之。上述人類以心交物而創造出物世界，以心交心而創造出心世界。此所創造之物世界、心世界，則與天地自然同一存在，相互融通。此乃是人法天而有之工作。故曰：「天行健，君子以自強不息。」那裏如莊子所說「唯蟲能蟲，唯蟲能天」呀！

五

現在再綜述上面分析。宇宙間最高最外一圈是天，天是一主宰，是一個不可知之眞理，乃屬形而上。第二圈是天文學上所研究之天，日月星辰，春夏秋冬，此是一個可知之天，已屬形而下。更下一圈是地上萬物。從第二圈起，亦可合說天地萬物，皆屬形而下。萬物之內一小圈是生命。生命之內又一小圈是心。其中有一個直貫諸圈一切融通的則是性。宋儒說「性即理」，又說「天即理」。直從最高第一圈之天，降落到物與人之圈內者，主要便是此性。此性皆從第一圈之天來，故天即在萬物中，而萬物身上亦皆各有天。但其最後最內一圈之心，其最成熟而最富代表性者是人心。人心卻可彌綸宇宙，融徹萬物，以最精微者上通最廣大，以最具體者上通最抽象，以最後最內一圈而上通最先最外一圈。換言之，心之一圈已形成爲「精神界」，而形成了此宇宙全體之另一面。此已是一現實，而同時又是一理想，要待人心之繼續向此方面而展演。

此一展演，卻寓有人生最高無窮妙義。西方古代希臘人把此宇宙分成眞、善、美三面，此下分展出科學、宗教、藝術三條大路。中國莊老道家最重視「眞」，但他們只發展了一套自然哲學，並不能發展成一套自然科學。孔孟儒家最重視「善」，從善字上發展出中國傳統文化中最具重要性之道德精神。而藝術一項，則儒、道兩家皆有發展，皆有成績。凡屬中國藝術，皆同時具有自然性與道德性，再不能爲儒、道兩家作分別。

中國儒家思想，更要是眞、善、美三者之融凝合一。凡屬善，則同時必兼眞與美。三字經上說：「人之初，性本善。」單標一「善」字來說性，此是中國文化最要精義所在。但性與心之間，尚有一項微妙分辨，應在此處作一交代。心固由性展演而來，但性只屬「天」，而心則屬「人」。由性展演，乃是自然天道。由心展演，乃有文化人道。即論科學、藝術亦如此。單由自然，展演不出飛機與太空船。必待人類以心交物，乃有飛機、太空船之出現。藝術與科學同是模倣自然，因依自然。但必由人類之以心交物，乃始有藝術與科學出現。自有藝術，而天地自然始增添了新節奏，開出了新生面。天地自然，乃有一種新風格與新境界。至於人類之以心交心，創出一套眞、善、美合一調和之理想人類文化，而天地變色，宇宙翻新，此事更値重視。

中庸上說：「天命之謂性。」此是天地圈內事。又說「率性之謂道」，此屬萬物圈內事。不論有生無生，萬物應無不能率性。中庸說「鳶飛魚躍」，莊子說「惟蟲能天」，皆是率性，皆是道。但此只是自然天道。至於人心功能，主要在能修道而立教。試問若非人心功能，又何來有「修道之謂教」一句？故惟此句，乃始落入了心靈圈，而心靈圈之只在天地萬物圈中，其義亦可見。

天地自然之道必表現在萬物上，而人類心靈之大功能，則必表現在每一人之個別心之上。

六

說到這裏，又有一絕大問題待解答。即人類各自具有的一個小我個別之心，何以能表現出宇宙大整體之眞善美？而又能表現此眞善美爲渾然之一體？此層還待闡發。

主要則在根據上述信念，宇宙生機、天地大德、永永無極之化育工作，其最後果實則爲人，其最後核仁則爲人之心。故惟人心乃可以反映天心，而且承續天心，以開創新生機，展出新宇宙。今試舉一例爲說。老子曰：「我有三寶，曰慈，曰儉，曰不敢爲天下先。」此乃老子就其尊重於自然立場者而言。天賦萬物以性，其生命中之較高級者則又莫不賦之以一種自然之慈。不僅如詩人之詠慈烏，即虎豹豺狼，亦莫不有慈。苟非有慈，則幼何以育？但天道任於自然，一往向前，此乃一種順行之勢。生在先則慈其後，後生者亦依樣慈其後，如是以生生而不絕。此仍只是自然天道。中國古聖人又提倡孝道，教人感恩報德，回過頭來，逆其勢而行，使後生者來孝其先。莊子說：「至仁不及孝。」天地之生生化育，固是一種大仁大德，但何需要萬物之受化育者回頭來孝天地？天地則只務化育而止，亦無所用心於其間。故老子稱之曰「不仁」，而莊子則稱之曰「至仁」，其實皆指天地之無心求報。但儒家始建立起人道，與天道相往復。天道慈而人道孝。此一倒轉，相反相成。故天地之仁轉成爲偏面的，而人道之仁乃始是全面的。其主要關鍵，在人道中有孝。然非有天地之仁，則人道之孝，又無由興起。故人道必本原於天，而又回歸於天，而又在天地自然中創造出一番新花樣。此所以「贊天地之化育」者，乃莫妙於人類之有孝。孝經一書，把孝父母推廣到孝國家民族，孝人羣又進而孝天地。旋乾轉坤，其關捩則在每一人之心上建立。後來張橫渠西銘，始暢申此義，而較之孝經，則更爲超越而精湛。

天道不言孝，人道始言孝，此始是「先天而天弗違」；至於慈，則只是「後天而奉天時」。故孝實是敢爲天下先。自人道中有孝，乃始與天地並立成三。此則又非老子之所謂「儉」。儉只約己自守，奉行天道而止；孝則始自立人道，參天地而極廣大。所以荀子批評莊老，說老子「知有後而不知先」，莊子則「知有天而不知人」。

但我們試反心自問，孝是否違了天道，逆了人心？此又不然。孝也還是人性所有。此只是盡心後始知性。此等皆是中國儒家立義湛深處。必從此等處悟入，乃始瞭解得宇宙，把握得修養之要道。故張橫渠又說：「爲天地立心，爲生民立命，爲往聖繼絕學，爲後世開太平。」此乃儒家傳統抱負，亦是儒家所講人生修養之最高終極理想所在。

陸象山亦說：「人同此心，心同此理。此心此理，萬世一揆。」又說：「宇宙內事，乃己分內事。己分內事，乃宇宙內事。」如是則只要心把握得理，一人之心即人人之共通心。人人之共通心，一面由宇宙生機，天地大德；一面是人生文化，人倫大道；由此兩者間合一演化而來。而每一人之個別心，則位於其交點，而成爲樞紐。中國古代聖賢孔孟先訓，下至宋明理學家言，有關人生修養心性道德方面的，驟看來，似乎是千頭萬緒，人各一說。但提綱挈領，其最高宗極，則在上通天德。其最要方法，則在反求己心。本此兩端，而求到達眞能融和合一之境，則大宗綱所在。各家所說，匯歸互通，理無二致。

故專言修養工夫，實不在天而在人，不在性而在心。天與性上無工夫可用，工夫只能在心上用。在人類共通心上亦無工夫可用，主要則須先在個別的己心上用。人能以心交物，而有科學與藝術。人能以心交心，而有道德與文化。一理想之宇宙，必包括眞、善、美三項。一理想之人生，亦必包括此眞、善、美三項。而此三項，則又必於「善」之一項上綜匯。無論科學眞理與藝術美感，必歸宿到善字上，而後始有其意義與價值，而後始可有其永久之存在與無窮之發展。否則眞者終於是不眞，美者終於是不美。只要脫離了一善字，則終非可大而可久。而且只有善之一字，每一人之個別心可以反求即得。我們縱自謙退，說不敢希聖希賢，但終不能謙退到說我自己不夠條件不配作一個善人。科學家、藝術家，皆非可期望於人人，勢不能使人人都成爲一科學家與藝術家，因此此兩者，也不能懸以爲盡人所當嚮往之共通大目標。而其在人生文化中之意義價值，亦終成爲次一級而非最高級之目標，所能爲人人之必可到達者。所以大學上說：「止於至善。」無論宇宙人生，皆必以至善爲止境。在至善之內，儘可包括至眞至美；而眞與美之分途發展，有時則會背離了善，而其自身亦將失其存在而消失。

再言世界各大宗教。自今視之，似是疆界各別，壁壘森嚴，難於協調。但從各大宗教之教義言，則任何一宗教，無不勸人爲善，無不當奉「止至善」爲其最大綱領。近代人或想把科學來征服自然，或想把藝術來代替宗教；此等皆屬不可能之事。違逆了天，亦將不能有人。只有中國古人提出「止至善」一語，實可奉爲世界人類之一項共同教義。世界現有各大宗教，於此都難自外。故惟有奉此「止至善」三字爲人類最高標的，現有各宗教庶可得其會通，而不相衝突。但在中國傳統文化中卻自己不產生宗教。此因中國人之宇宙信仰已落實到認人心爲宇宙之核心，認己心爲人類大共心之起點。只此心一念之善，便可感天地而動鬼神。其著力處在己不在外。此一層，便與人類現有各宗教之必倚仗外力、蔑視小我者不同。因此只有中國人能把人類自己之道德心性修養來代替了宗教，直從己心可以上通天德，與宇宙爲一體。故在中國文化中，宜可不必再有像其他宗教之產生。

七

以上所說，是會通著古代聖賢孔孟先訓，下及宋明理學家言，並旁及百家羣籍，擷其精華，取歸簡要，並用現代知識現代語言加以述說。而亦不免有些處加進了我個人之自己意見在內。在我自信，中國人之宇宙信仰，大體是如此。而中國人之人文道德修養，則必根據此項宇宙信仰，而後始可窺見其根源之所在，旨趣之所極。至於進一層來詳細探討涉及人生修養方法上之種種具體問題，則非此文所欲及。

只要我們能先立志向，務要使自己確然成爲一善人，則此一事只在反求己心，無待他求。縱使一字不識，反己求之，亦有餘師，更不煩定要從博雜深奥處來立論求證。我們只要使自己能各自先成一善人，循至於善人道長，惡人道消，社會自可成一善的社會，世界亦可成一善的世界，宇宙亦將自見其爲一善的宇宙。

道在邇，不必求之遠。千里之行，起於腳下。眞是人人易知，人人能行。若捨此一步，則將永無前程可言。中國傳統文化之偉大，及其主要精義所在，亦當從此一端去認取。讀者幸勿忽視我此所言，認爲乃一種陳腐之説，則中國文化復興，與世界人道光昌，端可由此發腳也。

（一九六九年七月東亞季刊第一卷第一期）

八　中國傳統思想中幾項共通的特點

中國傳統思想，以儒家爲主幹。然先秦時儒、道抗衡，即中庸、易傳，已是融會儒、道兩家思想而成書。此下中國思想界，儒、道兩家可謂平分秋色。佛教來中國，儒、道思想不斷滲入；及隨唐天台、華嚴、禪三宗興起，正式成立中國的佛學。宋明理學家則又是融會先秦儒、道兩家及隋唐中國佛學思想而成立。此講所謂中國傳統思想，大要根據上述諸流派而言。

此諸學派，對象各別，內容相異。所謂共通點，乃指各學派之思想方法及求智態度言。所謂特點，則指對印、歐西方思想界而言。此等共通特點，乃屬中國人心情與智慧之自然流露，亦可謂是中國傳統文化之主要淵泉，及核心所在。

此下當分七項分說：

一、知識論。

知識論在西方哲學中甚爲重要，但亦到康德時始正式成立。在中國，並無所謂知識論，但中國傳統思想對此問題實有一共同的態度。孔子云：「知之爲知之，不知爲不知，是知也。」人類知識有一限度，人能知有不知，並能知那些屬於不知，此實爲一種極重大的知識。正猶行路人知道此路不通，便可不再往前，多走寃枉路。

孔子自稱「五十而知天命」，天命有所不可知，知天命即是知有不可知。孟子說：「盡心知性，盡性知天。」自己的心可知，人類的性亦屬可知，但天終是不可知。孟子又說：「莫之爲而爲者謂之天。」此即認天爲不可知。但能走盡可知的路，到盡頭處，前面始是不可知的境界，此即中國人所謂「天人之際」。故中國人態度，貴能盡其在我。

道家思想亦常保留此一不可知。莊子只在「化」上求知，老子只在「象」上求知，象是化之有軌迹可尋者。莊老亦似並不認天爲可知。

中庸、易傳亦同樣保留此一不可知。故中庸自「愚夫愚婦與知與能」講起，直到「聖人亦有所不知不能」處。易經講陰陽，識死生晝夜之道，亦是可知與不可知同時存在。

佛法來中國，其思想態度顯然不同。佛法並不重視天，佛法所求到達之終極境界稱「涅槃」。涅槃究竟是如何一種境界，在中國人想法中，似乎仍屬不可知。天台宗講空、假、中之「一心三觀」，華嚴宗講「理事無礙法界」到「事事無礙法界」，則全屬可知了。禪宗不立文字，語言道斷，心行路絕，只從行中覓悟。天台宗近似中庸，華嚴宗近似易傳，禪宗則近似孟子。此三宗之所以成其爲中國佛學者，主要正爲其能把佛學中不可知部分抽去了，而多講些在中國人智慧中所認爲可知的部分。

宋明理學家雖直承先秦孔孟傳統，但有許多與孔孟之說不相同處。如朱子注論語云：「天即理也。」把一理字來替代了天字，正因天不可知理則可知。宋儒又云：「理一分殊。」分殊之理易知，而理之終極到達於一的境界則仍屬不易知。朱子主張「即物窮理」，「莫不因其已知之理而益窮之以求至乎其極」，此一途程仍屬遙遠，因此程朱講「性即理」。而陸王定要講「心即理」，亦是要從更易知而更有把握處去講。

因此，中國在傳統思想下不易產生如西方哲學界所討論的起源論、目的論等種種不易解決的問題。因此，中國傳統思想不易產生如西方般的宗教信仰，更不易接受如馬克斯等等歷史命定的哲學。中國孔孟傳統的知天命，正是要人知道，理雖可知而宇宙人生一切事變有不可知。

二、宇宙論。

在中國傳統思想中亦無專一討究宇宙論之圓密著作。但中國人對宇宙，實有一共同信仰，即信仰此宇宙乃一整全體。所謂整全體者，乃指其渾然不可分割言。故宋儒喜言「渾然一體」，因其有同一主宰，即天。又有同一原則，即理。而所能觀察而承認此同一主宰與同一原則之存在者，又見人類心智之同一。故信宇宙必屬一整全體，即是並不由相異各不同之部分組織而成，而乃渾然成其爲一體。故曰：「萬物一太極，物物一太極。」如是則一可以代表多，部分可以代表全體，人生可以代表宇宙，而個人可以代表全人類。而刹那間之一念，亦可代表過、來、今三世無窮之心念。故曰：「人皆可以爲堯舜。」又曰：「人人皆具佛性。」又曰：「當下即是。」蓋中國人智慧，常主從易簡中見繁賾，從無限中覓具足，於實踐中證直理。

三、本體論。

中國傳統思想，既信宇宙乃屬渾然一體，故不喜再作現象與本體之分別。中國人常認爲天即在人之中，理即在事之中，道即在器之中，形而上即在形而下之中，即是本體即在現象中；因此亦不易發展出像西方哲學中形而上學這一部門之研究。

四、實踐論。

中國人既認此宇宙乃渾然一體，同時又認其是變動不居。既屬變動不居，故宇宙眞理乃即在變動中見，而人生眞理則應在行爲中見。故主學思並進，又主知行合一。中國人所稱道之聖賢及有道之士，及佛門中之高僧大德及祖師們，其主要精神，皆在其信修行證，在從其日常生活之實際經驗中來體悟眞理。若如西方所謂哲學家，從純思辨中來探討眞理者，在中國不易遇見。因此，在中國並未有純思辨的哲學著作，亦並未有在思想上求系統、求組織。中國思想乃多屬於實際生活內心體驗之一種如實報道，而且多一鱗片爪者。惟其一鱗片爪，故乃盡眞盡實。其間惟天台、華嚴兩家，著書立說，比較還帶印度佛學規模；至如禪宗語錄，後人都謂其下開宋明理學家語錄體裁，實亦可謂其上承論孟記言傳統也。

五、體用觀念。

「體用」二字，始用自魏伯陽與王弼。然此一觀念，在中國傳統思想中，實是直上直下，無往而不見其存在。體不可見而用可見。中國儒家言命，道家言化言象，易傳、中庸亦言化言象，實則在命與化與象之中即可見宇宙之用。至大乘起信論言眞如、生滅兩門，亦主本體現象合一，亦是代表中國人觀點。然究與言體用有別。故宋明儒常言佛家有體無用。宋儒言「體用一源，顯微無間」。一源則無先後之辨，無間則無彼此之異。至明儒乃謂「即流行即本體」，又言「即工夫即本體」。如此則宇宙、人生相通合一，即以人生大用來證宇宙本體。此條可與前四條合參。

六、理欲問題。

中國人言「全體大用」，亦可謂宇宙即全體而道是其用。亦可謂人人所同然之性是全體而個人自我之內心即其用。心貴能自知，又貴能自主，此能自知自主之心即道心，即天理。若心陷溺於不自知不自主之境界中，則爲人心，爲人欲。禪宗亦言「常惺惺」，言「主人公」，即求此心之能自知自主，與宋儒主敬工夫無大差別。惟儒家言體用，終自與佛門傳統不同。道心與天理是體，而修身齊家治國平天下始是用。必到達於修齊治平之境界，始可說是天人合一，始是全體無不盡，而大用無不達。此乃儒家思想終爲中國傳統思想主幹之所在。此條可與前第三條合參。

七、理氣問題。

就於上述，故程子雖言「體用一源，顯微無間」，而朱子論理氣，則終必言理先而氣後。因必如此主張，始見人由天來，事由理來，用由體來。此乃一終極信仰，仍與孔孟言天命之深旨相合。如此始可對宇宙對人生有信心、有樂觀。至言「事事無礙」，則仍是天命之一片流行，而一切行道修心工夫，乃不免由此而偏向於消極。即是只要減一點，不須要增一點。去其害心者而心體自呈露，去其害道者而道體自流行。中庸所謂「自明誠」與「自誠明」，兩者更無異致。故佛家言悟，而陽明言良知，此仍是一種天人合一，信仰與知識亦終極合一；而道家對人生之一種藝術情調，所以終爲後來儒家所襲取而不廢也。而西方科學知識亦遂不能在中國傳統思想下自由發展。此條可與前第二條合參。

上述七條，仍是勉強分說，必會合而觀，庶可於中國傳統思想中之共同特點有心知其意，相視莫逆之樂爾。

（一九五九年十月六日新亞書院十周年校慶學術講演，新亞書院生活雙周刊二卷九期。十一月民主評論十卷二十二期，人生雜誌十八卷十二期。）

九　中國思想之主流

一

我們要討論某一家的思想，應該注意這一家和其他各家特異不同之所在，才算把握到這一家思想之眞精神。若要討論某一宗派或某一時代的思想，亦該首先注意這一宗派、這一時代和其他宗派、其他時代之特異不同點，才算把握到這一宗派與這一時代思想之特徵。我們若再擴大來討論一個國家和一個民族的思想，也該循此路線，來指示出這一國家和這一民族思想特徵之所在，即其和別個國家、別個民族之殊異不同處。

固然就大體言，任何國家民族，其思想之大體系，必然會和其他國家民族有其大致的類似。但共同中不害有殊異。而我們既說是要研究這一國家與這一民族之思想，自必首先應該注意其與其他國家民族間之互別與獨異處。

人生脫離不了宇宙的大匡廓，人類思想固然常先針對著他們的人生實境爲出發，但亦必然會推擴到宇宙界。因此人類思想共同的大體系，必然都會包括宇宙論與人生論之兩部門。而且無論就時間抑就空間言，人生界的範圍，較之宇宙界，遙爲渺小而短暫。因此人類思想，在其曙光初啟時，也必然會看重宇宙界更勝於人生界。

但宇宙界一切，既非短促與狹小的人生界之智慧所能窺測其底細，尤其在人類智慧曙光初啟時，他們挾帶著畏懼與崇仰的心情來試對宇宙作解釋，於是遂形成了各式各樣的宗教。宗教是人類思想中對宇宙論最先成熟的一體系。而直到現在，宗教思想之力量，還是在人類思想的大體系中，占有至高無上而且根深柢固的地位。

世界人類宗教的派別甚多，但大體言之，則天、上帝、神三觀念，必然爲每一宗教之本質與其最後最高之存在。人類從其對於天與上帝與神之存在與其本質之各別信仰中，產生各別的宇宙論與人生論。這是我們對於人類思想在其曙光初啟時所作的一種鳥瞰式的概略的敍述。

中國古代思想，也不能脫離這範疇。但到西周開國周公時，中國思想似乎開始逐漸走上一新路嚮。讓我們略舉尚書中周公幾番話來作證。在召誥篇裏說：

節性惟日其邁，王敬作所，不可不敬德。我不可不監於有夏，亦不可不監於有殷。我不敢知曰，有夏服天命，惟有歷年。我不敢知曰，不其延。惟不敬厥德，乃早墜厥命。我不敢知曰，有殷受天命，惟有歷年。我不敢知曰，不其延。惟不敬厥德，乃早墜厥命。今王嗣受厥命，我亦惟茲二國命。嗣若功。

在這裏，周公極明白又極鄭重地提出他天命不可知的意見來。這一意見，顯然根據當時歷史經驗而產生。早在夏、殷兩代，中國政治上已有長期的王朝傳統了。他們都信爲他們王朝的尊嚴和福祚，都仰賴於天命。但爲何夏後又出了殷，殷後又出了周？這不是「天命不於常」的明證嗎？天命不於常，便是天命不可知。周公並非根本不信有天命，他只確認天命不可知。惟其天命不於常與其不可知，所以他竭力勸成王要做「祈天永命」的工夫。他又說：

肆惟王其疾敬德，王其德之用，祈天永命。

如何祈天永命呢？只有「疾敬德」。這也是周公就當時的歷史經驗言。夏代是不敬厥德而早墜厥命的。殷代也是不敬厥德而早墜厥命的。這都是極顯明的歷史事實呀！但我們若試問，是不是夏、殷兩代的末王，能敬其德的話，天命還是要改朝易代呢？是不是天命還可延此夏、殷兩朝的年歷呢？周公在這上，直率地說「我不敢知」。既是天命不敢知，還是根據歷史經驗，自己努力在敬德工夫上來祈天永命吧！

君奭篇也說：

天降喪於殷，殷既墜厥命，我有周既受，我不敢知曰，厥基永孚于休。若天棐忱，我亦不敢知曰，其終出于不祥。

周公又在這裏反復提出他天命不敢知的意見了。是不是無失德便可「厥基永孚」呢？是不是無論如何會「終出於不祥」呢？周公在此只說不敢知。因此他又說：

天命不易，天難諶，乃其墜命，弗克經歷。

惟其天命不可知，遂說到天命之難信。諶，信也。天命難信，則只有信賴人事了。所以他又說：

天不可信，我道惟寧王德延。

周公這許多話，卻把中國人對宗教信仰的大門堵塞了。但他另開了兩扇門，一扇向外的，便是已往歷史事實的教訓。一扇向內的，便是我們自己當身實踐的工夫。

二

直到春秋時，鄭子產也說：

天道遠，人道邇。

這不是和周公意見一樣嗎？惟其「天道遠」，所以不敢知，不可信。惟其「人道邇」，所以已往的歷史事實可供我們作教訓。而我們也只有憑藉這些教訓，來做自己當身所該努力的工夫。

這一意見，直爲孔孟儒家所傳襲。孔孟並不曾否定天與上帝與神，但亦並不曾肯定了天與上帝與神。他們還是遵沿著周公、子產傳統的意見，他們還只是注重在歷史教訓與自己當身的實踐。

在其他民族裏，似乎不曾徹底考慮到天與上帝與神之究竟可知與不可知，可信與不可信。因此其他民族在古代，都有他們的先知，只是知道了天與上帝與神的意志和欲念。他們先知了，把天、上帝及神的意志和欲念揭示了，宣揚開來，獲得社會大羣之信仰，這便成爲一種宗教了。宗教無疑是古代民族一種素樸的宇宙論。但中國思想，卻很早便認爲天與上帝與神之不可知不可信。這在西方思想界，實到最近才有他們哲學上所謂的知識論，來檢討人類本身所具之智識，及其智識所能到達之限度。但在中國，則知識論發展似乎特別早。孔子曾說過：

知之爲知之，不知爲不知，是知也。

人類的知識，不僅應知自己所能知，還該知道自己所不能知。人類必須同時知道自己知識之所能知與所不能知，這才算是知。天、上帝、神，孔子意見，則爲人類知識所不能知。惟其不能知，所以既不直截否定，也不輕率肯定。天、上帝、神，都屬不可知。人類對此不可知的，只該抱一種敬畏的心情。所以從尚書直到孔孟書裏，常說到畏天與敬天。但同時也有說「知天」的。其實知天只是指的「知天命」，知天也即是「知命」。所謂知天與知命，則只是知其不可知而已。惟其不可知，所以我們對天的態度，只該畏與敬。

這可說是中國思想裏的知識論，也即是中國思想裏的宇宙論。同時也可說，這即是中國古代所獨有的一種宗教情緒與宗教哲學呀！若說中國古代絕沒有宗教，這語似不恰當。因中國古代思想，直從周公到孔孟，並不曾正式否定了天、上帝和神之存在，而且都在教人對天、對上帝、對神以誠摯的敬畏之心來奉侍。但這只可說是一種宗教的心情，而並無世界人類其他宗教所信仰之內容與實質。因此中國古人，早把天、上帝和神放在不可知的一邊了，因此中國古人在這一邊，也從不曾有什麼具體的啟示和說明。所以說：「六合之外，聖人存而不論」，又何況是天地的創始？又何況是天與上帝與神之一切呢？中國古人，便全都付之存而不論之列了。

在尚書裏，常常還是天和上帝並說的；但到孔孟儒家，則似乎只說天，不喜歡再說到上帝。這是中國古人思想審慎之一例。因說天，像是空洞的、渺茫的，不肯定。若說上帝，似乎把天人格化，具體了、切實了、肯定了。縱不曾肯定了上帝的意志和欲念、造作和計畫，但已肯定了有一個上帝。所以孔孟不喜說上帝。若只說天，則並無所肯定，只是一不可知。孔孟只肯定了人類知識有此一個不可知的大範圍。這一不可知之大範圍，在孔孟則全稱之曰「天」。

三

這一觀念，到道家莊子心裏便變了。莊子是中國古代一絕頂聰明人。他主張的知識論似乎仍與孔子差不多。所以他說：

知天之所爲，知人之所爲者，至矣。

人之所爲是可知的，這不用再論了。但天之所爲呢？這便不易知。孟子說：

莫之爲而爲者謂之天。

顯然是有爲了，如何又說「莫之爲」？莫之爲只是不知其爲誰，依然是一不可知。但莊子卻想試知此不可知，於是他才說天只是氣，只是一氣之化。化而生，又化而死；化爲彼，又化爲我。宇宙間一切萬事萬物死生彼我之萬殊，實際只是那一氣在化。那一氣之化即便是天了。

這一說，卻比孔孟跨進了一大步。莊子也並未否定天，但他已把天的觀念提出一解釋。天是什麼呢？天只是氣。只是那氣在化。氣之如何化則不可知。此不可知者，在莊子也仍謂之「天」，謂之「命」。但莊子確已指出了一切只是氣之化。於是在他口裏，卻把古代思想中「天」的一觀念大大地變質了。換言之，他已認爲他能知天是什麼了。莊子認爲天，只是一氣之化而已。因此莊子雖對此氣之如何地化仍認爲不可知，但他究已有知了，他已知得所謂天者便是此一氣之化了。這與孔孟發生了絕大的不同。

孔孟說的天，雖屬不可知，而還是該敬畏的。現在莊子說，所謂天者只是一氣之化。那一氣之化，卻引不起人心對它的敬與畏。所以孔孟雖並未肯定提出一種宗教信仰之內容與實質，而無害其仍有一種宗教之心情。莊子則眞成一個無神論者了。在莊子觀念裏，會消失了人類對宇宙不可知的一種敬畏心情。所以莊子對天雖仍保留了一部分的不可知，但卻已放棄了對天之敬與畏。

既對天還感到有不可知，卻又不肯對它存敬畏心情，這將使人陷入於悲觀，走近到頽廢。莊周之後有晚周三家，老聃、荀況與韓非。此處所謂老聃，乃指晚周老子一書之作者言，不指傳說中爲孔子師的老聃言。老聃比莊周更進了一步，他對氣化運行發現了幾條大原則，描繪出幾條大公式。他書中屢次肯定地說天之道如此或如彼，他不再承認天道之不可知，他似乎自信天意必然會如彼之所知。所以說老聃與莊周不同了。荀況雖還守儒家榘矱，他對天還保留著一個不可知的大際限，其實他已和孔孟意態大不同。他主張「制天命」，他自信人類只要能運用其所知，便可以經緯天地、材官萬物了。

如是，我們可以說：老聃、荀況有絕相近似處。他們都已不再對天有敬畏之心了。本來儒家孔孟那種敬天畏天的心情，乃由推擴人道中的敬畏來敬畏天。而所謂人道，則從歷史教訓中得來。但因由於對天之敬畏，回頭來，對人道中之敬畏，卻轉益深厚，轉益誠摯了。這是在人生實踐工夫上一種顯然易見的心情。現在對天的敬畏已失卻，對人也將不會有敬畏。即使有，也不見深厚，不見誠摯了。所以老子說：

天地不仁，以萬物爲芻狗。聖人不仁，以百姓爲芻狗。

荀子則主張人性惡，一切有待於聖人的禮與法。這都證明他們對人類本身之無敬畏。這一轉變到韓非，便完全主張以刑法來驅遣人、壓迫人。

所以晚周三家，不僅遠離了孔孟，抑且遠離了莊周。他們不認爲天可知、便認爲天可制，或是可以放置一旁不理會。然而人生在宇宙中，究竟太短暫、太渺小；若是人類不承認自己對宇宙之終有所不知，又不肯對此不可知者保留一番敬畏的心情，這一意態，影響到實際人生上，會使人驕縱、傲慢、狂妄、冷酷，使人只知得依仗自己智識能力來作種種權勢功利的打算。結果便是中國古語所謂「人欲橫流而天理滅」。秦始皇帝正在其時憑他的武力統一了六國，而遂肆行其專制。他的意態，正近於晚周三家，而不近於孔孟與莊周。

四

在先秦思想中，最尊天信天者，要算是墨翟。但墨子思路，卻和西周以來周公、孔子的傳統意見大相背。他確認有一個人格化的天。墨子觀念中的天，實是一上帝。上帝的意念和欲念，墨子用他自己一套邏輯推理，認爲他全知道。墨子成爲天與上帝之代言人。那麼墨子不像是很具備了宗教教主的資格嗎？但墨子心裏的天，建基在他個人的理智和思辨上，並不建基在周孔以來大眾的情緒和想像上。因此墨學不能獲得大羣之共認，終於不成爲宗教。

晚周有鄒衍，又重振墨翟之墜緒。他和會了以前各家各派的思想，來再確定上帝之存在。他似乎也認爲天和上帝之一切，全給他知道了。由於秦漢大統一時代之來臨，當時人要求有一種超出於人世權力之上的某種權力之存在，而鄒衍陰陽學派終於得躋於極盛，幾乎有醞釀成爲一種宗教的趨勢。但這一宗教運動所推奉的教主，又並不是鄒衍，而卻是孔子。這因一宗教教主的人格之活躍，並不能訴之於個人之理智，而該訴之於羣眾之情緒。鄒衍只有一種宗教的想法，卻無一種宗教的心情。孔子則是一個極富宗教心情的人。孔子的人格，可以在羣眾中生影響，但孔子的理智又不許他自己成爲一宗教教主。於是漢儒想推尊孔子來當這一新宗教教主的運動，也終歸要失敗。

「五德終始」的理論，迫出漢、新王朝之禪讓。但由於新代王莽政權之崩潰，陰陽家說終於隨著一蹶而不振。東漢古文經學代替了西漢今文經學而興起，但古文大師所用心的，只在文字訓詁、歷史考據，不夠領導一世之人心。在東漢初年已有王充，三國、西晉又出了王弼與何晏，循此推演，莊老道家遂取得凌駕在孔孟之上的地位，而新興了一種虛無與自然的宇宙論。虛無論否定了宇宙之創始，自然論推翻了宇宙之主宰。他們說：宇宙何由始？無始即其始。主宰宇宙者係誰？宇宙既沒有主宰，一切變化全是那變化自身在變化，此之謂「自然」。所謂「自然」，只說它是自己這樣的，不認有前因。無前因，即是更無另外一個力量在主宰、在引起。從前莊周、老聃雖已早有此意，但痛快發揮的，是郭象之莊子注。郭象莊子注，可推爲魏晉清談學派思想主要的代表。

由於這一種思想之盛行，而印度佛學遂獲在東土迅速地傳播。佛學雖說亦是一種宗教，但畢竟與世界其他宗教有不同。世界其他宗教的教主，必然自居為天和上帝之代言人，但釋迦不然。釋迦宣揚者是法，而此種法，則由釋迦內心所覺悟。佛書中也常有天和神，但天和神都還要來聽受信服釋迦心中所悟的法。至於這一個現實世界，由佛學來分析，則一切是空與幻。佛學的宇宙觀，比較和莊老相接近，因此佛學獲得了魏晉清談學派之接引，而易於在中國思想界生根了。

南北朝隋唐，是中國佛學的全盛期，但隋唐佛學已走上了中國化。若說世界一切空，知此空者應不空。若說世界一切幻，識此幻者應非幻。三界唯心，萬法唯識，轉出了天台「一心三觀」的說法，又轉成禪宗「即心即佛」的說法，又轉成華嚴「理事無礙」乃至「事事無礙」的說法。於是世界儘空幻，卻不必定要超出了此空幻的世界始成佛。佛法儘可即在此空幻的世界中，涅槃儘可即在此人生的煩惱中，關鍵只在我之心。如是則原始佛教中所具有的宗教情緒又全部沖淡了，又會從空幻的世界裏獲得了現實人生的情趣與理想。

我們也可說，周公、孔子的意見，實代表著中國一般的國民性，因此他們的說話，深入了人心，他們的一種力量是無可比擬的。但人生畢竟包裹在宇宙內，人不能對宇宙外圍儘抱著一種不可知的態度置之於不問。因此莊老道家的宇宙論，必然會繼孔孟而興起。但莊老的宇宙論，跡近於唯物。他們認為天只是一氣之化，這不是一種唯物的宇宙論嗎？人類抱著一種唯物的宇宙論，對其外圍，便絕不存有絲毫的敬畏心。這一種心理，必然會影響到人生本身之內部。若人人自認為，那短促的一生盡過著一種唯物的生活，那麼他若不如莊周之頹廢，定會採取老聃之權術。否則便如荀況、韓非般，只有讓人類內部一些優秀的，運使他們的智慧與勢力，來從外面束縛人，壓迫人。然而這些都非人類內心所能受。若如墨翟、鄒衍般說教，則他們實沒有比孔孟莊老更高明的說法。他們實已無獲人心信仰之可能。只有佛法，把這唯物的宇宙解析成空幻，似乎比莊老更深透進一層。但佛法雖嚮往於出世，而沒有了上帝和天國；涅槃的想像，漸成爲哲學的，這須極優秀的想像力，不如其他宗教之易歆動。於是佛法便漸漸離開了大眾。佛法在印度，本從婆羅門教轉變來，它仍然轉歸到婆羅門教而消失了。在中國，因於唐代天台、禪、華嚴三宗之崛起，也使佛法宗教精神轉化爲人生的。

總之，魏晉南北朝隋唐時代，中國人所抱的宇宙觀，不是唯物的，便是空幻的。既不是不可知，也不是可敬畏。人心會依然無安頓。中國思想界仍待在這難題中求解決，討出路。

五

現在須補述一段話。自從莊老唯物宇宙論的思想傳播後，秦漢之際的一部分新儒家，卻想運化道家觀點來重新創建一種不背儒家宗旨的宇宙論。但他們已不能再牢守周公、孔子相傳的天道不可知論來拒絕道家新說了，他們又不願再回頭來主張宇宙實有一上帝在創造與主宰，也不願無條件接受莊老唯物的宇宙論；於是他們說：這宇宙本質固然只是氣化之運行，但在此氣化運行中，卻有一種內在的德性表現。他們在「物」的觀念下，指出凡物必有「性」。在「氣化」運行的觀念下，指出即從氣化自然運行中可見自然所內具的某種「德」。德與性，卻是孔孟儒家在人生論上鄭重提出的兩觀點，現在由他們手裏轉移到宇宙論一邊來。這一派思想，可舉易傳與中庸作代表。中庸對宇宙大化指出一「誠」字，誠是眞實不虛、不息不已的。我們既可把誠之德來說明宇宙之本質，我們自可把誠之德來指示人生之大道與歸趨。易傳說「陰陽」，陰陽固屬一氣之運行與變化，但易傳作者卻從此一陰一陽之變化運行中，指出陰陽之各具其德性。陽德剛與健，陰德順與厚。他們根據乾德，說「君子以自強不息」。又根據陰德，說「君子以厚德載物」。於是莊老道家唯物的宇宙論，一到易傳中庸兩書中，便成爲一種德性一元的宇宙論。他們並不要提出天與上帝的舊觀念，即此氣化的唯物宇宙之本身，便內具有某幾種至高無上的德性；這幾種德性，便可作爲人生之指導與標的。這仍是一種「天人合一」論。但周公、孔子是就人生本身來求合天，而天究竟是如何，周孔卻不說。現在易傳、中庸的作者則不然。他們認爲天不復是不可知，人之所知於天者不再僅是天之命，而是天之德。天德如何呢？只是誠，只是剛與健，只是順與厚。如此講天人合一，卻可先知了天，再求人之合。他們把「合天德」來替代「知天命」。這是易傳、中庸作者經過莊老的宇宙論之後來新創的儒家的宇宙論。若我們再進一步深細地分析，似乎易傳對於宇宙不可知的分數，保留得更少些，而中庸則對於宇宙不可知的分數保留得較多些。但總已把人類智識對宇宙之不可知，大膽地侵入了。在兩漢，因陰陽學盛行，此一派思想，並未占大勢力。到宋明儒手裏，卻把這一番理論再來大大地發揮。

宋明儒要提出他們的新人生觀來反對魏晉以下老、釋的人生論，他們自該有一番新宇宙論來替代莊老虛無、佛釋空幻的宇宙論。在這上，使他們回頭來再探討易傳與中庸。本來宗教是古代一種素樸的宇宙論，也可說是一種想像的宇宙論。整個宇宙，由天和上帝來創造，天和上帝在主宰。我們只要明白得天和上帝的意志和欲念，一切宇宙問題連帶人生問題，都可解答了。而每一宗教的教主，則是天和上帝之代言人。世界各民族比較在前一時期的思想，全都如此信仰。若對此項信仰發生了懷疑和動搖，便得另行開始研究宇宙萬象究竟是什麼一會事。即如西方耶教民族，從中世紀宗教傳統裏脫出，便要討論到宇宙之本質唯心抑唯物；於是哲學中的形上學，遂代替著宗教神學，而成爲他們思想一主題。但西方的耶教，至今仍爲他們普遍的信仰。他們的唯心哲學，大體還是從宗教神學中脫化轉變來。而唯物派哲學，則因有宗教與唯心派哲學之牽制，其深入人心之勢力並不大。在中國則不然。因其本無一種根深柢固的宗教信仰之傳統，所以莊老一派無神唯物的宇宙論，很容易得勢。一轉便轉入佛教。佛教思想，只把此無神的唯物的又解析而成爲空幻的。宇宙既然是空幻，而死後又無上帝與天國之寄託，涅槃境界畢竟還是一個空，如是則仍容易使人心走入消極與悲觀。只在社會下層由小乘佛教所宣揚的西方極樂世界與由莊老道家所變出的神仙與長生，稍稍在維繫著人心。而這兩派思想，到底不能在上層智識界生根。這是中國思想演進到宋代所急要解決的問題。

宋明理學，雖說承襲了先秦孔孟儒學的傳統，但畢竟不同了。只如「體用」二字吧！不見在先秦兩漢的儒書中。直到魏伯陽參同契乃至王弼老子注，才始提出此二字，而宋明諸儒則幾乎任何一家也免不了引用到「體用」二字。可見宋明思想的大題目，與孔孟是不同了。他們所要討論的，卻偏重在宇宙本體的問題上。若把他們和西方中世紀以下的哲學界相比，正可說他們之間是遇到了同一個問題呀！但中西思想，就其歷史傳統言，畢竟又不同。近代西方，因於新科學興起，而搖動了宗教的信仰。他們要另創新的宇宙論，有科學的種種發現作憑藉，而宋代則沒有。又西方的上帝，直到近代，仍對社會保存著若干的敬畏心，因此他們對於宇宙的新探險，轉可不太顧慮到這一點。而宋以下的思想界，則他們似乎首先注意要針對那時的人心，把對外界的一番敬畏心情再來加意培植。因此宋代思想界對新宇宙觀之創立，決不會走上與近世西方同一的道路。

六

宋代思想，大體可分兩派說。一派是周濂溪、張橫渠，他們先建立了宇宙論，再轉遞到人生論。但這一派並非宋學正宗。又一派是程明道與程伊川，他們先由人生論立腳，再來進窺到宇宙論。這一派比較更近於周公、孔子傳統的態度。上面已說過，西方哲學裏的智識論，直到近世才成立。但中國則不然，在周公、孔子時，早已劃分出人類智識之可知與不可知。則試問濂溪、橫渠兩家的宇宙論，到底憑什麼證據，而確知宇宙之如此這般的呢？這不僅沒有科學作憑藉，而且中西雙方思想界在根本態度上，更有一相歧點，該就此再加以補述。

西方思想界，有他們一套邏輯與辯證法。他們認爲依據邏輯與辯證法，可把人類智識作長程的推演，直進到不可知之域。但中國觀念則不然。中國人似乎都認爲語言文字僅是人類隨宜發明的某一種工具，有它應用的限度。若單憑語言文字推演，結果仍會在語言文字的圈套中，把捉不到外面的事實。先秦時代的墨家，以及惠施、公孫龍名家一派，都稍稍注重在名辯推演上，在他們也並未能完成一套謹嚴的律令，但已爲莊周、荀況盡力反對了。莊周說，他們所辯，只在名辭言說上，最多僅足以服人口，不足以服人心。這在中國人觀念裏是一種有力的攻擊。因此中國思想界在宗教神學方面講，既不肯僅憑自己想像和情緒，隨便闖進他們所認爲的不知之域；在名言邏輯方面講，他們也同樣不肯僅憑自己言語反復地推闡，來由此輕易向前闖。中國人在知識論方面，似乎先存了一條鮮明的界線。因此中國思想界對於宇宙論一面之闡發易於達到一限度。

莊周又曾說：

> 以其知之所知，養其知之所不知，是知之盛也。

這一態度，實在是儒、道兩家之所同，也是中國思想界的大體傾向。所貴在把我們所可知來養我們之所不可知。在這「養」字中，卻可推演出許多態度與工夫。明道、伊川正是沿襲此一路，所以他們只主張就人生界來體悟到宇宙界。換言之，則把宇宙論基礎建築在人生論。爲何呢？正爲他們都認爲宇宙之究極不可知。

明道說：

吾學雖有所受，「天理」二字卻是自家體貼出來。

這句話，可說是宋明理學中最重要的一句話。我們若說易傳與中庸主張德性一元的宇宙論，則二程可說是主張理一元的宇宙論。宇宙何由始？宇宙由誰作主宰？宇宙萬物最後的本質是什麼？這些在二程看來，也全都不可知，也全在人類智識所可知的範圍以外了，所以我們該且置之於不論。但宇宙本質既屬不可知，我們來講宇宙之德性，豈不像多跨了一步嗎？於是二程才又另提出他們的新觀點。在他們看來，宇宙間一切萬物相互間莫不有一理，這是顯然易知，又是確然可證的。所以明道、伊川要把這「理」字來統括宇宙界及人生界。這才使他們和易傳、中庸又不同。但明道爲何定要叫此理爲「天理」呢？其實此處天字，僅成爲理字的形容詞。理是實而天則虛。在孔孟只說「天」，但天實際不可知。現在二程則轉說「理」，理則用格物致知的工夫便可知，但卻非由名言邏輯的演繹所能得。因此他們只教人格物致知，來把一切可知之理歸納成爲一宇宙之大理，這即是天理了。所以說它是天理，實則仍要保存人類對宇宙一番不可知的敬畏心情。這是二程思想所以成爲宋代以下思想界正統之主要點。

從二程以下又衍成兩派。明道說：「天理二字是自家體貼出來。」但試問如何樣體貼呢？在這上，又分歧了。一派主張「性即理」，此即朱子之所主，朱子說法大體沿襲著伊川。他們認爲宇宙萬物莫不各具著一性。有物性，故見有物理。有人性，故見人之理。故又說性即是理。待我們窮到物理、人理之大統會處乃見天理。實際上，天理仍是究極不可知，只由我們所可知的人理、物理來體貼此天理，這即是莊子以其所知來養其所不知的一種工夫了。但物性與人性，又顯然各不同，故他們說理一而分殊。人要體貼天理，只該在分殊上體貼。格物窮理，則是體貼天理惟一的路徑。陸象山認爲這樣說法太支離，宇宙萬物分殊之理太過繁細了，如何格得盡、窮得完。他主張簡捷專從人生界下手，因此主張心即理。體貼天理，該先體貼我此心。如此便有一總綱，容易摸到一頭腦。明代王陽明推闡象山意見，提出他良知之學的主張。他以爲天理必爲人心所自明，若人心不能自明的，又何從懸之爲天理來強人心以尊崇呢？故陸王主張「心即理」。上述兩派所爭，其實還是屬於智識論上的問題呀！

但若眞照此兩派理論認眞地推演，結果仍會把人類對宇宙的敬畏之心沖淡了。若如程朱說，今日格一物，明日格一物，用工夫在分殊上，所得總是些事理物理；萬理分散著，得不到總紐，則天理永遠在遼遠處，不易教人提掇起精神來體認此總綱領。但若如陸王，我心即天理，又像把人心地位提得太高了，容易使人內顧而自足，好像不再有一個宇宙不可知的境界在外面。宋明儒在此方面，並非不自知。所以朱子講窮理，便兼講居敬。陽明講良知，便兼講到知行合一。他們都處處不忘在人生實踐上來彌縫此缺陷。此即孔子所謂「下學而上達」。人生實踐工夫，始是宋明儒共同主要的著重點。所以無論是程朱或陸王，他們必講「存天理，去人欲」。他們在理論上，有些近似西方哲學，但他們指點教人處，卻又像是一宗教家。他們像並不很看重思想的方法，卻很看重心性的修養。這才使他們眞實地代替了佛學，承繼了先秦儒。

因此宋明理學，一面講本體論，另一面則講工夫論。工夫論顯然不像西方哲學上的所謂方法論，而近似一切宗教上的進修論。因此宋明儒無不看重他們所謂的「小學」，小學指的是灑掃應對人生日常種種細微小節目。由此再進到「主靜」與「居敬」，這是宋明學共同的精神。若僅在講哲學，不需所謂修養工夫。但若忽略了修養工夫來講宋明理學，則將變成空洞無內容，而且全不是這會事。

宋明儒所講的修養，比較偏重於私人；而先秦儒所講的禮樂，則比較偏重於社會。莊老道家最不喜歡講禮樂，但世界任何宗教則無不兼帶有某種的禮樂。佛教也有佛教的禮樂。所以程明道進佛寺，說：三代禮樂盡在這裏了。這便說出了先秦儒學與宗教的關係。只有晚出的禪宗，似乎把佛教中的禮樂也看輕了，因此禪宗是宗教的大解放。宋明儒承著禪宗的宗教解放來講私人修養，他們也早注意到私人修養該進一步成爲社會性的禮樂的，但這一番工夫，他們並沒有好好做。清儒承其弊，才想把古代「禮」字來代替宋明的「理」字。但社會性的禮樂是該與時俱變的，專靠考據古禮，創興不起今禮來。而且清代政權，也不許當時的學者，在實際上有所建樹與作爲。而中國思想之特質，又是除卻人生實踐，便很難有大推演。因此清儒在中國思想史裏的貢獻，終於會微薄得可憐。

七

上面已約略敍述了中國思想史裏一重要的問題，即宇宙界與人生界交互相關的問題。用中國傳統語說，即是「天人合一」的問題之演變的大趨勢。現在連帶一問題，也該敍述到。在人類思想裏，天人問題外，最關重要的，莫過於死生問題了。人生太短促，以百年爲大限，一死便完了；這不是人生本身一最易惹起思想的問題嗎？世界各民族，似乎都信有靈魂。人死了，靈魂還存在。這是關於死生問題一個最普遍的素樸的解答。這一解答，聯接於天和上帝和神的信仰上，合成爲一體。唯其死後有靈魂與鬼之存在，所以天和上帝和神的信仰始有了意義。若使死了沒有魂與鬼，試問天和上帝和神的信仰，還餘賸得幾多意義呢？凱撒的事情有凱撒管，更用不到上帝。但中國古人對於靈魂與鬼的死後存在，似乎又很早便加以否定了。這又是講中國思想一大堪注意的事件。

春秋時鄭子產便說過：

> 人生始化曰魄，既生魄，陽曰魂。

魄指體魄，魂指靈魂。子產的話是説，人先有了體魄，才始有靈魂。靈魂只像是體魄的某一些光明或作用。既如此，人死後，體魄腐爛了，靈魂也該消失了。這不是子產一人的意見，這是當時人共同的意見。因此説：「新鬼大，故鬼小。」可見死後雖有鬼魂存在，最多只是短暫一時期，鬼會變小，小到沒有便消失了。似乎當時人信爲，人死後的生命比其生時更短促。

這一想法，必然又會阻礙宗教之發展。但到孔子時，連這一想像，也並不願肯定地保持。所以他要説：

未知生，焉知死。

又説：

敬鬼神而遠之。

我不與祭如不祭。

中國人對祭祀最多三代至九代，此外則只祭他們最先的始祖。那只是人心中一種不忘其所自的紀念。中國人祭祀的大理由，毋寧是看重活人自己的心情，更重於眞實認爲死者鬼魂之確有其存在。因此墨子講天志，同時便須講明鬼。若使當時人人都信有鬼，何待墨子再來盡力地立論明鬼呢？可見鬼在中國古代思想裏，也如天和上帝和神般，早已不肯定存在了。

惟其人死後，沒有鬼與魂，所以莊老道家思想之演變，生出了神仙長生的傳說。秦始皇、漢武帝，都曾熱心想望過。方士在秦漢間極盛行，這是爲人死後沒有鬼魂存在作補償。若使人死後靈魂升天堂，便不再需要做神仙與長生。佛教東來後，又有「輪廻說」，補償了東土人死後即完的意念之缺陷。但這一說，仍不能在中國上層知識思想界占勢力。梁代范縝的神滅論，給與小乘佛教一種甚大的致命打擊。因此佛教在中國，還是大乘般若、唯識較高的理論方面獲得普遍之研尋，而其影響亦較大。縱使在一般民間，佛家的輪廻說也和中國舊有的祭祀風俗混合了。今試問：既信有輪廻，那會有祖先呢？或許祖先的前世，是你的仇人，或許他是一條狗轉世。但中國民間並不深究這些事，只用佛事來替自己祖先求超渡。換言之，還只是自盡我心便算了。可見中國人思想，自始對這等信念並未誠心地認眞過。

中庸也說鬼神，但說的是鬼神之德呀！宋明儒也還說鬼神，但他們說：「鬼神者，二氣之良能。」他們仍不信有人格的鬼與神。因此我常說，中國人心裏的宇宙，只是平面一重的；除卻這可知的充滿人與物、爲一氣之所化的具體宇宙以外，更沒有上帝和諸神的天堂。中國人心裏的人生，也只是現世的、肉體的，除卻這百年壽之大齊的一段現實人生外，更沒有生前或死後靈魂之存在。若就現代人觀念言，中國古代人的理智表現是清明的。但這一種清明的理智，會使人情感受不了、耐不了。若使宇宙沒有了上帝和神，宇宙會變成黯澹的。中國思想史上所遭遇的困難即在此。中國人如何粉飾此黯澹，我已在上文述及了。若使人生沒有了靈魂，人生也會墮落的。中國思想界，又如何來解決此困難呢？讓我們再簡單一敍述。

春秋時叔孫豹曾提出立德、立功、立言三不朽的大理論，這便是中國古人對此問題所尋求的解答。人的肉體總要朽，死後又沒有靈魂存在，因此人類生命之不朽，只有不朽在事業上，只有不朽在這一現實世界中，只有不朽在後世人對我一番紀念的心情裏。叔孫豹這一說，後起的儒家，便完全接受了。他們極看重祭祀，極主張慎終追遠與崇德報功的心情。只要後世人能有此慎終追遠、崇德報功的心情，前世人雖死，仍還在後世人的心情紀念中，譬如沒有死。我們要求人生之不朽與永生，也只有這條路。因此中國人也極看重所謂「名」。名傳後世，是中國人最大的理想。所以孔子說：「君子疾沒世而名不稱。」桓溫一世之英豪，他也要說：「大丈夫不能流芳百世，亦當遺臭萬載！」王彥章是一個武人，他也說：「豹死留皮，人死留名。」別個民族，想死了留一個靈魂，中國人卻想死了留一個名。西方人常說：「人活在上帝的心裏。」中國人不說這樣話，中國人應該說：「人只活在別人的心裏。」若要我們生命之永生與不朽，則該永生不朽在後世萬代人心裏。這一希望，卻可說是中國人的宗教吧！這是中國人生論最大的歸宿。

但若人類根本沒有慎終追遠、崇德報功的心情，則縱使你立德、立功、立言，後代人也會把你遺忘了。你的生命仍將與肉體俱朽。因此中國人必然會信仰到人類的心之仁與性之善。若使人類心不仁，性不善，那會有慎終追遠與崇德報功的心情？人類沒有這一種心情，死了，便和鳥獸草木般一死便完了，一切沒有了。宇宙間也更沒有上帝，不來管這些事。試問照中國思想之演變，如何能不信仰人類的心之仁與其性之善，而再來找尋人生之意義與價值呢？

惟其中國人看重這一種慎終追遠與崇德報功的心情，因此流傳在愚夫愚婦間的那些迷信鬼神的風俗，中國的聖人智者們，也不刻意向他們解釋，並不急要否定這些迷信。只求在現實上保持得這一種心情，讓大家來慎終追遠，崇德報功，便夠了。這也因宇宙是否有上帝，生命是否有靈魂，到底仍還是一謎。試問至今人類的智識，是否對此有了確切的肯定抑否定？中國的聖人智者們，也未嘗不知道，現實人生中，儘有不仁不善之事在發現；但他們終於要竭意培養此心之仁與性之善，終於竭意要扶植此心之仁與性之善。這是孔孟儒家所以成爲中國思想主流一最要所在。因此刑賞法律以及其他一切利用人類心性的弱點措施，中國的聖人智者們，也未嘗不知其可以收效於一時，但終不願在此方面多用力。所以如法家思想等，也終爲中國思想界的正統所不取。而所謂「個人主義」，也絕對不會在中國社會裏存在。

八

上文大意，在於指出中國思想界，很早便從古代素樸的天和上帝和神的宗教信仰中解脱了。而且中國人在西方哲學上所謂的知識論方面，又很早便已有了一種卓越的看法，早知把人類智識之有所知與有所不知的兩面該有一個界限的劃分。而且中國人又不信人死後有靈魂，因此中國的聖人智者們，很早便專心一意來發揮指示扶護培植人類自心之仁與性之善。他們想要憑藉這一些人類自心之仁與性之善，來建立一個不離現實而又合理想的人生。因此中國人對於自然科學的只向外面宇宙探究的一切工夫與方法，雖不是沒有注意到，但畢竟可說是比較地忽略了。至少是不認爲這些是應該最先著手的一件事。而對於運用名言邏輯純思辨的演繹與推究，中國人也不認爲這是尋求知識、探究眞理的一種最可憑依的正路。毋寧是看重對於人類心性之修養與實踐，其發明眞理與到達眞理之可靠性，會更重於名言思辨之探索。

由於上面敘述，可見中國思想的主要根據與其主要進展之所在，何以既不在宗教信仰上，亦不在自然科學上，又不在純思辨的邏輯與哲學上，而單獨走上現實的人文世界來。這裏則有兩方面。一面是歷史，又一面則是人生心性修養。這是中國人認爲獲得發現眞理之兩大來源呀！

上面已引周公的許多話作開端，下面將引孔子的幾句話作結束。孔子說：

我非生而知之者，好古，敏以求之者也。

他又說：

十室之邑，必有忠信如丘者焉，不如丘之好學也。

「好古」便是求之於歷史，「好學」便是求之於本身心性方面之實踐與修養。此爲中國人所認爲的探究眞理與發明眞理之兩大幹。如是則思想並不更重於行爲。所以孔子又要說：

學而不思則罔，思而不學則殆。

「思」是指思想言，而「學」則兼指好古與自己心性方面之實踐與修養言。孔子又說：

我嘗終日不食，終夜不寢，以思，無益，不如學也。

可見孔子雖兼重學與思，而毋寧是更重學。我們儘可說，後來儒家的根本態度都如此，也可說中國思想界之根本態度全都是如此。因此在中國人觀念中，乃並無所謂「思想家」。

所以我們要研尋中國思想，與其寫一部「中國哲學史」，不如寫一部「中國思想史」，比較更恰當。而與其寫一部中國思想史，又不如寫一部「中國學術史」，比較更圓密。而且與其寫一部中國學術史，實也更不如寫一部中國古先聖賢之綜合傳記之比較更深切、更著明。

（一九五三年三月吳稚暉先生九秩榮慶祝賀論文集）

一〇　中國歷史上關於人生理想之四大轉變

一

今天講的問題是，「從中國歷史來講中國人生理想中四個大轉變」。此題一部分是講歷史，另一部分則講思想。若從思想來講歷史，則應一家一家各别闡述，再加貫串，而成爲一種思想史。我此乃從歷史講思想，因之並不重在各家思想之特殊點，如孔子、墨子之人生理想各如何，而只注重在同一時代中許多思想之共同點。固然於同一時代中各家思想，彼此之間儘有差别。如先秦時，孔、孟、莊、老各家思想，其相互間之特殊處，此講題中暫置不管；而只講其相同點，即其成爲時代思想之特徵者。下至魏晉南北朝，時代變了，思想亦隨而變，顯與先秦時代不同。在此講題中，亦不討論當時各家之差别處，而專講其共同處。下及隋、唐、宋、明亦然。所謂四大轉變，即指此而言。

其次講到「人生理想」四字。關於人生問題，自大處分别，可有兩種看法：一是自己站在人生之外來看此人生，今人謂之爲「客觀」。此種看法，勢必將人生當作一外在自然看，勢必講人生何由來？又將於何歸宿？循此以及人生之意義與價値究在何處。如此研討，亦即今日所謂的人生哲學，或人生觀。要之是思想家自己先站在人生之外，而將人生作爲天地間一自然現象，而對之加以研尋與說明。其另一看法，是自己站在此人生圈子內，自己早已是一人，即得承認此人生。諸如飲食、男女、生育等，所謂人生，已顯然在此。此是一現實，不得不承認。但承認了此一人生現實，在此現實中，吾人究可抱有何種理想，希望其明日、後日能有何種變化？果求其能有此變化，則吾儕處身此現實人生中，究應負何等責任？其主要點只在此。卻不必再究人生何自來，其最後歸宿將何所往；只問對此現實，有無加入吾人理想之可能？而對此等理想誠欲求其實現，吾人能盡何等職責？此種講法，近於是一種主觀，吾今不妨稱之爲是「人文的」。因其站在人文立場，不問其來龍去脈，不作原始要終之追尋；而僅在此人生中，對此一現實而思維，吾人究應加以何種理想與負起何種職責。

前一看法像是理智的，後一看法則帶有情感性，不得謂是純理智。換言之，亦可謂前者是一種徹底的，而後者則似不徹底。因其先承認了此現實，接受此人生，而僅討論其理想之可能。此理想即在現實中，並須附帶以行爲，因此亦不是純思想的。中國人向來講法，似偏近於後者。當然在中國思想史裏亦多有講及前者處，但不害其所偏乃在後。我此所講，則是專有關於人生理想部分者。因理想只在現實中，而又附帶有一種行爲與職責，故與歷史關係更爲接近。至謂中國歷史上對於人生理想有四大轉變，此亦只是一種大概的講法。即如先秦以前有春秋時代，亦應大有可講，而在此講題中，則略去不談了。

二

先秦時代應從孔子講起。在論語中，孔子似乎並未正式討論到人生之起源與歸宿等問題。此可謂孔子乃不重在研討人生哲學，即對人生作純理智的客觀研究。孔子論語中所講，主要在先承認此人生，然後針對當時社會，就其所見、所知，而加進了某些理想。而此諸理想，孔子似向少數人提出。蓋因任何理想之實現，勢必有少數人肯挺身負責，而非可能期望於全人羣。故論語乃似爲社會一部分人宣述，而非面對全人羣講話。此一部分人，即論語中所謂「士」。根據歷史，在孔子以前，中國尚是一封建社會，有貴族、有平民。貴族稱君子，平民則屬小人。逮至春秋末期，孔子出生，貴族階級已漸趨崩潰；但在當時貴族階級中，亦有不少覺悟分子，如魯國叔孫豹所講人生三不朽，即是其一例。據叔孫豹看法，貴族世襲僅堪稱爲世祿，欲求不朽，則須立德、立功、立言。此三者始對人羣有貢獻，而皆屬於人生之職責方面者。當時貴族階級已多不能負起此一職責，在貴族平民間逐漸產生出「士」之一階層。孔子亦是一士，孔子似乎希望由此士的一階層來領導社會，發展理想。近人讀論語，多對論語中有關「君子」、「小人」之分別加以注意，而忽略了論語中對於「士」的教訓。其實天子、君卿、大夫，貴族階層皆可爲君子，而理想之士亦可爲君子。孔子教訓則偏重在當時「士」之一階層。孔子所討論的，雖是任何人應如何作人的問題，但孔子似未注重到全人羣皆能如彼所教訓；孔子所偏重，乃在教人如何做一士，如何做一理想的士。換言之，即所謂「士」者，對此社會須負起何種職責與道義，即是對此社會應有一番理想與其相應而起之一種責任感，而努力以求此項理想之實現。社會能有此一理想之士，可使社會亦臻於理想。故孔子之教，實際亦可說是一種「士教」。孔子之所以不成爲一宗教主，不能與釋迦、耶穌同開一宗教，其主要分別亦在此。

今姑略舉論語中孔門言「士」者稍加說明。孔子云：「士志於道，而恥惡衣惡食者，未足與議也。」此處「道」字，即指一種人生理想，而同時亦爲士之職責。就現實人生言，幾乎每一人無不希望能有美衣足食；孔子在此方面，似乎不作批評，只說：倘使你是一個「士」而志於道，即不應恥惡衣惡食。此等處，顯見孔子非對人羣講話，而只對人羣中少數人說法。孔子並不曾針對全人羣，主張人人須不恥惡衣惡食，而專爲士之志於道者言。可見在人生中能有美衣足食，孔子並不反對。孔子又曾云：「飯疏食飲水，曲肱而枕之，樂亦在其中矣；不義而富且貴，於我如浮雲。」顯見孔子並不反對富貴，只富貴應有條件。儻能合乎道義而富貴，孔子說：「執鞭之士，吾亦爲之。」富與貴，人人都希望，而孔子之教則專爲一般有志之士而說。孔子不敢自居爲聖人，然勉勵大家做君子，尤其希望此一輩理想之士都能爲君子。

孔子弟子曾子亦云：「士不可以不弘毅。」此語亦未說人人皆得要弘毅，而專側重於對士而言。

爲何士則必要弘毅呢？只因士在人羣中負有重任；求能負起此重任，又必有一段遠道。曾子說：「仁以爲己任，不亦重乎。」此猶說以人類之理想與道義爲其責任。孔子提出此「仁」字，亦即先承認了此人生、此社會。而仁乃是人道中一項理想，人生向此理想而前進，則需有人能來領導，此輩領導人即「士」。曾子續云：「死而後已，不亦遠乎。」人生爲何必有死，宗教家、哲學家都愛討論；但孔子教人，卻不在此等處深究，只承認此現實便了。但負起此人羣仁道之士，也須有死。今試問：彼死後又如何？此又應是一大問題，但孔門在此等處也不引伸遠去，只說此有志之士須待死了其責任始免。今試問：孔門此種看法，是否可謂是屬於悲觀一方者？至少儒家側重現實，我之責任及死而終，便是一現實。此下又有他人，人類既大體相同，我能抱此理想，盡此職責，此下豈必繼起無人！佛家理想最後有一涅槃境界，耶穌理想亦有一終極，即大家皆可上天堂；孔子思想似不重此一最後終局。故亦可說孔子乃爲一悲觀者、消極者，但亦可謂其是一樂觀與積極者。故儒家在現實人生中，乃抱有一大同、太平之境界。曾子此番說話，則確乎能發揮孔子之教。曾子也似乎並不希望每一人皆能犧牲爲社會，死而後已；只希望有些人能如此，故可說是重現實。孔子之不成爲一宗教主者即在此；因孔子不超出人生來作討論，而只在當前現實人生中有一番理想與抱負，而希望有少數一批人，能率先如此而止。

孔子所講之「仁」，即一種理想的人道。孔門只希望每一理想之士，能就其一生來負起此責任，來領導社會走向此種理想境界。此項責任，死而後已。自己不顧衣食私生活，惟以志道爲尚。更不計當前或將來之報酬，因此亦本無報酬可言，端視其人自己内心願否如此。故孔子雖非一宗教主，然彼之教訓，於此等處，卻顯見有一種宗教精神，似乎較之佛教、耶教更爲難能可貴。因佛家求超出輪廻，耶教盼能死後上天堂，其教人皆有一報酬；而孔子之教則未作任何承諾，並無眼前或將來之報酬可言。孔子只提出一種人生理想，並不深究人生究是一什麽，只講人生當前該如何。此所謂該如何者，亦並非出於孔子之個人意見，孔子只在提倡當前社會人人心中所希望，如：孝、弟、忠、恕、仁、義種種。爲父母者必望其子女能孝，長者必望其幼輩能弟。儒家人生理想，只承認此現實人生中人人之所想望，而奉以爲人生之大道。但並不是人生已如此，而只是人生能如此、該如此。在人生能如此、該如此之中，希望有些人能來提倡此一該如此之圓滿實現。其能如此之人，即孔子心目中之所謂「士」。此爲孔子及孔門諸子所最先提出的一番人生理想。諸位如欲深究，可仔細讀論語。

孔子後有墨子。墨子思想與孔子不同處，此講暫不涉及。惟墨子有與孔子相同者，墨子所講亦可謂是一種「士教」。墨子書中分别有兩種士：一曰兼士，一曰别士。至於一般普通人，墨子似亦存而不論。墨子提倡大家做一「兼士」，不要做「别士」，由兼士來領導社會走向兼愛。墨子書中有貴義篇，希望人能做一「義士」。義士即是肯自我犧牲，來負起此人類理想之責任者。若單注重此一方面講，墨子精神亦與孔子無異。

現接講孟子。孟子云：「士尚志。」以示别於從事農、工、商各業之平民。其實從事農工商各業者亦皆有志，如志在豐衣足食，志在富貴利達，但此非孟子所謂之「志」。孟子所云之「士尚志」，仍是一種自我犧牲，仍是在現實社會中少數抱有理想之人，肯負起責任來領導社會走向此理想者。孟子書中提及「士」字處甚多，孟子又謂有一邑之士、一鄉之士、一國之士，及天下之士諸分別。又有所謂：「豪傑之士，雖無文王猶興。」在現實人生中，何嘗不是人人皆望做一好人！但人人都諉卸此責任，認爲在此社會上無法做好人，做好人必先自吃虧。孟子對此一輩人並未加以責備。孟子意只須文王一出，社會好轉，則此輩人皆可成好人。但在文王未出以前，則不得不盼望有少數豪傑之士肯挺身出擔此重任。此少數豪傑之士，則必須出於自願，必先自有此志。但孟子立教，亦並不希望每人都如此，故曰：「飲食男女，人之大欲存焉。」又曰：「食、色，性也。」可見孔孟乃是承認此現實，而即就此現實來建立理想，望能有少數人成爲豪傑之士，來負起此責任。

孟子繼起有荀子。荀子書中少言「士」而多言「儒」。因到荀子時，士階層中已甚複雜；荀子所講之「儒」，亦荀子心目中之理想之士應爲一儒而已。大學一書，應是荀學後起之書。大學提出「在明明德，在親民，在止於至善」三綱領。程子注曰：「大學者，大人之學也。」可見大學之道仍非講給一般人聽，而係講給有志從事於大人之學之少數人聽。因此，孔、孟、荀等儒家，到底只可說其是一教育家，卻不能承認其爲一宗教家。宗教家如釋如耶，逢人皆如此講，而儒家則注意向少數人講。我今不討論儒、釋、耶內容方面之別異處，只提出此一相異，便可見中國先秦儒家，不得成爲一宗教。大學於「三綱領」之下有「八條目」，主要則講修齊治平之道。當知身、家、國、天下，此亦現實人生中一種既有存在。儒家先承認此存在，卻不須追問其何所來。若必追問到源頭上去，則可有人出家，甚至捨生；此便成爲宗教或哲學問題。而儒家置此不問，只承認此現實，而提出一些理想。至於其究極將來，亦可不問。儒家所重，只是站在人文立場，而求解決當前問題者。當前有此身、家、國、天下，故須講求修齊治平之道。此即人生理想，亦是人生責任。儒、墨乃先秦思想中兩大派，在此方面立場甚相近。莊子道家處於一種反儒、墨之立場。法家、陰陽家等，多在批評此立場。有些則走上歧途，如縱横家是。但無論如何，先秦各家中，講及人生理想，應以儒、墨兩家爲代表，則屬無可否認之事實。

三

下至漢代，「士」之一階層，已正式代替了古代之貴族，而成爲社會上之領導階層。兩漢時代之士，初看似無甚多人生理想發揮；實則當時之士，乃依著前人理想，而求善盡其職責。大體講來，亦可謂其貢獻實至鉅。此輩士，進而在朝，則在治平實績上用心；退而居鄉，則敬宗恤族，注意各自家庭的一面。此下遂漸形成爲「士族」。東漢以後，乃有大門第出現。此時之士，其家庭在社會上皆有一卓越地位。就孔孟之教言，敬宗恤族，亦不算是壞事，吾人亦不能對此變遷多加責備。但東漢末期，政治進入一黑暗而無辦法之狀態中，黨錮之禍，明明把士在治平實績上之可能貢獻之一條出路封閉了。當時士人內心動搖，意態漸變，首先推尊顏淵。顏淵「一簞食，一瓢飲，在陋巷，人不堪其憂，回也不改其樂。」顏淵似對實際社會並未做出任何貢獻。但孟子則謂：「禹、稷、顏回同道，易地則皆然。」東漢士人在其內心苦悶中，似自認無法為禹、稷，乃專一推尊顏淵。這才眞成為悲觀與消極。但當時之士，實已與孔孟時代不同，因當時已有「士族」存在，每一士各有一門第背景。就歷史變動言，孔孟時代之士，其對方乃公卿、大夫；而今日之士，其對方則為庶人。士、庶之分別對立，成為當時社會一新型態。因此若要在當時保留此「士」的身分，首須保留此一「門第」。此為中國歷史上一大變動。

再就思想方面言。古之所謂「士」，其意義與價值，端視其能對實際社會治平大道有貢獻；今則不然，士對治平實績之貢獻，已認為不可能。在此思想苦悶無出路之中，一轉變而認為其人縱對社會人羣無貢獻，而其人之本身價值仍可有存在。此一本身價值，即表現在其人之「德」，而更可不論其功與言。如顏淵即有此德，其對社會則不必有功與言之貢獻。依孟子講法：顏淵只因所居地位不同，故不得為禹、稷。現在卻將禹、稷拋開，專從顏淵方面看；於是莊老思想從此滲入，而成為魏晉以下人生理想一主流。莊子書中，亦甚佩服顏淵為人，莊老道家屢講到「德」字。其所謂德，乃屬一種內在之德。而孔孟所謂「道」，則必可行之於天下。今則認為顏淵之可貴，即在其有德。而孟子所謂顏淵、禹、稷同道，到東漢末期人則撇開不論，把顏淵與禹稷分開。此一轉變，乃下開魏晉以下之「名士風流」。名士亦有成為名士之條件，並非門第中人即盡屬名士。名士之成其為名士，則因其有「風流」。「風流」二字在當時究作何解？我意風流乃指其可爲人之楷模、爲人所效法言。論語所謂「君子之德風，小人之德草；草尚之風，必偃。」孟子所謂：「流風餘澤。」人能具德在身，得人景仰，爲人慕效，其德即可以長傳；此乃魏晉以下人生理想所在。惟風流則必屬於名士，而名士又貴於有此門第。故魏晉南北朝人對門第之保持特所重視。他們要講「門風」、「家法」、「禮教」，用以維持此門第。其實這些都從儒家傳統來；只在門第中成一名士，風流自標，則夾雜了不少莊老道家意味。

近人講魏晉南北朝士風，認爲他們只重道，不重儒；此是一大誤。又認他們當時之門第，只憑藉政治上之特殊地位，與經濟上之特殊勢力而維繫；此又是一大誤。當知魏晉南北朝時代之大家庭、大門第，乃各有其門風與家法，各有其同遵共守之禮教，此等大體乃源自儒家。今姑舉其最顯著最簡易明者言：門第必尚孝、弟，因此必知尊祖德、教子弟。文選中有甚多篇當時著名文章，專在頌揚祖德及教導子弟方面者。故可謂當時「士」階層之人生理想，主要乃在如何維持其家庭門第，因此而有家法、有門風、有禮教；必使一門中人能孝弟、知尊祖德、能教子弟，其人始成一風流人物。但僅此仍不足，尚須其人在文藝方面有修養，並須擅於「清談」。當時所謂「清談」，乃只談哲學，只談名理玄思，卻不談政治與道德實踐。道德人所共守，禮法具在，無可談。少談政治，所以避禍。談名理、談玄、說道，則可表示各人之學養與智慧。當時遇大族婚宴，嘉賓羣集，乃爲舉行清談之好場合。既有高雅之風致，亦於談論見情趣。當時名士，居家奉行儒禮，處世乃用莊老；謙虛、沖和、與人無爭，亦是保持家門之一法。若眞尚莊老，則何來又重視所謂「家法」與「門風」，更有何「禮教」

可言！

最先正始玄談，開始把莊老引入儒門。此一風氣，大爲後來所仰慕。然論其實際，固未能把莊老來代替了儒統。因此阮瞻以「將無同」三語辟爲掾，而郭象注莊子，處處違反莊書原旨，爲孔子作廻護，因此乃成爲一時之談宗。實因當時所謂「名士風流」，處世固尚玄虛，而治家仍守禮教；再加以清談玄思，詩文華藻；又須琴、棋、書、畫、投壺、射箭，種種雜技，以表示門第中人高貴之學養與身分。在此等祈福避禍、專望門第永保勿墜之心情下，又易對宗教生信心。如王羲之一家信奉天師道，正是一例。其後門第中人多轉奉釋氏。當知佛教亦富玄談，亦重禮法卽戒律，正合當時門第風氣。大要言之，則魏晉南北朝時代之人生理想乃是消極的，包圍在門第圈中，胸襟狹窄，主要只可謂有志潔身保家；卻不比先秦乃及兩漢多知立德、立功、立言，富有一番淑世精神。但中國歷史文化傳統，所以猶得維繫不輟，當時門第亦不爲無功。

四

下至唐代，佛教逐步中國化，又另開一理想。初時僧徒生活乃由帝王及門第供養，高僧大德多從事譯經工作。入唐以後，寺廟僧侶乃多從事生產勞作，自給自足，不再專靠宮廷與門第之護法。而自南朝竺道生提出「頓悟」及「人人皆可成佛」之義，下至唐代禪宗六祖慧能崛起，而大暢厥趣。壇經有云：「佛向性中作，莫向身外求。自性迷即是衆生，自性覺即是佛。慈悲即是觀音，喜捨名爲勢至，能淨即釋迦，平直即彌陀。」此寥寥數語，卻是佛門中人一大轉變。佛法本是宗教，至是乃全融入現實人生中來。把現實人生中人人所能、處處可遇之慈悲、喜捨、淨與平直，即成爲是觀音、勢至、釋迦與彌陀。此一來，佛法即是人生，人生亦即是佛法，兩邊綰在一條線上。故中國自有禪宗，而佛教遂現實人生化，乃與先秦人生理想異途合轍。

自有禪宗，而佛教之法門大開，不僅人皆可以成佛，抑且立地可以成佛。現實人生，即是佛法道場。從前人欲求成佛，不知要經過幾度或幾十度輪廻；而佛法玄深，經典浩繁，欲窮究其義，儼如要通貫不知幾何家派的哲學大理論。現在大可不理會這些。慧能說：「佛之說法，乃爲衆生；苟無衆生，即無佛法。」而且佛法既脫離不了現實人生，因此在家、出家都一般。運水搬柴，即是妙道神通。只要心中慈悲，便等於是觀音菩薩了。而且煩惱即菩提，無煩惱則何來有覺悟！釋迦當時所看到者，也只是現實人生中之生、老、病、死。此等乃是人類之大煩惱。若無此等煩惱，何來有所謂覺悟？從前只求逃避此煩惱，現在教人面對此煩惱；從前是逃避了人生求成佛，現在則即在日常人生中可成佛。自有禪宗，遂把佛學的宗教情味沖淡了，重新挽回到人生日常方面來；即此可說是佛家理論上一大革命。

唐代在禪宗盛行之下，如何得成佛，變成人生之最高目標與最高理想。上自皇帝卿相，下至販夫走卒，人人平等，各可成佛。佛法普遍廣大，乃爲每一人講，非專爲某一色人講。而且講來平等，不須作幾樣話講。這是中國傳統文化中本所自有的一種宗教精神之新影響。但從前中國傳統所特加於某一色人之一種特殊職責，及其所應有之一種特殊精神，卻亦不免隨而沖淡消失了。

五

禪宗把佛法挽向現實人生化，但終不脫寺院束縛。宋人又從禪宗一翻身，由釋歸儒，把人人皆得成佛轉回到人人應作聖人，後人甚至謂：「不爲聖人，便爲禽獸。」此種意想，顯與孔子又不同。孔子只勉人作士，他自己也不敢以聖自居。現在宋儒講學，必以「聖人」爲歸，孔子以下則盛推孟子，此與東漢人專尊顏淵又不同。因顏淵有「莫由也已」之歎，而孟子則言「人皆可以爲堯舜」，正合宋明人需要。程明道說：「灑掃應對，即是形而上，可以直上達天德。」此種說法，顯從「運水搬柴即是妙道神通」轉來。蓋非廣開此路，則不能說人人皆可爲聖人。明道又謂：「堯舜事業，只如一點浮雲過目。」此又與孔子意想不同。孔子盛推堯舜事業，稱其巍巍乎、蕩蕩乎；今把堯舜事業看輕了，豈非治平實績亦如浮雲！在先秦孔、墨、孟、荀，可謂絕無此意。宋儒把事業看輕了，卻掉換講「氣象」。明道根據論語「浴沂風雩詠而歸，孔子歎而與之」。卻說曾點「便是堯舜氣象」。其實宋儒論

「氣象」，正如魏晉時人所云之「德操」與「風度」。魏晉人撇開外面世務，只講私人生活。宋儒也把外面世務撇開，只講內心境界。明道之意，似乎認爲堯舜雖爲人羣幹了一番大事業，但堯舜心中亦如曾點般，並不曾把自己這一番事業看得太重了。在明道，或許因爲急乎要向釋氏爭人生理想之領導，禪宗既主人人可以成佛，儒家不能不說人人可以爲聖。然此一門路開了，後來人便羣思作聖，成爲宋明兩代之人生新理想。南宋陸象山繼明道有云：「我不識一字，亦可堂堂地做個人。」此所謂堂堂地做個人，自然不是指做普通人，其意卻即是做聖人。如此說來，不識一字，灑掃應對，浴沂風雩，歌詠一番，即此道路也可作聖。明儒王陽明繼起，單拈自己一點良知，便是作聖眞血脈。他說作聖「只講成色，不講分兩」。他提出「拔本塞源論」，主張種田挖溝，亦與禹、稷同道；若在事業貢獻大小上計較，便是功利觀點。循此遂有「滿街都是聖人」之說。一個端茶童子，也即是聖人了。若論事業與學問，此端茶童子決不能與堯舜、孔子相比。但在當時風氣下，必要主張人皆可以爲聖人之理論，因此只可翻過來說：若孔子來做此端茶童子，豈非也只能做到一心莊敬，不潑不倒，克盡厥職而止！因此遂說此端茶童子也即是聖人了。本來是說人皆可以爲聖人，現在說成：讓聖人來做我，也只能如此做。上引孟子「禹、稷、顏回易地則皆然」之說，魏晉以下是只做顏回，不做禹、稷。宋明儒之流弊，乃是教人且做曾點，便猶如做堯舜。風氣所播，理學變成一種通俗運動與平民教育。這可說是宋明理學自始即存在的主要一大趨勢。

六

直到明末東林學派起來，首先反對此種風氣。他們主張講學不能不問政治。下至顧亭林、黃梨洲、王船山三大儒，主張要講聖賢學問，便不能不讀書。專從灑掃、應答、端茶、守門，乃及浴沂、風雩處來做聖人，豈非聖人儘多，而終亦無補於家國之興亡。但既由心性研討轉向至治平實績問題，即復不得不再轉到經史實學方面。

既側重提倡經史實學，又不能不暫時拋棄人皆可以爲聖之高論。接著繼起的一輩讀書人，又懾於滿洲異族政權之高壓，乃轉上訓詁、考據、校勘，逃避現實，埋頭書本，成爲一種畸形發展。道咸以降，清政權威望墮落，那時讀書人始重新討論到政治。於是於經學中專講孔子春秋公羊一派，高談變法，似乎又想重回到西漢儒士的路上來。而魏晉以下只想做門第中賢父兄、佳子弟，與唐人只想成佛，宋明人只想作聖人等，那些人生理想，則均已擱下。

這是在中國歷史上來講人生理想轉變之幾個大段落。

七

至於民國以來此五十年，則一時尚無顯然的一種共同人生理想可說。大體說來：有一批人個別地在要求思想學術之自由，或主法律下人人平等，或在企業經濟上爭取自由發展。主要不外是一種個人主義。而偏偏國家不爭氣，社會不安定，請問個人自由於何安頓？遂另有一批人出來提倡集體領導，要強力督策此社會向前。共產黨所由能在中國社會得勢，固然是一種錯誤所引起，但在其最先，多少也注入了一些中國傳統上所謂「士」的精神。當時有不少青年爲共產思想所麻醉，寧肯不顧一己生命，從事地下活動，犧牲在所不惜；這不是中國傳統上一向所佩服的有志之士嗎？故在共產主義之背後，一面利用了民族主義、愛國主義，另一面利用了志士成仁之傳統精神爲之撑腰。今天毛幫共產主義，犯有嚴重錯誤，但最先亦涵有一部分精神力量，實爲得自自己本有之文化傳統者，則亦不可忽視。

我此所說，乃是講及最先中國青年如何走向共產主義之內心，主要在指出社會上任何一大變動，都不能和以往傳統完全脫節，而憑空突然地產生。但總結來講：今天的中國人，實可謂並無一套共同的人生思想。擺在吾人面前者：一是西方耶教之宗教信仰。二是西方民主政治，所謂自由與平等。三是共產主義與集體領導。四是個人主義。此四大分趨，都來自西方，都不是我們自己的；而又彼此不相顧，各奔前程，互相衝突。此後中國是否能醞釀出自己的另一嶄新之人生理想，此又是一問題。由我觀點，仍是欣賞孔子儒家那一套。似乎今日仍應該提倡一派新的儒學，來爲中國社會、人生理想找出路。此事說來話長，在此不能細談了。

（一九六二年四月十日新亞研究所學術演講，新亞生活雙周刊四卷二十期。）

一一　中國知識分子的責任

一

今年適逢民國開國六十周年，雙十節，這眞是我們值得歡欣鼓舞的一天。而不幸國步屯邅，大陸同胞水深火熱，又兼以國際姑息逆流澎湃洶湧。我們處此境地，總不免在各自內心蒙上一番黑影。

回念我們此六十年，波譎雲詭，艱險紛乘。我往常每言，近視仍可悲觀，遠看儘當樂觀。不謂此言屢發，至今仍浮現在我之腦際。我們此六十年來最大病根，乃在政局未定於上，而學術思想先亂於下。我總認此一時代，只是過渡而非開創，乃撥亂世而非升平世。此亦時運所限，而身處其境者苦不自知。古人云：「識時務者爲俊傑。」時在撥亂，遽希升平，此之謂「不識時務」。洪憲稱帝，宣統復辟，特其尤者。而此六十年來，不識時務之事，則並不止此。

若我們眞能深知當前所處是一撥亂世，則自當把眼光放低，意氣放平，逐步在現實可能上穩健前進。且莫高瞻遠矚，徒託空言。從已往歷史言，民初開國，能效北宋初年，已屬過望，豈能追慕漢唐？即效漢，亦僅能效法其文帝以前，不能想望如漢武帝時。效唐，亦僅能效法太宗貞觀求治之前一段，不能遽望開元之盛。近論清代，亦當效法康熙之上半截，不能遽想如乾嘉。苟是僅求安定，過渡亦成爲開創。若一意升平，則撥亂亦自無績效。

不幸民初一輩知識分子，認爲自秦以下中國兩千年一部帝王專制史，已一口氣剷除。心高志逸，更不將以往舊歷史再作參考。急起直追，模倣外洋。清末多數想效德日，一是同有王室，彼此政體相近；又此兩邦，皆從弱小艱難中崛起，似較易效法。此亦尚有「卑之毋甚高論」之意。然兩國驟興，固屬人謀，亦緣時會。我中華歷史傳統既久，疆士廣闊，社會複雜，非彼可比，而亦欲以奮迅姿勢一飛沖天；此一心理，即在隱隱中，已足多方誤事。

二

大體論之，晚清思想，宜破壞，不宜建設。民國肇造，形勢已變，而一般思想界猶未覺察，仍沿晚清遺緒，進而益厲。主張效法德日者漸失勢，主張效法英美者代興。而英美之歷史傳統與其立國規模，與我實情相距更遠。清廷雖已遜位，而政治上之盤根錯節，社會上之百孔千瘡，苟能放低眼光，放平意氣，只在當前腳下逐步留心，緩緩向前，亦非無路。乃不此之圖，儘舉外洋美景，加以渲染，以形容國内之醜態。不悟化醜爲美，須經大段時間，非咄嗟可冀。亦須細膩工夫，非刀斧斲削所能勝任。此當具備忍耐心，謹愼將事。而且斥我之醜，譽彼之美，亦須具有深厚之同情心與涵容心，庶使求變者不至自陷於絶望與無廉恥。

正爲在自己一面，急要盡情掃蕩；而凡屬外面者，又要儘量搬來；急功近利之不勝，而轉爲深惡痛絶。由欣羡導成厭棄，極端過激之狂風巨浪，轟豗而來。此六十年來之知識界，似乎輕現實，重理論。即一枝一節，亦不肯就事論事，即在此枝節上求革除，求改進。而必要推展引伸出一套全稱肯定或全稱否定之大理論。如女子裹小腳，男人抽大煙，此亦只是一枝節，改革亦非難事；而必要説成乃由四千年來之傳統文化在中作祟。小腳解放了，大煙戒絶了，而所提出的文化改造大理論，則高懸在空，如日中天，卻不知從何著手。當時尚有許多枝節，牽連產生，反不重視，輕置一旁。幾若非徹底改造，則一切無足復言。

故論政治，必曰「打倒二千年來之專制」。論社會，必曰「打倒二千年來之封建」。論學術思想，必曰「打倒孔家店」。凡屬全稱否定者，都在自己一面。而全稱肯定者，都在他人一面。此六十年來之知識分子，似乎都要一番十全十美之理想，依此而十全十美之境界即可彈指出現。而此十全十美之理想，則必屬外國貨。人人盡望一海上仙方，可使沈痾立起。而床上病人究患何病，卻未悉心診查，小心調理。

回憶前清時，我在小學讀書，因愛看三國演義，一體操老師誡我，此等書不宜看。天下一治一亂，乃中國歷史走錯了路，才有此現象。若今西方英法諸國，治了便不再亂。我幼年受此訓示，遂開此下注意歷史文化問題之心情。至今孤陋所知，中國一切，實不如吾曹所說那般壞。西方一切，亦不如吾曹所說那般好。論其大體，則此六十年來之知識分子，亦與我幼年小學中那位體操老師同一類型，無多大之差別。

我中年以後，亦曾遇到對中國舊歷史文化有回念、懂珍惜之人，但皆被斥爲頑固守舊。亦有高唱西化之前進分子，乃又另有人指罵其爲帝國主義作走狗。理論一層層提高，意氣一番番轉激。各是要以彼易此，則中國便可立進太平世。

昔孔子作春秋，本亦是一部撥亂之書。故孟子曰：「孔子作春秋而亂臣賊子懼。」漢代經生，則爲春秋指出撥亂、升平、太平之三世。晚清今文學家，尤好稱道升平、太平。民初知識分子，實未脫此窠臼。孫中山先生有軍政、訓政、憲政之三階段，但同時人則全望一蹴而便達於憲政。共黨得國，亦有新民主主義、社會主義、共產主義逐步推進之說；一旦大權在握，便立刻一面倒，西向史太林伭首朝拜。若我們平心靜氣，作一歷史的回顧，似乎此六十年來的知識分子，都不喜階梯漸進。全稱肯定之大理論，最高想望之太平境界，恍在目前，如可親覿；而當前腳下實況，則皆不免於忽視。

以如此般的時代心情，宜乎兩眼常在天空，而雙足長陷泥淖。看事太易，持論太高。每一事中所各有之理論，乃爲不顧現實之大理論所掩蓋、所吞滅。理論勝過事實，空想平添紛爭。而我此六十年來知識分子之發蹤指示，實不能不負此時代悲劇層出迭演一分更大的責任。

在對日抗戰初期，昆明西南聯大一輩教授，曾刊行戰國策雜誌，認爲當前國際形勢，正如我們以往戰國時代，事齊、事秦；此下世界，非歸美國掌握，即入蘇聯宰制。我謂此下當是一解放時代，不是由分而合，乃是由合而分。西方帝國主義崩潰，其他各民族重獲自由，多樣的文化各放異彩，如是始能逐漸走上世界之大同。曾寫戰後新世界一文，收入文化與教育書中，但殊不受人注意。我亦初不自料，此下世界之變，尚遠超我當時所想像。但看當前之聯合國，豈不可證我前言，抑且更可憑此作將來之展望。

目前聯合國中，疆宇狹小、人口寡少、歷史短淺之新興國家，一如雨後新笋，簇簇鑽出。正爲各有淵源，情調相異，風姿多采，互不相同，宜乎各有其一分獨立之地位。何況我疆宇之大，人口之多，歷史之久，舉世莫匹，乃此六十年來我國知識份子，長恨我不能脫胎換骨，螟蛉自化。此亦因前清時代早有人大呼速變、全變、大變，認爲非此則亡國滅種，接踵便來。既是心情緊張，而又故作張皇。而同時又好高騖遠，不入萬劫地獄，即爾聳身九霄。民初受此影響，緊張轉爲狂放，從不作第二級想。論世界必曰大同。論國事必主西化。此風猶舊，直迄於今。我個人則終身服膺孫中山先生「頭彩藏竹槓裏」一譬喻。而此六十年來，羣認爲先扔竹槓，乃是獲得頭彩之必要手法。竹槓不扔，頭彩無緣獲得。此一心理，不能徹底轉變，則此下任何風吹草動，終將不免一可悲觀之前瞻。

我們即認美蘇在今天，即或遠自民初以來，早已成爲舉世崇仰之兩勢力，而此後仍將如此。但頭彩在人手裏，於我絲毫無益。我只有回身憑此一條竹槓謀生。既是僅憑此竹槓，便絕不該想慕中頭彩人之生活。且僅憑此竹槓，亦非絕不能生活。而況此世界，還是多槓並峙，並不能由一頭彩獨佔。而我們此一竹槓，列祖列宗，四五千年相傳，既憑之以生存，而又子孫繁衍，宗族盛大；而此竹槓，亦仍歷古如新，不折不爛。若此六十年來，早知珍愛護惜，縱謂此竹槓內未藏有頭彩，然亦比上不足，比下有餘，不至如今之每下而愈況。

立國則必奉外國爲楷模，做人則必懸外人爲榜樣，此乃我六十年來知識分子共同之意嚮。但論政治，在我亦曾有幾千年來一個大一統政府之組織。縱說廢專制爲共和，新的並非全可采，舊的並非全可棄。民初政情，尚在混亂中，正貴和衷共濟，小心因應。乃國會開幕，總統制、內閣制即成絕大爭端。既是持論必據西方，而英美各佔一是，當時之所爭論，乃苦於無所折衷，乃只成爲黨派意氣之爭。徒增蜩沸，國事益壞。

當時孫中山讓位在野，意欲專心從事鐵路建設，使相從革命的國民黨徒，亦退處爲在野黨，同在此目標下努力。此一意想若果實現，以和氣相感召，以退讓息爭端，局面或可改觀。乃相激相盪，紛爭日烈。中山先生於此時際，完成其三民主義、五權憲法之主張。我當時已在中學教書，獲讀中山先生書，乃知中國歷史上傳統政制，亦可加進新憲法，作爲立國張本。一時歡欣鼓舞之情，乃竟不知向何人說起。

逮於國民革命軍北伐，定都南京，立法院成立，召集會議，參加者皆黨國要人，羣所仰望。乃首先提出議案，爲中國傳統家庭制度之改進。婚姻契約化，以十年、二十年爲期。期滿不續訂，即告失效。此一議案，刊載上海各大報。後有人寫一討論中國社會之專書，曾加轉載。在當時，豈不認爲中國傳統家庭，會妨礙國家之革新。實則遠在清末，康有爲大同書，早有一番更徹底的新家庭構想。乃以追隨中山先生甚久之一代賢人，亦復承此習氣，好逞空想，蔑視現實，其他則復何言！

我曾在北京大學歷史系，主開「中國政治制度史」一課程，院、系雙方皆不贊同，認爲中國舊政制，已無講述必要。我雖堅持，史學系學生亦逡巡避不選課。幸有法學院長及政治系主任兩君，謂院中學生只知西方政制，不知中國傳統政制爲何物，囑來選讀，此課幸終開立。但在晚清維新志士，尚多注意歷史舊政制，俾可斟酌采用，故有三通考詳節諸書之編印；民初以下，喜新太過，排舊太甚；此一轉變，亦大值注意。

三

教育尤爲我傳統立國大本，乃此六十年來，亦絕無人注意自本自根之教育精神與教育方針之奠定。晚清學校取法德日，寓有軍國民教育之意趣。我在中學肄業時，某師上體操課，謂：「一呼立正，白刃交於前，泰山崩於後，亦當屹立不動。」羣相肅然，課後又爭相樂道。民初以後，全採美化教育，操場改稱運動場，提倡自由活動，忽視集體教練。始業歇業大典禮，校長訓話，猶是氣象肅穆；後改訓話爲報告，又後則並此典禮亦廢。晚清小學有修身課，中學改稱倫理，民國後改爲公民，後又變成黨義，然終不爲學校與學生所看重。又曾有美國制與法國制之爭議與變動，卻不聞有中國制之創建。

在先極重師範教育，後又忽視。至今師範課程中，只重西洋教育史，中國教育史則有名無實。有某學者，主持某著名大學歷史系，備斥林文忠不諳國際事務，遠不逮琦善。因謂：非通西洋史，不能教中國史。我在該系兼課，承其青睞，邀去專任。彼既不得已而思其次，我則惟有遜謝。

尤其是國文課，晚清小學國文教科書，多收歷史人物故事，兼及膾炙古今之寓言雋品。幼年所受，後輒回憶。民國後課本大變，自人手足刀尺而至小貓三隻四隻、白布五匹六匹。視來者皆下愚，以課本作兒戲。只在改文言爲白話一大理論下進行，至於教育意義則全可不顧。

我初來臺灣，見職業學校與普通學校雙軌並進，心以爲喜。在大陸時，職業教育徒聞呼號，今在臺有此基礎，大可循之推進。乃曾未多時，職業教育終受輕視，普通教育則成爲升學教育。登峯造極，則爲出國留學。國家教育之最後責任，寄託國外，國內教育只成預備階段。未獲出國留學，乃如中途而廢。冉子曰：「非不願也，力不足也。」大可爲未獲留學機會者作一同情之歎。

民國以來之知識分子，多看不起日本，謂日本人只能模倣。然就教育一項言，日本人留學獲得學位，回國不受認許，須國內自授學位。此層實亦只是模倣，而模倣得有意義。我們則懸格太高，必自外洋得學位，始是眞學位。國內自授學位，最近始有，然在國人內心實不重視，終覺遠差於國外所得。然我未聞美、英、德、法諸國必以得外國學位爲榮。我們之熱心留學教育，實可謂擧世莫匹。

四

粗擧諸例，不復覼縷。要之，此民國六十年來，大之如立國建國，學術思想，牖民導俗，一般心理，必奉西方爲圭臬。不幸此六十年來，西方亦屢經大變。兩次世界大戰，使國內知識分子儼亦成美、蘇之對立。惟美國派懸格高，壁壘嚴，必主身履彼土，親受薰陶，始爲合格。翻譯亦不重視，嚴復、林紓，皆受指摘。心慕西化，則惟有精修西文，謀出國機會，然爲額有限。其他承風接響，則以抨擊吾國家民族之凡所固有爲能事。非孝，禮教喫人，打倒孔家店，惟對中國已往傳統一切現況致其菲薄，亦得爲時代潮流中人。至如何具體進修，具體對國家社會作正面積極之貢獻，則並無一共同確實可遵循之道路。其有不附此風氣，則目爲抱殘守缺，如在大潮流中所沉澱之泥石渣滓；非深加淘汰，仍可爲患。故美國派之在國內，乃成爲一淸流。方其赴國外，潛心力學，獲得正式學位；歸則視國人爲冥蒙未開化，陳腐未適時，而自居爲啟蒙師。然亦未脫中國傳統之書生氣、學究氣，未嘗肯深入民間，藏身施化。所以此六十年來，美國派風勢雖高，而風力實寙。譬如一樹繁花，非不燦爛悅目，而果實未結，亦復風雨難熬。

其最足爲美國派之業績者，厥爲其提倡科學。此六十年來中國科學人才之遞增遞高，可謂已在此六十年來之知識分子中開奇葩，結碩果。然即論提倡科學，亦不能就事論事。既稱中國傳統文化爲科學發展一大障礙，又認哲學與科學敵對，目爲「玄學鬼」，而有科、玄之爭。又有「以科學方法整理國故」之號召。治國故者，多於科學爲外行，科學方法只成一口頭禪。文學、藝術、宗教，皆難包延。抑且科學化與西化有別，不得以提倡科學爲西化作護符。今極權、自由雙方皆重科學。我優秀科學家陷身大陸者，亦復不少。提倡科學不明際限，不與其他事務相配合，而處處僅以「科學」二字唬嚇人。所欲排斥，則輒加以「不科學」之罪名。提倡逾其分量，其勢轉害科學之實際進展。

蘇聯派則形成爲一濁流，門户洞開，廣納來者。不問學業，專尚志行。懸義昭彰，不煩出國。若以美國派爲洋貨，則蘇聯派近是土貨，而特加以西化之僞裝。洋貨清流主張留學。能舉家出國，最爲上乘。不得已，亦可勤工儉學。乃有大批赴法勤工儉學生，初亦慕向西化而去，既則挾馬克斯共產主義以歸。蟲生於木，還食其木，遂乃高呼「打倒西方帝國主義」。抑且人可以爲馬、恩、列、史，大道在邇不在遠，反求諸身而即得。不煩深通西文，出國遊學，爭此不可必歷之階程。人孰不思爲國家民族出力，人孰不思爲時代潮流中一先進，人孰不思爲新國家一新民。馬、恩、列、史同屬西方，追隨蘇聯亦屬西化。方便之門一開，洪流潰決，不可收拾。時則美國派尚加忽視，謂其只是一派無知胡爲。只説毛澤東乃北京大學圖書館一小職員，課堂上一偷聽生。但此下蘇聯派得勢，正在多數未能進入大學、出國留學，而僅能當小職員與偷聽生的身上。資本論乃至其他一切共產書籍，多半由當時不爲人注意之小人物，在上海租界亭子間忍饑耐寒中翻譯，與遊學歸來坐擁大學皋比者無關。信知一項眞實力量之來源，不論其是非好壞，實不能望其在國外培養，而必從國內廣大階層中醞釀透露。

當時國內共產思想之潛滋暗長，以至於猖狂無可復遏，豈一意主張西化美化者所能逆料？而此下共黨得國，闖滔天之大禍，亦豈其先導揚共產思想者之所逆料？大本既移，幹枝盡搖。其終極危害，必將不可勝言。不幸而推演至於如今日之形勢。更不幸而西方之變，每進益烈，終使人難以捉摸。我們只認民主自由與共產極權爲兩世界，以大陸共區歸在極權世界，而自居爲是自由世界之一員。不悟此世界已不能如此明顯簡單地劃分。大陸與蘇聯，齟齬迭起，終難彌縫。不勝壓迫，乃轉臉向其向所呼號所欲打倒的美國帝國主義作笑面外交。而自由世界中，英國最先承認大陸政權，法、意繼之。最近美國總統尼克森即將親訪大陸，將來究更作何態，亦不可知。我們此六十年來，一意慕向西方，今日處此境界，又當何以爲懷？要之，崇奉國外以爲自己立國根本者，國外有變，國內亦必隨之鮠𩩲而不安。其權不在我而在人。殷鑒不遠，即在我此民國之六十年。而今日之大陸，則達於其最高之極點。

我們今天受此教訓，固當惕然以驚，憬然以悟，奮然而起，決然而自反。而大陸噩夢難醒，依然在繼續其文化大革命。清算孔子，清算董仲舒，呼嘯之聲，甚囂塵上。驚濤駭浪中，舵纜盡失，將不知漂泊何所。我蔣公，深察時變，乃提出「復興文化」之指示。最近又告誡國人，以「莊敬自強，處變不驚」相勗勉。回念此六十年，我全國知識分子，菲薄傳統，菲薄先民，一切不反躬自疚，惟知索瘢爬瘡，歸罪前史。以廣土眾民綿延四五千年一部悠長大歷史，何患無瘡瘢可覓？此一意態，早是不莊不敬之至。若論自強，則斷在當身，決不在外洋。所以菲薄之論一出，而舉國景從。正爲彼輩懸舉一最高目標，英、法、美、蘇，一應可艷羨之景色，如在目前，探手可得。而從中作梗者，惟我此一舊傳統。今姑不論此一舊傳統，固可賤如一竹槓。而此竹槓本身沉重，乃非我兩臂之力所能自舉。如今天之大陸，既已明白可證。則曷不改弦易轍。即謂是退而求其次，此一竹槓，猶可賴以爲我自求生存之憑藉。環顧當世，其進入聯合國者，已不啻百數十國。未獲進入者，尚亦多有。我們縱好自譴，俯仰天地，寧可謂我獨無存在之價值？依此思之，自可處變而不驚。縱謂急切無可進，亦非無可退。縱謂急切無可求，亦非無可守。古人云：「置之死地而後生。」今日尚非死地，此一轉變契機，則全在我全國知識分子之一念間。

五

中央日報社來函，今年雙十節，將增出紀念特刊，以「中國知識分子之責任」命題，邀我撰文。

我自念，民國元年起，即藉教書謀生，由小學而中學、大學，迄未離教書生涯。各級學校中教師學生，接觸不爲不多。此六十年來之知識分子，其言論行事，意氣態度，我不可謂全無所知。猶憶民四、五年在某小學，有朱君懷天，畢業上海舊龍門師範，來相同事，常告我其業師吳在公之之爲學與爲人。半年後，携其師新著宥言八篇示我。其書根據無政府主義極力倡導共産主義。吳君遊學東瀛，彼之思想，蓋自日本得之。而文章雅潔，議論宏肆，是爲我對共産思想之首次接觸。我讀其書而深非之，爲闢宥言八篇。朱君爲廣宥言八篇護其師説。我又爲再闢八篇，朱君又爲再廣八篇。相持不能决。一日將夕，朱君顰蹙告我：「君治儒家言，好論中庸之道，他日儻入仕途，恐不免爲權勢所屈。」我謂：「儒家出處進退皆有義，吾儕持論，亦不當專以反權勢爲是。」朱君終不釋然。其後朱君轉研佛典。我之初窺佛書，亦從朱君案頭得之。我每深欽朱君之爲人。其後新文化運動驟起，排儒學，反權勢，朱君皆先發之。不幸以二十四歲英年夭折。越後十許年，我任燕京講席，吳君適亦在清華授課。然側聞其意態消沉，與我前所聞者大不同。我亦竟未與謀面。然當時共産主義已極風行，想吳君已悔其前書矣。此後四十年，在中、小學求得如吳君、朱君師弟子之爲人爲學，已渺乎難遘，實使我懷念之至。

抗戰中，我在雲南宜良，成國史大綱。某名學者主持中央某一研究機構，告我一相識，謂：「錢某何得妄談世事。彼之世界知識，僅自東方雜誌得來。」又謂：「錢某著作，我不曾寓目其一字。」其實我與某君亦素稔，彼之深斥於我，特以我國史大綱，於我國家民族歷史傳統多説了幾句公平話。彼之意氣激昂，鋒鋩峻鋭有如此，亦使我警悚之至。

此六十年來，我廁身知識界種種往事，及今執筆，如潮湧現。除上述美、蘇兩大主流外，亦有當世所謂抱殘守缺之士，年事皆長於我，而往還或較密。在當時爲落伍，爲不入流，今亦默默地下，多作古人。亦有遊學外洋，情切故國，融彼新知，宏我舊學，然亦僅如旁蘖，不得形成正幹。風氣所趨，終莫能挽。而此六十年來之中國知識分子，循此大流，日新日進，已不知經歷幾許瀾翻，幾許波折。回顧儼如一夢，前瞻尙導迷惘。從大處言之，眞可謂聚九州鐵鑄成一大錯，會合此六十年來之中國知識分子，只是共同演出一悲劇。痛定思痛，我不勝其愚妄之狂，謹願代表此六十年來之知識分子，爲我國家民族作一番懇切之懺悔。我亦當對此六十年來之知識分子之身世遭遇，抱一番深摯之同情。他年國運重昌，此六十年來之知識分子，固當待後世史筆之論定。我之此文，特抒寫一人之私感。惟字字出之衷誠，亦僅爲我一人之自白。知我罪我，全在讀者，亦豈欲妄有所論列。

至於今日，大難當前，繼起新興之知識分子，究當如何對國家民族盡新職責，如何對我文化傳統作新創造，如何莊敬自強，處變不驚，以共度此當前之難局?·茲事體大，更非如我愚劣，妄敢贊一辭。

（一九七一年十月十日中央日報雙十節專欄）

一二　中國儒家思想對世界人類新文化所應有的貢獻①

近代西方人，在人類知識上，有三大揭示。第一首推哥白尼「天體學說」之創立，因使人類獲知，我們所居住生息的地球，在整個宇宙中，其所佔地位，是如何般渺小。第二是達爾文的「進化論」，使人類又知自己生命，乃從最低級微生物，逐步演化而來。第三該輪到康德哲學裏關於「知識論」之一部分，又使人類自知所謂「人爲萬物之靈」，所謂「天擅聰明」者，實際其所知識，有一自然所與之限度。哥白尼距今已四百年，康德距今一百五十年，達爾文則不足一百年。

此人類知識上之三大揭示，使近代人類，在其心靈上，發生了甚深微、甚偉大的變化，其勢將影響及於人類之全部文化，使走入一新方向。惟不幸此三大揭示之主要意義，都偏在消極方面；復因歷

① 編者按：此文與歷史與文化論叢中近代西方在宗教科學哲學上之三大啟示一文內容雷同，今存此去彼。

時尚短，人類已往文化，傳統已久，積累已深；急切間，此三大揭示之影響，尚未能在正面有所成就。但此三大揭示中，第一、第二兩項，已成爲近代人類一種普通知識，其眞確性再難推翻。第三項之嚴確程度，不能與前兩項相提並論，或可謂仍是一理論，但此項理論，幾乎亦已爲近代思想所公認。循此推演，則人類自身所能有之理解與知識，一切爲其自身天賦所限，則其所理解與知識之內容及價値，亦自有一種邊際可知。

若使近代人類，對此三大揭示，果能有眞切體認，深細瞭解；則以往人類傳統舊文化，決然會引生出絕大變化。我們縱謂此最近一百年或五十年來之世界文化浪潮，直到今天，發生了種種病態，使近代人心，逐漸陷入迷惘、苦痛，甚至激盪出大衝突，而幾於有不可一日相安之勢，其最大癥結，即在此三大揭示之眞實意義，仍未能普遍滲透進人類已有文化之各關節、各脈絡，而發揮其所應發揮之力量。而在此三大揭示未披露前人類舊文化中一切舊觀念、舊習慣，猶多存留，未能配合於此三大揭示而改變，而適應，而才始有今日之種種現象。如此立論，亦未爲過。

惟此義牽涉甚廣，驟難詳論。姑舉其主要顯見者，約略言之。首當及於宗教與科學之衝突。宗教信仰爲支撐人類舊文化主要一柱石，此事不煩再論。而哥、達新說所施於宗教信仰之打擊，其事亦盡人共見。近代人心，對舊日宗教信仰，日趨淡薄，並生動搖，而又無一適當之代替作用興起。今日一般人所謂人文科學追不上自然科學，而形成現代之文化脫節病，其實則是宗教信仰之日失其重要性，而我們所想望之人文科學，則尚不足以代替宗教之功能也。

宗教信仰日衰，科學興趣日盛，此爲近代文化一特徵。人類驟獲天文學、生物學新知，一時內心激動，其情勢如攀高山，墜深崖，心靈驟失所倚，墮落未知底止。一時心理變態，遂若科學發明，可以使人類進窺宇宙之祕，並可使人類躍爲宇宙之主。一若人類憑仗科學發明，便可爲所欲爲，所向無不如意。細究其實，此乃人類一時慰情聊勝無之一種自我陶醉而已。重視應用科學之物質發明，忽視了理論科學之事實昭示。此一百年或五十年來，因於科學新發明之接踵迭起，物質進步，瞬息千里。然如最近愛因斯坦、羅素諸人爲氫彈危害人類和平之警告，豈不明白告人，人類科學新知，已將驅迫人類自陷於毀滅之絕境。文化可以中斷，世界將臨末日，科學知識乃可恃而不盡可恃，科學發明乃可喜而不盡可喜，純科學知識之單線前進，不足以解決人類文化問題；事實昭著，足資吾人之深長警惕矣。

今還就哥白尼以來之天文新知識言，宇宙如此其無限，地球如此其渺小；又還就達爾文以來之生物演化之新知識言，人類又與禽獸、昆蟲、草木同一系列，在今天人類身上，不論生理乃及心理方面，其與人類向所鄙視之禽獸比擬並論、歸納爲類者，幾至不勝指數。科學知識既爲近代人所重視，而天文、生物兩項，在近代科學中又佔較高可信任的地位。就此論之，則近代科學新知識，正該教人益趨於謙卑恭遜。而奈何因於在日常生活上，獲得些許新方便，遂遽爾妄自尊大，認爲人類只要憑仗科學，便能爲所欲爲，無往而不如意。此種意態，我無以名之，只有名之爲是近代人類心理之變態。

在古人文化初啟，未嘗不知人類與禽獸相差之不遠，未嘗不知人類本身地位與命運之卑微；因此醞釀出宗教，一面藉以提高人類地位，使得與信仰中心之上帝相親，如是始在其本身命運上有一安慰；一面又嚴厲管束人類之心情，使更趨謙抑。即如基督教，乃不許人以人類自己心情愛父母，而必教其以上帝之愛愛父母，又主人類原始罪惡之說；此皆明白對人類心情之不信任，而更教人以謙抑自處者。而自近代天文學、生物學新知識相繼揭露，向爲人類所依恃信託之至善萬能之上帝，創世界，造人類，主宰宇宙，安排命運，此一信仰，已在近代人心中漸次隱退。近代人在其心情上乃驟失倚靠，而其本身弱點，又急遽襮露。近代人乃始知人類命運，乃以其卑微劣弱之生命，自掙扎於此曠宇長宙渺不可知之無限變化中，而身外更無依靠。試問人類獲此啟示，當更如何小心翼翼，謹慎將事。而近代人乃臨深爲高，因於有了幾許科學技術之新發現，因於能自己支配了幾許眼前物質，開闢了幾許眼前生活之方便，而轉認爲宇宙由我作主，命運由我掌握；自己心情，可以盡量奔放，一任所之。近代人乃憑其在物理化學上之少許運用，而忘卻了天文學、生物學上之絕大啟示。關於人類本原所自的幾項新知識之揭露，轉以擱置一旁，而自詡爲轉進到了科學的新文化。其實在其科學知識之創獲中，乃輕重倒置，絕未能善自珍重其重要者，而顧妄自驕誇於其所不重要者。此實近代文化病一主要之癥結。

由於近代新科學之發現，人類於其自己理性又過分誇負，稱之爲理性之偉大。不知人類心情弱點，乃與禽獸相殊不遠。即就理性言，誠如康德所指示，理性亦自有其先天之範疇。換言之，理性乃有其一套自然先定的格局，人類惟限於能知以獲所知。至於宇宙間萬理萬事，是否盡已並包於我人類理性範疇之內，此一論題，即爲人類理性所不能解決。以前宗教家以全知全能歸諸上帝，尚不失爲人類之一種謙遜與聰明。近世人因有科學，乃不信有上帝，然科學亦寧能證成人類本身之自爲全知全能乎？則人類理性之必然有其限度，實已更無疑義。

而康德以後之西方哲學家，無論主張唯心、唯物，要之皆憑人類理性所窺，而認爲可以盡宇宙之祕奧；此正違於康德所揭示。故余謂近代人雖有哥白尼、達爾文、康德三大揭示，而實未能依於此三大揭示而領導人生趨嚮一更合理的途徑。

無論爲宗教、科學、哲學，此三者，其對人類文化所以有大貢獻，因其皆有一共同精神：似乎皆求揭舉一理性所窺以懸爲領導情感之標的。而對於人類情感本身，則似乎都採一種不信任不重視之態度。惟宗教眞理，乃憑於幾位先知直接自上帝獲啟示。此項眞理，其可信任與否，姑不論於近代科學對此方面之懷疑，即就現有世界各宗教彼此異同言，亦已難獲定論。故近代西方，乃有信教自由之新覺悟。此一覺悟，實可目爲是近代人類在文化進展上一大成績。而近代西方之哲學界，乃覬覦於此自由獲得以前之宗教尊嚴，轉求以一家哲學代登此寶座；其人如黑格爾，如馬克斯，皆求以自己理性所窺，懸舉爲宇宙眞理之全量，指示爲人類大道之極趨。此種意態，若僅見之於言論著述，爲禍尚少。若眞見之於事爲措施，其爲禍實烈。此事即可在目前取證。馬克斯「唯物史觀」，自認爲是一種科學的歷史觀，而共產主義幾乎成爲一種新宗教。此即近代人類，不由科學得謙遜、而於科學得狂妄之最足警悟之一例。至於一切科學發明，就大體言，皆謹守繩尺，僅多在物理化學上探究，僅主從技術方法上改造四圍物質環境，爲人生謀幸福。近代文化，由此發大光輝，此亦無可否認。然人類本身弱點，爲向來宗教家所極端重視者，一輩科學家，往往忽而不顧。於是遂有如最近原子彈與氫彈之發明，使世人相驚以爲將使人類加速達於自取滅亡之途。則此科學、哲學、宗教三者，將如何妥貼安排，始能爲人類此後新文化闢一康莊，其事誠值深長考慮。

茲再綜合言之。現世界人類所有各大宗教，既未能融匯合一，又多與科學新發現相牴牾，而尚未能盡量消釋；因此現有各派宗教勢力，將不能獨力擔負此人類新文化開創之重任。而論科學新知，則現代人僅迷醉於其眼前實利，而於大理論方面，有關瞭解人類自身意義者，如天文學、生物學所揭示，乃未爲現代人所細心領悟。至多在消極方面搖動了舊信仰，卻未能於積極方面醞生出新理智。至於哲學思辨，就已往成績言，有所見，亦有所蔽，又多各走極端，既不能如科學發現之成爲人人首肯之一種智識，亦不能如宗教激勵之成爲人人感動之一種信仰，而僅爲少許人之一種理性試探；則其更不能獨力擔當此文化新生之重任，更屬易知。則現代人如何脫出目前困境，而覓得此後開創新文化之一種指導力量？其勢必須於現有宗教、科學、哲學之僅有成績外，再有所尋覓，其事亦甚顯。竊謂今日人類所當首先努力之惟一工作，厥爲先求認識瞭解人類之自身。此事依於近代科學所昭示，人類既與禽獸動物同一系列，由彼進化而來；則人類本身之一切情感，其實當受重視，至少決不當轉低於人類之有理性。人類理性，正由於其各種情感之在不斷演進中而逐漸開展出現。故人類理性，實建基於其情感之需矯正，需領導。則理性當還就情感，勿忘本來，始能善盡其職責。若昧此不顧，專就理性來追求宇宙最高原理，求以人類自己理性來代替舊宗教所信仰之上帝，而認其爲全知全能，走上如近代哲學家所爭之唯心、唯物，欲以一家哲學思辨所得，奉爲人類一切之規繩。此事乃如近代科學家，分門別類，向宇宙萬物逐項追尋，而祈求獲得一博大會通之最高眞理。其實此二希望，皆已越出了人類理性自身之可能。若求從此紆回，先自蔑視了人類自身之情感，而期求由理性來懸空建立一宇宙最高眞理以爲人生一切情感之指導，則此項理性之發現，常易陷於不眞實，陷於武斷獨裁，決非可以爲指示人類文化前進之康莊大道。此實人類理性之驕狂而非謙遜，實有背於此四百年來人類知識之三大揭示，而實爲近代文化病之主要一癥結。

當知人類情感，固與禽獸動物在同一系列中演化而來；然人類情感，正因其演化愈前，確亦有與其他禽獸動物相異處。此惟中國儒家所謂「人之與禽獸相異者幾希」一語，最爲平允的當。因人與禽獸固是同一系列，大體相似，而仍有其幾希之相異；所以中國儒家舉出仁義、忠恕、敬愛諸德，此皆屬於情感方面，而即爲人類與其他禽獸動物之幾希相異處。此亦千眞萬確，無可否認。當知此乃事實，屬於知識；非思辯，僅屬理論；亦非啟示，當屬信仰。人類理性所貴，正貴其能實事求是，面對現實，即於此等人禽幾希相異處善爲指導，使人生有一共同可循之坦道，而循之益益向前。此始爲人類文化前進唯一之方向。

故主張以理性指導情感，此乃世界人類走向文化理想之大同步驟，宗教、科學、哲學皆在此方面努力。而即就人生自身現實，即就人類自身情感，而善爲檢別，善加指導，以求善盡其人類理性之可能職責之一項努力，則其事惟中國儒家思想，最能扣緊此中心，故能即在平實處見精微。而此種努力，則爲並世古今各民族各派思想所勿逮。故中國儒家，乃非宗教，非哲學，非科學，而獨有其另闢途徑，以爲人類文化向前指示一套眞理之偉大成績。

惟其人類理智自有限域，故惟中國儒家思想，爲有恭遜謙抑之態度。由此上達，在中國儒家思想中，實蘊藏有一種極深厚、極崇高的宗教信仰。蓋儒家乃求循於人以達天，不主先窺於天以律人，此其所以爲理性之謙抑也。中國儒家思想亦可謂是一種哲學，然此項哲學，扣緊人生實際，不主從宇宙大全體探尋其形上眞理，再紆廻來指導人生。中國儒家思想乃面對人生現實，不忽視於人類之情感實況而運用其理智。非先忽視於人生之現實與情感，而憑空運用理智來建立一眞理，而就之以批判一切現實，主使一切情感。故中國儒家思想，雖若與近代新科學取徑不同；其實儒家重知識，不重理論，而求其知識，又貴證驗，不重玄思，此一態度，正是最謹嚴的科學態度。故中國儒家思想，可謂是人類欲求創建人文科學之一種初步試探。抑且儒家既明認人與禽獸相異幾希，故於人生實務，如所謂「盡物性」，如所謂「正德、利用、厚生」，此等觀念，皆可與近代科學實用精神相通。故求能磅礴會通於科學，循序上達於宗教，而自成一套哲學系統，而又不趨向於極端。能尋求中庸平實，以期於人類知能之共同是認。此惟中國儒家思想有此內德。故若將中國儒家精義，能會通之於近代西方宗教、科學、哲學之三分鼎立、不相統一之局面，而善爲之調和折衷，必可爲當前人類文化新趨展示一方嚮。

（一九五五年八月一日香港星島日報十七周年紀念增刊，原題名近代西方在宗教科學哲學上之三大啓示，改修稿更爲本題名。）

一三　古器物與古文化

文化是人造的。我們說到歷史上任何一種文化，必然要聯想到創造此文化之民族，及其民族中許多傑出人物。但有些文化早已衰歇，創造此文化之民族，也早已退出了人類歷史舞臺。徒留幾許古器物，那是當時文化的殭石，來供後人作摩挲憑弔考證研尋。近代英法學者在埃及、巴比倫的發掘搜羅，是其最顯著之一例。這是純客觀的，對異民族已死滅的古文化之一種純器物的研究。

這一種研究，形成了近代西方帝國主義對其殖民地文化之歷史研究。如英國在印度，法國在安南。更可恨的是往前日本在朝鮮，及我國東北，以及內外蒙古，他們也追隨英法，十足的自居爲一個帝國主義者對其殖民地之原先文化之探索姿態，而發表了他們的意見與成績。他們對其研索對象，都帶有濃厚的鄙薄心、冷酷心，只注意到這一文化所遺留的古器物上，卻對創造此一文化之民族與人物則並無絲毫同情，更說不上敬意。

尤其可恨的，是他們對中國也如對埃及、巴比倫，乃如安南、朝鮮般，鄙視了其民族，淡漠了其歷史與人物，而一樣的只注意到此一文化所傳下的幾許古器物上，來妄自負爲研究中國文化之唯一途徑與主要憑藉。

這些且不說。最可詫異的，是近五十年來的中國學者們，樣樣學西方，甚至研究本國文化，也一樣追隨西方對其殖民地，所謂「東方學」之心理與態度，居然自詡爲是一種最前進最合科學精神的新史學。

中國文化，原是世界各民族文化系統中偉大的一支。論其時期緜歷之久，疆域掩被之廣，眞是舉世莫京。因此在這一文化系統裏所遺傳到今的古器物，眞可說是寶藏無窮，俯拾即是。近一百年來的西方人，挾其富強凌跨之盛氣，對中國文化，固是全不虛心，遂亦全無認識。但對中國古器物，仍知愛好、仍知珍重。上自庚子八國聯軍之公開掠奪，下至史坦因等之私人偸竊，中國古器物，商彝周鼎，法書名繪，古籍珍玩，流傳到全世界，收藏在各公私機關，影響到中國人的心理。這五十年來的中國人，不僅對自己文化、自己歷史、自己民族，也如西方人般同樣鄙視、同樣淡漠；卻對中國文化大系統裏所傳下的那些古器物，也同樣的知道珍重，知道名貴了。這是一件可喜事，也是一件可悲事。

一個富家舊室留下一些園亭建築什物寶貨，子孫不肖，轉移到別人手裏。別人看重這所園亭，這些寶貨，不一定就看重此不肖子孫之祖先；但此不肖子孫卻拾人牙慧，依樣葫蘆地輕薄自己祖先，誇耀自己遺產；那才是無恥之尤。

據說今天的中共政府，也知道注意古器物，在其中央文化部下特別設立一個「文物局」，來專掌保存發掘收集和整理的工作。周代散氏盤的捐獻，曾在報上大大宣傳過。又曾派了一批人到敦煌去。這不錯，中共還是中國人，還知道愛惜中國歷史上所遺傳僅存的古器物。但我們該知，那些周金碎器，那些敦煌石窟中的壁畫寫卷之類，究竟是周代、唐代全部歷史文化中之一屑粒。沒有周代、唐代的政治和社會，人物和教化，那裏會有這些東西出現？而且今天的中國，究不比埃及和巴比倫，民族傳統還保留，歷史傳統還持續。一個耶教徒，可以欣賞中國寺廟建築，但不理會中國高僧們的人格精神和其信仰眞理。一個佛教徒，同樣可以欣賞西方古教堂建築，及其壁畫雕像等，而不理會他們的神聖教理和聖徒精神。但是否全部歷史和其民族文化，眞是純器物的呢？

孔子和古代經籍該打倒，這些都是「封建遺毒」。從封建遺毒中產生出那些周金碎器便該寶貴。試問孔子和古代經典，是否也只像近代工廠裏的一些所謂生產工具呢？唐代的歷史文化，都該鄙棄，再值得知道的只是殺人八百萬的流寇黃巢，認爲這是「農民革命」。試問：若使唐代全是黃巢之流，全在農民革命之過程中，又何來有今天的敦煌文物呢？

然而我上面這些話，並不是在責備中共之也知寶愛中國歷史所流傳僅存的那些古器物。我此文之用意，只在指出一些近五十年來中國學者之一般心理。中共也逃不出仍是此五十年代中之中國人，他們硬要別人搞通思想，他們不知道，他們自己也仍只在此五十年代之中國思想裏打圈子。我要請中國人大家有個憬悟，我們大家是中國人，中國古器物該愛護，中國古史古人，同樣該愛護。你要愛護你的家園，愛護你的家藏器物，便不該口口聲聲鄙薄打倒傳給你那所家園、那套器物的祖先們。那是人類簡單的良心問題，不需深涉到什麼歷史和哲學的辯論。

若說講孔子和古經典，講先秦學術，講唐代宗教和文學藝術，要妨礙今天中國之前進；愛護一些周代散金和敦煌文物之類，便可與近代中國之前進無干；那我得實告你們，不愛護自己歷史文化的民族，是無法前進的。僅知道一些古董死物，而不知道有全部歷史和其歷史裏的有名人物的，既不配講歷史，也不配講文化。沒有歷史、沒有文化，便不能有民族。沒有民族，那裏還有前進？前進的只是別人的主義，不是我們的民族。

今天的中國，至少還有這一點民族意識未盡泯滅。今天的中國民族，至少還對其歷史先人所遺傳下來的這一點古董死物，還知寶愛。恐怕僅此一些，是中國民族得救的唯一生機。你總該見物思人，卻不該買櫝還珠呀！你總還有這一些你所知道的家傳遺產，那麼你便該回頭認識你祖先當時起家立業、艱難開創的一番心血與精神；那何礙於你今天的奮發前進呢？

若你這一點思想都搞不通，你還叫別人搞通什麼思想呢？有人說：你太天真了，中共何嘗在那裏眞心寶愛這一些古董死物呢？那是中共一套僞裝，叫人誤認他也在寶愛中國文化。那話或許不錯。可見近五十年來的中國學者們，若使對中國文化歷史有較進一步的認識，不也可以使今天的中共，勉強扮出一分較深一層較像樣的僞裝嗎？今天中共大陸之所爲，正是五十年來中國人之自食其果，於中共又何尤？

一四　哲人之墮落

羅素先生，是一向爲中國人所崇敬的一位學者。不僅因爲他是一位具有世界地位的哲學家，更因爲他的哲學思想，多能注重到整個人類文化之前途，並不爲當前狹隘的國際軍事、商業、外交種種現實利害所蒙蔽。而且他曾到過中國，他也能欣賞到某幾部分中國文化之優越價值，及隱藏在中國人民內心深處的人生理想。但在最近期間，羅素先生所發表的一些談話，牽涉到中國問題的，（例如法新社紐約十五日電，羅素在紐約招待記者會中表示意見時，曾說：「假如早一點善待新中國，世界局勢當已好轉」云云。）實在不免使中國愛敬他的人對他失望。不僅對羅素先生個人學養，發生一種幻滅之感；而且因爲他的言論，牽連到使中國人——至少是中國人——對整個人類文化之前途，發生一種極深極大的黯澹與淒涼的感覺。

羅素先生知道，中國人一向崇拜孔子。孔子所講的忠恕之道，「己所不欲，勿施於人」，那是中國人兩千多年來一條最堅強的人生信條。羅素先生又是一位最崇拜自由主義，崇拜人文精神，反對極權政治與站在唯物立場的階級鬥爭的人。他因此深惡蘇聯的現行政治，及其背後的一套共產思想，那是舉世皆知的。中國人因其幾千年來傳統文化之陶冶，絕對不能在極權政治與唯物立場的階級鬥爭下生活，而且也不該讓此四億五千萬人民陷落在這一深坑裏。只要羅素先生眞當得起是一位哲人，眞當得起是在爲整個人類文化前途著想的一位哲人，我們中國人實在想不出，羅素先生爲何屢次主張要承認中國的共黨政權，乃至要說「早一點善待新中國，世界局勢當已好轉」。難道羅素先生會不知道，他所說的「新中國」，便是他所深惡痛疾的行使極權政治和主張唯物鬥爭的「新中國」嗎？若是羅素先生的話，當作一番到達人生眞理目的的哲人的看法，則羅素先生何不說：「早一點善待蘇聯，世界局勢當更好轉。」更何不說：「早一點英國和美國也如中國般變成了『新英國』、『新美國』，世界局勢當更好轉。」若使羅素先生這番話，只是一種在當前國際軍事、商業、外交種種現實的利害權衡下而使用這一手段，來姑且犧牲中國，來求達到羅素先生心中所想望的整個人類世界新文化之前途；則我們中國人敢忠告羅素先生：那是羅素先生自己說錯、想錯了。至少照中國文化觀點是如此。

中國人的文化觀點，一向看不起縱橫捭闔的策士；一向看不起權謀欺詐；一向看不起太注重在目前現實的利害上打算，而把人類永恒的大道理姑且犧牲；一向看不起只爲自己打算，而把別人當工具；一向看不起把自己所不要的加在別人身上。當然，在世俗上，這些事是永遠免不了。但照中國人看法，至少一位哲人，他的所思所說，絕對不應陷落到這一深穽中。中國人一向看重眞理更勝於權力；只要人能純粹站在眞理的一面，終會有衝破不合理的權力之一天。若先犧牲眞理，歪曲眞理，用權謀欺詐來求衝破不合眞理的權力，那其本身也就轉成一種不合眞理之權力。其先是爲達到某一目的而運使某種手段，卻不知正因他所運使的手段先把他所期望的目的毀滅了。這是中國人對人類文化另一個很深的看法。

羅素先生關切人類文化前途，屢次想要指導人如何渡過這一期間人類可能遭遇之黑暗；但由中國人眼光看，至少羅素先生主張「早一點善待新中國」這一番說法，便是確確實實地揭示了人類前途黑暗之一面。尤其是像羅素先生般用一哲人身分而如此想、如此說，那是更深的黑暗，更深的淒涼！

中國人開始崇敬羅素先生，並不是崇敬他的數理邏輯與唯實論的哲學，而是由於第一次世界大戰期間，羅素先生能挺身而出，反對戰爭。就情勢言，那時大戰早已開始，羅素先生的主張是無法產生實際影響的。但中國人一向看重永恒的眞理更勝過當前的事變。無論如何，戰爭終是人類暫時不幸的事變，和平終是人類希望的永恒的眞理。羅素先生能不顧當前事變急劇的情勢，堅持人類永恒的眞理，這是中國人最欣賞的。中國人一向認爲權詐戰不勝權詐，戰勝權詐的只有眞誠。戰爭贏不到和平，贏到和平的只有和平之自身。就世俗論，或許認爲權詐、戰爭，一時不可免；但在人類永恒眞理方面講，則只許有眞誠與和平，不許有權詐與戰爭的。爲著世俗權宜，而犧牲眞理的立場，到底是可惋惜的。

今天的羅素先生，面臨世界第三次大戰之前夕，似乎他的態度大變了。他一方面甚至也主張不惜使用原子彈來擊破蘇維埃的共黨極權，卻在手法上先來一個「早一點善待新中國的共黨極權」，使我們感到羅素先生的哲人態度，幾乎也就成爲一個軍人和外交家了。羅素先生一向鼓勵人要有信心，有勇氣；要存希望，勿懼怕。但羅素先生此刻的言論，似乎和他平日鼓勵人的太相反了。我們一向有一種信心，認爲運用外交手段，只能更引生運用其他外交手段之需要；運用武力，只能更引生運用其他武力之需要。外交與武力走不上眞理的道路，打不開眞理的大門。只有依仗眞理，才能直接接近眞理。依照羅素先生平昔的態度，似乎只該說：「我一向欣賞中國傳統文化，卻不料中國人也會陷入唯物極權的深穽中。這在中國人自身，在整個世界人類文化之前途，是極堪惋惜的一件事。我希望中國人早一點能從此深穽中脫出。」羅素先生應該知道中國人一向對他的崇敬，他只需要這樣幾句話，比較目前英國政府在聯合國情急謀求承認「新中國」所能獲致的功效，應該要強過百千倍。羅素先生是深研人類心理的人，應該承認一超然主持正義的哲人的誠懇呼聲，在人類文化上所能發生的影響。否則世界只該有外交權詐與軍事武力，早已把人類文化建設得更合理、更安全，何必再需求哲人呢？

羅素先生的哲學，就中國人的目光，從深一層看，本來就帶有甚深的悲觀氣氛，實在是不夠勇氣，不夠信心的。羅素先生平常不喜歡狂熱，喜歡冷靜，這一點和中國人一向的文化陶冶有其相契之點。狂熱的人，勢必不計利害，闖出大禍；但冷靜的人，也並不是只計利害而可以犧牲眞理的人，所能冒充呀！羅素先生又是一位不信宗教的人。不信宗教，而又太講理智之冷靜，宜乎他要犧牲勇氣，犧牲信心，來計較利害，遷就現實。他曾指導我們如何來渡過此一人類可能遭遇之黑暗時期，但他不能提出具體的眞理信仰，卻教我們追隨斯賓諾莎。他引斯賓諾莎的一句話，說「人類應以永恒的眼光來觀察過去的世變」。這是一句空洞話，沒有具體提示。但就字面講，終還是不錯的。但羅素先生應該知道，目前的「新中國」，也只是一短暫的變，不就是一永恒的眞呀！目前英國政府主張承認「新中國」，中國人可以原諒；這也是一短暫的變，不就是一永恒的眞。但中國人不能原諒羅素先生以世界哲人的身分，而竟與那般短見自私的政客們一樣發生同類的主張和言論！

中國人並不能全部接受耶穌教，但對耶穌十字架精神，是和西方人同樣崇拜的。耶穌曾說過：「凱撒的事情讓凱撒管。」羅素先生至少應該在這一點上向耶穌學習，外交家的事讓外交家去管。中國人崇敬羅素先生，是崇敬他哲人的地位，崇敬他爲人類提倡自由與和平的哲人的地位。中國人一向不看重宗教，卻較西方人更看重哲人。中國人心目中哲人的思想和言論，應該代表人類之永恒眞理，應該超脫當前國際軍事、外交、商業種種短暫的實際利害打算。「凱撒的事讓凱撒管」。現代世界之悲劇，由於哲人太少了，人人盡在軍事上、外交上、商業上，種種短暫的實際上打算，卻很少有人能爲永恒的眞理呼籲。我們不願羅素先生陷入此一窠臼。讓我們再進一步告訴羅素先生：中國人是一向看重言行如一、表裏一致的人格的。儻使「早一點善待新中國」那句話，出自新近去世的英倫老戲劇作家蕭伯納口中，中國人也不會過分責備。這是中國人的態度。羅素先生應該知道，要善待某一國，該先瞭解這一國的文化傳統與人民心理。這一個意見，外交家可以不知道，像羅素先生卻是不該不知道的。

誰都知道，張伯倫先生的慕尼黑政策已顯然失敗了。但外交家的手段中可以有慕尼黑，在哲學家的思想言論中絕對不該有慕尼黑。慕尼黑的外交會失敗，慕尼黑的哲學更將失敗，失敗得更黯澹，更淒涼；這將給予人類文化前途以更黑暗的投影，這是羅素先生所應該更深警覺的。

今天的中國人，並不是眞心誠意在悅服馬列主義，並不是眞心誠意在向蘇聯一面倒；在目前的中國大陸上，正在積極從事再教育，從事「搞通思想」，在以一種一時無可抵抗的強力，用假和善的面孔，從事說服。在中國人的內心，一時自己力量抬不起頭來，轉而希望西方愛好自由愛好和平的友邦，從旁有一些助力，至少應該給以鼓勵，付以同情。而西方的國家，卻在單就自己利害打算中，姑且犧牲中國：又在把自己的利害打算僞裝爲正義，爲合法，來犧牲中國。照羅素先生的悲觀哲學來講，或許要說，人誰不先就自己打算呢?但這些畢竟是斯賓諾莎所謂的「世變」，而羅素先生畢竟是一個具有世界地位的哲人，應該爲永恒宣言。

人類今天的可悲，是連一位具有世界性的哲人也只知道從目前自己打算來犧牲別人，爲世變來犧牲眞理了。我們爲此不能不爲人類文化前途引起一種黯澹與淒涼的預感。拯救西方的，還該是信心與勇氣。拯救東方的，也還該是信心與勇氣。拯救世界文化前途的，一樣仍是信心與勇氣。但這信心與勇氣的後面，還該有一個具體的眞理作底子。中國人有中國自己傳統四千年的文化，中國人不會因羅素先生的幾番話把自己的信心與勇氣打掉。我們站在中國人立場來爲全世界人類文化前途，向羅素先生進忠告，勸他也和我們一樣抱著信心與勇氣，站在眞理的一邊，來爲世界人類文化前途努力，來渡過此人類可能遭遇的一段暫時黑暗。不要太消極太悲觀了，而成爲一時的國際間軍事外交商業種種短暫的利害打算的代言人。

（一九五〇年十二月民主評論二卷十一期）

一五　張著「辯證唯物主義駁論」序

人類文化之得以緜延而進展，則胥賴有理智以爲行爲之指導。然正爲理智乃所以指導行爲，故理智之推衍，貴於就近切實，逐步有行爲事實以爲之證成，然後乃可奉爲人類可寶貴之知識，而循此以益前。否然者，僅憑理智推衍，而無實可證，則僅是一番空洞之理論而已，僅是一番無據驗之談話與意見而已。若果憑此推衍而益遠，則成爲以說話推說話，以意見推意見；縱使體系宏而組織密，其實則是人類理智之誤用。此屬謬論，非確論。乃意見，非知識。人苟憑於謬論與意見，而奉之以爲行爲之指導，則爲禍將有不可得而預測者。

抑人類理智之所憑以爲推，則復有其外在之情勢焉。故人類之善用其理智，則必通於情而明於勢，而求得其和順，然後其所推乃可以爲準。夫情勢，則必具體在目前而可驗者。人能不慢於其當前，能不悍然敢於違情逆勢以求理，此始不失爲一種中庸之道；而人類文化之所賴以緜延進展而不輟者，其一切無窮妙義，亦悉具乎是。

故人類之求理，忌乎鑿而貴乎通。人既不能孤立自生，則必與羣相處，又與物相處焉。凡其所以通於羣與物者，則理也。故人類惟當於人情物勢中明理。明理即所以求通，故必由近以及遠，自卑以登高，由淺以入深，自小而達大。譬如行路，一足踏實，一足向前，更替而進，千里之遙，在於足下。人類理智之足恃，則由於有當前之行爲與事實爲之證，復由此既經證成之理智，指導行爲而益前。如此虛實相輔，乃可無往而不利也。

近代西方文化，特重科學知識。科學知識之可貴，正在其能逐步求證，乃始逐步向前。推理與實驗，相引而長。苟未經實驗作證，即不目爲定論，即不憑此作推衍。故治科學而有得，則皆人類至可寶貴之知識，絕異於空論與意見。

東方文化向來之所貴，則曰「道德精神」。人文社會之有道德，亦猶自然世界之有科學。蓋道德亦重躬行實踐，成於經驗積久所公認，亦不憑空論與意見而建立。

由於東方向來所重之道德，可以推及於社會、倫理、政治、經濟各方面，而無不得其通，而終以達於人我和順之境。由於近代西方所重之科學，可以推而及於宇宙之廣大，萬物之精微，以無不得其和順而終以達於通。此吾中庸之書所謂「盡人之性，盡物之性」，其極在能和順於天地，以「贊天地之化育」，即所謂天人之合一也。

若僅憑理智推衍，而鑿之益求其深，引之益求其遠；苟其慢於眼前之情勢，忽視乎當下之證驗；此如聳身雲端，其下視塵世，固已混茫一色，汗漫無辨。以如是之心胸，尚何足以厝懷乎人間實際之事務乎？

西方文化中有宗教，有哲學。此二者，嚴格言之，苟其務推而至乎極，則胥可與道德與科學皆有背。何者？亦以其徒騖於推衍引伸，而不逐步以躬行實驗爲其前進之據點。於是重信解，輕行證。信解所詣，益深益遠，而後乃始求返之於行證，斯其流弊有不可勝者。

西方近代思想之有馬克斯，其事若介乎宗教與哲學之間。此亦僅憑理智推衍，所謂鑿愈深而騖益遠者。而又不能如西方之宗教，各踞一寺院，各成一宗派，僅自站於政治、經濟、社會人生種種現實事務之外而宣揚其教義。亦復不能如西方之哲學，各踞一大學講座，各就一己所見，著書立説，僅以思辨理論爲務，於百家之外而復有此一家。故西方社會之有宗教與哲學，事事皆不爲病。惟推衍之過當，乃有時見其病，而其病亦不甚著。不幸而馬氏之信徒，乃欲高揭所信，驅一世以必從。縱其違情逆勢，亦所不顧。於是其爲禍之烈，乃至曠古未經；而人類文化之仍能緜延進展一如已往與否，乃成爲人類當前一大問題。而馬氏信徒，轉誇其理論謂有合乎科學，譽其行爲謂有當乎道德。而不知道德之與科學，此皆逐步證驗所得，並亦在逐步進展中。其可貴，在能始終和順於當前之人情與物勢，而曲折以赴，層累以前，以達於世人之公認。固非如馬氏之僅爲一家之言，出於一時之推理，一人之意見，而遂可懸以爲人類亘古今而莫能違之眞理也。

然若僅憑理論思辨，以求直指馬氏思想病根之所在，其事亦不易。君勱張先生，於學無所不窺，而其浸潤於吾東方文化之傳統者乃特深。生平於宗教，無所信，亦無所排。其於哲學，特所愛好。然而行顧言，言顧行，其爲慥慥一君子，尤勝於其爲一純思辨之哲學家。故其治哲學，亦特深於東方情調。其平日持論，不鑿而深，不鶩而遠，有不當以西方純哲學之尺度爲衡量者。今老矣，平昔所學所負，既不獲一一實措之於當世，乃惟以著述自靖獻。頃方旅遊美國，所至講誦不倦。出其緒餘，爲辯證唯物主義駁論一書。驟視之，若卑卑無高論，僅於數十年來蘇維埃政權之未能徹底遂行其所信奉之主義，而不得不時時反復變動其所持論，而終以不免於不和不順不通不達之困境者，若僅止於就事敷陳，羅舉枝節之末，不成爲一種哲學專著，以自舉其甚深妙義，以自成一家言，以與馬氏相對壘，以直搗馬氏思想之窟穴。不知此正君勱之深於東方學養，所由以迴乎不同於人人也。否則以言思想，則所謂「此亦一是非，彼亦一是非」，五十步之與百步，其又何以相懸絕乎？故君勱之書，乃不期而時時流露其對於東方道德精神之深情厚意焉。嗟乎！此君勱之書之所以爲深遠也。

君勱書既成，遠道馳書相告，而督予爲之序。予學淺陋，何足以序君勱之書。抑願抒其所窺見，若稍有當於君勱著書之用意，庶於讀此書者，有所裨益云爾。爰不辭而序之。

一九五七年十一月十二日錢穆謹拜序

（一九五八年香港再生雜誌）

一六　訪問日本的一些感想

一

我們一行八人，在去年十月十一日間，匆匆去日本，作了將近一月的訪問。同行諸君，均寫了一篇報告；獨我一人，回香港後，事冗嬾未下筆，遷延迄今。同行諸君，待我文字一並發表。社會人士也很想知道一些我們此行訪問之所得。但此事爲我一人拖延擱置了，爲此殊感不安。不得已，只有在百忙中偸暇來潦草完成我這一份的報告。

我想，我們同行諸君，必然將我們此行一切經過，都已分別敍述。我爲避免重複，只想約略寫一些我個人此行之感想。有些則是我和我們同行諸君共同的意見，但在此文中，則拉雜寫來，不再逐一淸楚交代了。

我們此行之訪問目的，僅限在教育對象上。但要了解一個國家的教育，必然得連帶注意到這一個國家的文化傳統與其文化特徵。其次，又該注意到這一國家之當前的國情。我們若要衡量任何一國家之教育意義，及其教育功能，絕對不能抽離了上舉之兩項。因此，我們此行之訪問目的，雖說僅限於教育一項，但我們不得不同時放寬眼光，注意到對於日本文化之一般的考察，以及其當時的國情實況。

所謂對於日本文化之一般的考察，也說不上從此來作歷史研究。我們的注意點，只偏重於日本傳統文化之活潑呈現於當前日本社會之各方面者。尤其重要在他們當前心理上的一種反映。換言之，即是當前日本各界對其自己傳統文化之現有的想像與態度。

其次說及國情，也不是來研究國際形勢與國力估計。我們所想知道者，亦只是日本人之一般心理，對其當前國情之自己內在的一種感覺與情緒。換言之，我們很想知道日本社會對其自己當前之國家出路，民族前途，抱有何種的打算和努力。

關於以上兩問題，說來好像更玄虛，不落實際；當然亦決非我們匆匆不到一個月的時期所能求得一個清晰而明確的答案。但我們和日本，在文化傳統上，究竟是同源異流，有著許多相同點。而在雙方的國情上，也因爲彼我同時進入現代世界之種種演變，極有其相似處。而尤其是彼我雙方目前的處境，更有其相似處。因此，我們自信，我們之於日本，實在應該比較其他異國人對他們更易有瞭解，更易抱同情。雖在我們這一段短促匆忙的時期中，我們不能盡量接觸到日本社會各界人士，獲得更廣泛、更深入、更親切的談話與討論；但我們此行，仍自信不無所得。我仍想就個人在此一番訪問後所留下來的某些淺薄影像，直率陳述。自謂我此下所陳述，或許對我國人求瞭解當前日本情況者，在某幾方面，可有一些助益。並私自期望，我之此種淺薄的影像，直率的陳述，或許亦可對日本方面可提起某些注意和研討。我極願意借此陳述，來報答日本各界人士對我們此行之誠懇招待，以及他們那一番親密的善意，與其深摯之友情之慨然的賜與。

二

我個人是喜歡研究歷史的。我之此行，因爲直接接觸到日本的社會，我自信對於日本，尤其對於日本的近代史，對於日本「明治維新」以來的一段經過，有許多點，益發證實了我平昔之所揣測與想像。

我們初到日本，擺在我們眼前的，有一種極鮮明、極深刻的影像：即是在日本社會，不僅在新的方面，比我們要新得多；而在舊的方面，卻比我們更還要舊得多。現代日本，一面是維新，另一面卻是守舊。新的、舊的，同樣地平放在日本社會上，卻不見有許多的衝突和激盪。我常想，日本明治維新一段歷史，所由較之我們約略同時的戊戌政變，乃及辛亥革命，更有成功，更易見效，其間固有種種原因可以分別推論；但至少有一點，值得在此鄭重提起者，正爲近代日本，還能保留了他們許多舊的，因此而能獲得了他們所想要的很多新的。而中國社會，舊的一面變動得太大，破壞得太厲害了，因而不免動搖中國社會之基本；於是外面新的，遂急切無法安頓，無法生長。

我上面說，日本社會上一切舊的，比我們更舊；這一點，不煩具體作例，因一到日本，便可明白見到；而且未到日本，也可約略推知。我此刻只想更進一層來推論研究其所以然。我對此問題，暫時亦只能從粗淺處說之。我想，日本是一島國，孤懸海外，和外面接觸少，因此其對外來文化，感受較新鮮，並常能保持它原所感受的影像而使其標準化，又努力保持，使其不走作，不漫失了原來的底樣。但在中國，則是一大陸國，廣土眾民，任何一地區，都關不起門來。因此其文化比較富圓通性，比較能變，不固執滯著。而與日本相較，轉像有些處易於走作，易於漫失其本來的原形。因此，日本民族性與中國相較，好像比較嚴切、精細，能保守、能模倣，而少開拓與創造。

日本與中國，文化同源，正可與近代英美兩邦作比。所不同者，日本文化原自中國，而日本是島國，中國是一大陸國。美國文化原自英國，而英國是一個島國，美國是一大陸國。因此，有些處，日本轉近似英國，而美國卻與中國較相近。換言之，日本比較能保守，中國比較能變通。日本像是嚴切些，而中國像是活泛些。

日本的民族性，長於模倣。這是盡人如此說的。但日本人自己說，他們的模倣，也並不是依樣葫蘆。他們模倣別人，能轉來變成它自己。我此次去日本，好幾位在日本教育界負重望占要職的人，當面都對我如此說。並列舉了好多例。他們認爲，他們在往日，能模倣中國；在現代，能模倣西方；

但無論模倣那一面，其背後自有日本之本眞。這番話，其實際分量，我們該仔細再加以估計。

遠在前清時，張之洞曾說過：「中學爲體，西學爲用。」這一句話，在中國，則僅成爲一句話，而且還引起後來許多爭辯。今天中國知識界，對張之洞這句話，似乎譏諷反對的更佔優勢。似乎認爲張之洞這句話，是無可能的一句廢話，甚至是一句不可恕的謬誤話。但在日本，明治維新的一段，由我觀察所得，卻是張之洞的那句話，在當時的日本實現了。在日本當時，正是以日本之舊有文化爲體，以當時的西方文化爲用，而醞釀出當時日本一段燦爛光明的歷史成績來。我們一到日本，到處所接觸的，當時日本明治維新一幕的光景，時時會刺射我們的眼簾，讓我們不啻如在讀歷史。但在明治維新當時的那一番新的，引進西方物質文明的那一面，此刻是苟日新，日日新，又日新，早已變換面日，迥非往昔了。而在明治維新當時的那一番舊的，保持日本傳統文化的那一面，卻比較仍多保留到現在，使我們更可撫今追昔，回想當時的情況在依稀彷彿中。

站在西方人立場來講世界現代史，他們總不免太過看重美國獨立與法蘭西革命。他們把此兩事在以後歷史的影響，太過渲染了。若我們站在東方人立場來講世界現代史，我想日本的明治維新，實在值得我們東方人特別重視。至少其重要性，並不在美國獨立與法蘭西大革命之下。何以故？因當前世界人類前途，其命運所繫，實大有賴於東西雙方兩大文化體系之綜合與調和這一番大工作之成功或失敗。此乃人類文化展演當前一大課題。而日本明治維新，實已開始面對此工作，站定了一腳步；已對此課題，寫下了一篇值得參考的試驗報告了。日本明治維新這一段歷史，我們實不該僅從日本在當時之能驟獲富強這一個淺薄的觀點上來闡述其意義，衡量其價值。日本明治維新，是否眞如我們清代張之洞所言，「中學爲體，西學爲用」，這一種理想，已經給與了它一個可以具體實現的確切例證呢？惜乎當時的日本人，似乎並不感覺到這一問題之存在，與其對於此後世界人類文化展演之重大的意義與價值。他們在其驟獲富強之後，似乎隨即移步換形，一路追隨著當時西方帝國主義之後塵，憑恃武力，向外侵略，而引生起東方中、日民族之幾番大衝突，甚至攪起世界二次大戰，而把日本國運陷入於今天的那一種局面。

而在中國呢？因於中、日兩邦之不斷摩擦，不斷衝突，日本成爲中國復興一大威脅，日本成爲中國惟一最可怕的敵人。因於仇恨而生歧視，而轉爲鄙視、仇視，遂致連帶對於日本明治維新這一段歷史，也不免歪曲了我們的視線。在我們，自經日本的二十一條件蠻橫的壓迫，中國全社會掀起大波，於是遂由新文化運動而轉出「全盤西化」，「打倒孔家店」，種種口號。更進一步，遂走上了赤化中國而向蘇俄一面倒。在這樣的情緒激進之下，張之洞的那句話，自然會極端的遭受現代中國人之鄙笑了。到今天，則自由中國與日本，遂同樣陷入於一個極度艱難的境況下。

這些，固然是歷史上的舊事重提，好像於當前實際的幹濟工作一無補。然而，我們若肯推擴我們的心胸，從全世界人類文化展演前途上著眼；我認爲，必然要東方文化有出路，而後中、日兩民族可以各有其出路。亦必中、日兩民族各有其出路，而後世界可以和平，人類文化亦可以有生機。這一層，似乎說得太抽象、太誇大，然而事實俱在。眼前的歷史不煩細說，只從最近這一、二十年來，由於東方問題而波及世界的種種糾紛與變化看，我想，我上面所說，即就不難獲得其論據。

我常想，若使日本，由於其當初明治維新之獲得其初步成功，而早就覺察到如我上所述說的世界人類文化演進落實在當時的這一大課題，而從此邁進一步，能自覺的在綜合調和東西兩大文化體系的這一意義與使命上努力；在中國呢，也能切實模倣日本，同向這一目標而前進，則中、日兩邦，決然會知道他們之間的休戚與共，而互相親善，相互提携。在日本，便不致盲目追隨當時西方的帝國主義；在中國，也決不致急切從事於對其自己傳統文化一意做一種自毁的工作。說不定，此下的世界史，便可在此幾十年內，由於東方中、日兩民族之這一種覺醒與努力，而全然地改觀。

在這一方面，似乎只有中國孫中山先生，約略有所見。而惜乎也只是一鱗片爪，偶然對此問題有一些呼籲，而終不能在中、日兩民族間引起一種共信與共鳴。往事不諫，成事不說，歷史已然成其爲歷史了，我們在此方面也不必再多論。

三

目前讓我再轉入正題，便要觸及到日本當前的國情。當然，日本是戰敗之餘，新興不久，此後的日本，究竟其國家民族的出路何在呢？我上面說過，在日本社會上，驟然看來，新的比我們更新，舊的比我們更舊。新舊兩方，同樣平舖地存放著。然而，究竟在這裏面，是否有一種不可避免的衝突在深處潛伏；而此下演變所極，決然會暴露成爲不可兩立呢？換言之，在日本明治維新之初期，固然他們能保守舊的，而同時引進了新的，而獲得他們的一番成功；但是否其演變趨勢，必然須得走上西方資本帝國主義的道路上去，這裏面有一種無形力量，逼得日本非此不可，而並非人謀之不臧；而如我上所云云，則僅是一種事後空想，與無當實際的責備呢？我想，我們若不信有歷史上的「定命論」，則如我上所述說，對於已往歷史有此一番惋惜與懺悔之情，也是不爲過分和無益的。

對此問題暫勿深論。而此後的日本，那一些至今僅獲保存的舊的一面，是否終將爲他們所引進的新的一面衝激淨盡，而使將來不遠的日本，眞走上如我們中國一般分子所熱烈想望的所謂「全盤西化」呢？這卻値得我們再一深談。因爲今天的日本，究竟是新敗之餘，與明治維新初期情況大不同。外面的新勢力、新潮流，正在不斷輸入。洪水橫流，滾滾而來，若自己築不起堤防，站不穩腳跟，一切隨人轉，眞到日本自己社會上那一些舊的，到了不可復存的地步，試問那時的日本，究竟是禍是福？這一問題，似乎在日本目前一輩具有傳統文化薰陶的前輩老年人心中，已浮起了某種的隱憂。和我接觸，在有幾位爲我所深深敬愛的老人之談吐中，也有情不自禁地吐露了這一番隱憂。而普通一輩的日本人，則似乎尚感不到此問題。

有一次，我和一位京都大學有甚深漢學修養的名教授談話，即曾正式談及此事。我問他，日本此後民族精神之中心維繫，究竟何在呢？日本一向有一個繼世不絕的天皇傳統來作日本民族之向心維繫的那一個力量，是盡人皆知的，此後日本人對天皇的信仰又如何呢？他說：「戰後的天皇信仰，再不能如以往般存在了。」我又問，在日本社會上，有一種神道教，也有它的一種潛存支配力量的，目前的情況如何呢？他說：「神道教的信仰，在戰後日本，是無法維持了。」我又問，那麼日本人對佛教的信仰又如何呢？他說：「佛教雖在日本社會上還流行著，然而一般僧侶，有些只是把佛教當作一種學術思想來研究，有些則只是一種生活職業。」他又說：「像我們一般家庭，雖遇喪葬之禮，依然還是請僧侶們作佛事，然此只是習俗相沿，說不上對佛法有信仰。」我又問，日本方面耶教的發展情況又如何呢？他說：「耶教在日本，一向無深厚基礎；即在將來，恐亦如是。」我於是問：「那麼，維繫日本民族的一種中心精神，究竟何在呢？若說民族團結，在其已往的歷史，究竟幾百千年已往的舊歷史，無從向國人說得盡人皆喻。若僅從現地域、現利害來團結民族精神，便會走上向外發展，帝國主義的老路。但我知道，日本此後是無意，而且也無法，再走此路了。若如是，日本總該有一個足以維繫它的內部民族精神的一種中心力量才成呀！」他反問我：「在中國，有沒有像你所說的那種民族精神的維繫中心呢？」我答道：「有。在中國是孔子與儒家教義。所惜者，是這一分力量，在中國近代社會上，已失卻其維繫的力量了。中國這幾十年來，大病便犯在此。」那位教授聽我言，沉思有頃，他說：「維繫日本民族的中心精神也還是中國的儒教，也還是孔子與論語。」他隨即舉出一個實例來。他說：「當我們在家庭、在學校，父兄師長教導青年後生，有時斥責他說：『你這樣還像一個人嗎？』這句話，由斥責者說來，是極嚴重的。在被斥者聽來，是極難堪的。但這一句話，說與西方人聽，恐不易得瞭解。在耶穌聖經裏，也無此義。在日本社會，則此一教訓，極普遍、極深入。若要尋它根源，究其義理，便只有推本於孔子論語的教訓了。」他又說：「儒教主人性善，此可謂是我們東方人所特有的一種宗教信仰吧！」我很同意他所說。我隨又問：「日本近來主張盡量減少漢字，在一般國民教育上，又如何灌輸孔子的道理和論語的教訓呢？」他說：「在日本一般的國民教育，此刻雖不直接教讀論語，但論語書中精義，仍然盡量設法保存在各級學校的教科書裏面。」

我們那天的談話止於此。但我想，對此問題，似乎還未透露出來眞形成了一問題。似乎日本的學術和思想界，即以各大學的教授們爲例，他們正走上近代西方所謂分析專門的研究，各在其所專攻上，尋題目，找材料。用中國觀點講，老一輩講宋學的風氣早衰了，新一輩講漢學的風氣正盛行。他們只在圖書館研究室裏，孜孜兀兀有寫作，有著述。但多是些博士式的論文，專家式的報道。他們在當前的文化問題的分析與綜合上，在實際的維繫民族領導社會的日常教訓與普通信仰上，他們似乎不見有用全力來探討的。在中國社會，這幾十年來，熱烈討論著所謂東西文化問題，多半是主張毀滅了舊的，來引進新的；全盤西化，只成一番空嚷，而向蘇俄一面倒，則此刻正在大陸積極進行。但在日本，對此問題，還是淡焉置之，好像並不覺得此問題之急切與嚴重。這或正是日本之較勝於中國處。亦或是日本在其新敗之餘，而社會仍有這一點基礎，還能就這一點基礎上來謀求復興處。

有一次，我和一位日本朋友談天。他並不是一位大學教授，他卻告訴我說：「你此來，只接觸了些我們的大學教授們，但你須知，他們早已自己封閉在自己的學術圈子裏，早與日本社會脫節了，隔離了。我們日本的社會基礎，奠定在農村，在企業界。你要想瞭解日本，要想探討日本問題，該多與這兩方面接觸。」他又說：「在日本農村和日本大企業界，並非沒有知識分子，沒有思想嚮往，你莫把我們當前的一輩大學教授們來代表了日本的知識分子與思想界。」

我不知他說的對不對。但在中國，在我們未離大陸以前，我們一般大學教授們之封閉在其自己的學術圈子裏，而和社會杜絕，則確是給他一語道中了。我上文說，在日本社會上，新的比我們更新，舊的比我們更舊。其實此種現象，也正從他們的農村和企業界最易看出。我所謂舊的，便多半指的是在鄉村裏那些根深柢固，牢守勿失的，屬於傳統文化之一面的。我所謂新的，便多半指的是大都市、大企業組織方面，所日新月異，向外模倣接受而來的。因此我想，那位朋友對我之所說，實在是大堪玩味的。

但我想，日本此後問題或許便出在這上面。我們可以極簡極粗地作一分析，認爲東方傳統文化，主要培植在農村；西方現代化，主要發動在都市。這樣的論斷，我想也不致太離題。但西方現代都市，本從他們中古社會裏自身茁展出來，因此大都市在西方，尚可以不見有大病。若在東方，無端地安裝進一個西方式的現代都市來替代做東方傳統社會之新中心，那就麻煩多、毛病大了。在日本明治維新，算把他們舊的鄉村文化保留了，又把他們所想要的新的都市文明引進了。在當時，自然有一個中心的領導，更高的結合，在那裏主宰策動。那一個中心的領導和更高的策動，便形成在當時他們的政府和教育界。而此刻，則這一個中心領導和更高的策動力，變質了，垮臺了。若我們求其病根所在，讓我說一句大膽的但不一定準確的批評。日本民族的長處，在其能模倣，此話盡人能說，而也是無可懷疑的。但有所長，同時即有所短。日本民族之所短，到底何在呢？據我想，日本民族之所短，或許正在其無問題。所謂無問題者，不僅是自己找不出問題來，而在乎問題在前面，而他們仍不認爲是問題。他們能襲取外來長處，能鮮明的印下一個標準的影像而審細保持之，此是日本民族之所長。但一意模倣外來的，嚴切地使之標準化，而更不深一層去求問其一個所以然，於是便成爲無問題。說得過分些，便陷入於所謂「知其然而不知其所以然」。因此一切外來的，與本所內在的，可以平舖安放在一起，而暫時間卻不見有衝突。然而問題終是問題，此問題之內在嚴重性，終會向外暴露。而一到問題暴露時，他們便會手足無措，在其自身內部將找不到一解決，而依然只有向外尋求，向外襲取。這一層，在我只是姑妄言之，深望我言之無當而不中。我決不願，也決不敢自信，我此所言，將成爲對日本國民性一種深沉之先見。

四

或許是抱著自己的一個主觀來對日本民族作衡量，在我此行，我似乎不感到日本方面對其當前處境，有何沉深急切的問題，在打擾他們對前途瞻望之迷惘與困惑。似乎在日本方面當前所感爲問題者，僅只是些眼前實際利害上的小問題；他們似乎只想在此許多小問題上能打開一出路。據我想，或許，正因於他們之沒有感到有更深沉、更急切的較大問題之存在，於是才使他們都注意到些小問題、小利害上去打算，找出路。

目前世界所感為甚大問題的，自然首先必會感到對於共產思想與共產主義之迎拒的一問題。此問題，對日本，似乎應該感得更急切。外面形勢，已逼得他們對此問題該有一態度。而在他社會內部，左傾思想也確在成長與瀰漫中。但日本一般人對此問題，似乎並不深感其可慮。他們似乎也僅把共產思想當如一般外來的新鮮東西般。這不錯，日本人注意介紹共產思想，尚在中國之前。或許他們也會感到，共產思想之進入日本，也會一樣地平鋪安放下來，不成為嚴重一問題。否則是他們依違兩可，游移無主，只想在夾縫中偷巧找得自己的出路。他們把大問題誤當作小問題，因而把問題的嚴重性忽略了。他們似乎並不深感到目前世界共產思想之與西方文化，早已成為一種不可兩立的對壘，目前整個世界，正在此兩壁壘之對立下感於沒出路；而他們卻只想在此整個無出路之大局面之下，來從夾縫中求尋自身之小出路。這實在只是一種危險的想像，而他們不感其危險。

正惟現世界，在此兩大壁壘之對立下實感無出路；因此欲求出路，則必冒危難，從本身努力來自求打開一出路。說到此處，我們東方人處此現局，該有一打算。首先是對此兩大壁壘，究該何去何從？其次，而實是更重要者，則當問我們的自身立場，當如何得所憑藉而自存，憑何力量而能為自己打開一出路？此一問題，便問到東方文化本身的前途問題。

至少在我所接觸到的許多談話中，他們似乎都想避免此兩問題，不肯作深談。關於日本社會之思想左傾，他們承認有此現象，而把罪過推諉到外面去。關於東方文化問題，他們間有許多人，似乎只想說明：日本文化和中國，雖在歷史上不斷有許多接觸，而日本是日本，並不能把中國文化來包括了日本。這一點，本是自明的，不必細分辨。而使我擔心者，似乎日本人對其自身的固有傳統，也並沒有一種深切的自覺與自信。他們好像認為外面的長處，他們盡能學，儘可學來成為他們自己的長處；而其實問題決不這樣地簡單。日本民族種種長處，和其種種努力，在我此一度匆促的訪問中，實存著無限的敬佩與愛好，此處不必逐一列舉。我卻想在中、日兩民族之間之有些相異處，不妨在此隨便提及。

五

首先如我上文之所舉，日本人對其傳統文化之一種標準化的審細保持，此便和中國之尚時中與通變者不同。其次，說到東方文化，無論中、日雙方，同尊孔子儒家教義，而兩民族間亦有其偏長偏短之不同處。若論仁義，則日本似乎是「義」勝過了「仁」。若說忠恕，則日本似乎是「忠」勝過了「恕」。明白言之，日本人之美德，似乎在忠義方面更過於仁恕；以與中國相較，則中國顯然是仁恕更勝於忠義。此因雙方民族性不同，雖受同一文化精神之陶鑄，其成就與表現亦儘可不同。此即在中國內部，黃河、長江、珠江三流域，相互間亦何嘗無分別？因此，日本文化與中國文化之有些小區別，殊不值大討論。只是有偏長，同時即有偏短。日本明治維新初期，他們曾高揭著孔子春秋「尊王攘夷」的大義來鼓勵當時的人心，此正用了日本民族性之特長處。其追隨西方，而為所熱切模倣者是德國。其後結成親密戰友，而對日本國運有大幫忙者是英國。那時英、德兩國較與日本的民性國情為相近。若論今天的日本，尊王情緒既屬無法維持，攘夷的論調，他們亦不便再提。西方勢力的牛耳，轉入美國人之手。就美國與英、德相較，美國的民性國情，又轉與日本距離得遠了。若今天的日本，僅注意在物質建設、工商企業方面，追隨美國，僅把眼光注意在一切現實利害上，而把其他較深較大的問題擱置起；竊恐如此般的模倣，即未必再能有如明治初期那樣的成功。我們若單看大都市物質文明之進展，在戰後新興的日本，似乎此三數年來，雖已有長足之進步；然而稍具深思遠慮之士，決不會即就此點上，對日本前途，付以放膽的欣慰吧。

我又曾和一位深慕中國儒家教義之某教授暢談了幾小時，他也只在不大緊要處提出論點。到臨了相別，他卻說：「錢先生，你對我們日本的人口問題，抱何感想呢？」這問題，確是值得提起的。在戰後日本，關於科學智識與科學技術方面，他們在戰前之累積，在戰後並未十分破壞。日本民族對於勤奮刻苦種種的美德，也比戰前並無損減。一面得著外來經濟上種種扶助，一面解除了戰前大帝國主義向外侵略所必需的海陸空三軍武裝配備之無底消耗。在日本，若再經幾年如目前般的休養生息，它的人口問題，定會成爲一舉世當爲之焦慮的一個眞問題。然而這一問題，也該有好幾方面的考慮與研究。若僅從發展生產，增加財富，乃至國外覓原料，尋市場，如是等等的，仍只是僅限於現實利害上的估計與打量，而不再觸及到更深一層的如文化祈嚮與立國大方針等幾項大原則上徹底作一番反省；竊謂此一觀點，便顯然又會落向於唯物的，一轉身，便會是鬥爭的。鬥爭不向外，便會轉向內。不是國際民族鬥爭，便是社會階級鬥爭，二者可以相引而至，而二者之間必居其一。這將使日本仍走入歧途。

目前日本的政黨，顯然還沒有一種指導社會的力量。從前，日本政治的安定力，依仗在上面的王室尊嚴，現在是無可依仗了。若說把政治重心下移到社會羣眾，此固是近代民主潮流之正趨，日本此後政治，也只有向此一潮流迎上去。然而「氓之蚩蚩，抱布貿絲」，若使社會羣眾，盡陷在唯物實利的觀點與立場，而更沒有一種精神力量與立國大計在背後潛移默運，作中心之指導，與夫更高之策動；則所謂民主政治，也決不是一帖可治萬病的海上仙方。

由此各方面，說來說去，日本前途，還得寄託在教育；而日本的教育方針，還得從它基本的文化精神上出發。而所謂文化精神，則必然有其民族內在的大傳統，無可向外模倣。因此，我認爲日本當前的建國大任，依然得落在他們知識分子和思想界的肩膀上，這是無可懷疑的。

六

讓我再從日本現行的教育制度上另說幾句話。我們曾去參觀過他們的教育大學。它的前身，是一向有名的東京高師，現在則改名爲教育大學了。但考問其實際內容，則早已變成一個普通大學，而僅存了「教育大學」之虛名。在教育大學內，教育僅成爲一系。教育似乎僅只是一種知識研究，說不上有所謂「師範教育」之精神陶冶那一面。明白言之，日本當前的教育界，我們固不能說他們沒精神；然而日本教育界的主要精神，則似乎已只限於一種學校精神，而很少見他們的教育精神。至少日本教育界在依循這一方面演進。他們全國大學，戰後劇增到三百所以上，而私立大學的數量，共逾兩百所。他們的國民義務教育，已提升年限，直到初中爲止，然而各地國民教育，似乎有一種各自爲政的趨勢。在文部省，則並無一個總攬大局，高瞻遠矚，爲全日本國民提示一種最高精神與共同目標的教育宗旨。我們似乎可以這樣說，日本教育是在趨向於民主自由的新趨向。那豈不是一個極可歌誦的趨向嗎？然而民主自由，免不了夾進個人主義，又免不了夾進唯物觀點。全國青年，盡在知識上、技能上，將來的個人職業上，現實利害上，作打算，生計較。一面是大都市物質生活之繼漲增高的壓迫，更鼓勵人在這些個別的職業與現實的利害上競爭而努力。我只怕日本農村種種美德，也會逐漸轉移配合到這一方面而合流。如此一個大潮流，儘量往前推，究竟算是一個新的現代社會之逐步成長呢？還是一個舊的傳統社會之逐步消失呢？這好像是一體之兩面，而其實卻值得我們審細分析，來作個別的觀察和考慮的。

或許我以上這許多話，全不合拍到日本的眞實問題上。其實我只就我對自己中國這幾十年來的情形，爲我所瞭解者，而移到對日本作過慮。有好多人常向我如此說：「日本今天的思想界、學術界、教育界，乃至社會一切情況，正如我們離開大陸之前夕。日本人似乎並不深切感覺到在他們內部那一種左傾活動之可怕。一輩青年，把共產主義當作一理想在追求。一輩野心家，乃及好出風頭的前進學者們，推波助瀾，無異在玩火。而一般社會，則因不滿現實，認爲能變總是好。一切一切，都好像在爲赤化日本開路。而很少把此問題作嚴重看法。我們這一次去日本，所見所聞，卻把這許多話多少證實了。」然而我之所慮，則猶不盡於此。

我常想，這一兩個世紀以來，世界東西兩大文化之接觸與交流，實爲人類有史以來最大一課題。西方文化，挾其物質進步所造成的一種無上威力，影響到東方，使得東方人無法不接受。然而西方文化之內部自身，實也有許多點發展到病痛處，該得從頭調整，作某些角度的轉向。試問掀動起兩次世界大戰，而貽當前人類以莫大禍害者，其主要動力，是不是發起在西方？在東方則只是被動波及而已。在第二次世界大戰中，日本扮演了一主要角色，然而這又何嘗不是日本感染了西方潮流，而遂致如此呢？最近美蘇對立，自由資本主義與極權共產主義之兩大壁壘之對立，威脅到人類文化前途逼近生死絕續的大關口；在東方人立場看來，這一現象，還只是西方文化之內部破裂，自身反動，而造成。在西方有些有名的文化學者，如英國之湯恩比教授，卻把蘇俄當前種種劃歸到東方系統一邊來，認爲此一對立，好像是一種東西對立之新面貌、新花樣。我們站在東方人立場，自認對東方文化精神較有深切認識者，實不能接受此等皮相之意見與分析。我常想，要挽回世界頹勢，爲將來人類文化開新途徑，東方文化精神，實有值得提倡闡發之必要。但問題所在，若東方人不能接受西方近代物質進步之大潮流，則東方文化將連根被剷，無法再生存。而爲要接受西方近代物質文明之急速進步，而堤防一開，洪流橫決，東方文化仍將飄盪失所，沖刷以盡。這實是東方人在走進近代世界史以來的一個大難題。因此說到日本明治維新，其初步成功，實在決非日本民族短期的在狹義的國家主義下的一種淺薄的實利的成功，而更帶有關涉到人類文化當前課題一個涵有甚深意義的大啟示。惜乎此一成功，在日本，急速轉入歧途，而引生了當前日本之大禍害。此亦不僅日本民族身受此害，更從廣義言之，亦可謂是近代人類文化在其應有進程中之一個大挫折。此後的日本，縱使撇去赤化隱憂一層暫置不論，我之所慮，日本此後，似乎至少會和近代中國遭遇到在其大陸未赤化前那一段長時期的同樣的磨折和苦難；只要日本人對其當前處境，沒有一番更深刻的警惕的話。我此顧慮，只以我們中國的遭遇作榜樣，也許會不盡是過慮呀！

若使目前世界的冷戰局面，延持較長時期，我上面此一種過慮，怕會愈顯其眞實。就東方人此刻所必有的一種內心苦悶而言，一面是舊傳統光明之逐漸消失，不可復保；一面是新的物質文明如沙上築塔般，終沒有一個堅穩的基址。而個人主義與物質主義，又爲引進新文明所必不可免的一種夾帶品，又苦無法拒絕。先是厭惡自己的，接著又會厭惡外來的。在於此種徬徨苦悶衝突失望的心情下，反動的推翻一切的情緒與理論，必然會得勢。此實爲東方人處此東西兩大文化衝突鼓盪之形勢下，急切未能獲得一種合理的結合與更高的調和之際，在其內心所不易避免之一種磨折。今天的日本，似乎也將無逃於此磨折之來臨，而又似乎尚未達到一種面對此必然會有之磨折而淸楚地認受，而從此來尋覓其出路之顯著的跡兆。

七

若我們就今日世界人類文化之前途來作一展望，站在東方人立場看，我們東方人必然須對其自己傳統有一個眞正認識與妥貼安排。自己有了立場，然後可以憑此立場來迎受新的，而逐漸將其消融爲己有。其次，我們也必得自信，必待東方文化精神能融入於現有世界潮流中，而後此世界始得救。否然者，今天的西方人，永遠看東方認爲是一些落後的地區，永遠看東方人只是一些落後的民族。他們把他們的民主潮流乃及科學技能傳授給東方，認爲惟有如此，才好讓東方人也獲得了個人自由乃及物質享受。但他們又嫌如此依然太現實、太卑下，因此必得再傳授東方人以他們的耶穌教，來作我們靈魂的救濟。這是西方人的向來意趣。他們不明白循此意趣，終會招致東方人一種不自覺的反抗心理。此一種反抗心理，潛伏到某一相當程度，而共產思想卻乘隙蹈罅，來挑動東方對西方傳統掀起大反動。其在儒教傳統地區的情勢是如此，其對印、回各傳統地區的情勢又何嘗不如此？若循此情勢演進，實恐冷戰時期越拖長，那一種情勢會越鮮明，而世界人類文化浩刼，終會有一段大黑暗時期橫梗在前面。

中國與日本，此刻則站在同一情勢下，面對此同一危機。中國大陸早已赤化，在日本人還如隔岸觀火。而且有許多日本人，也同樣運使所謂中、日兩民族同文同種那些流行口頭語，來向大陸送秋波，來高談其文化交流與文化合作。我們一行去日本，日本人如此說。接著大陸郭沫若一批人去日本，日本人還是如此說。而且確有同一人在此兩場合說同一些類話者。我從此等處，不禁要懇切提醒我們的鄰邦，對此問題，該把嚴肅心情徹頭徹尾作反省才是！

然而我以上所云云，似乎對日本方面過慮的話說得太多了，對我們自己方面轉而像放鬆了。我還得重申我最先之所述。我還是覺得，日本人在新的方面，比我們要新得多；而在舊的方面，也比我們更要舊得多。日本人實在是能學得了西方，而同時還保留了東方。若是東西文化，在其本質上，必然會有一種不可避免之衝突，至少日本到現時，此種衝突還未表面化。若說我們必先排除了東方舊的，才能眞學到西方新的，則我們何不且多去日本作考察。他們在排除舊的方面，並不比我們努力；但在效法新的方面，卻比我們遠爲成功。我們國內一輩學者，自五四運動以來，似乎在其心目中，只有西方，沒有日本。如此般用著全力來提倡全盤西化，但我們西化的成績，較之日本，究竟是好些還是壞些呢？究竟是成功還是失敗呢？讓我退一百步言，我們若誠心一意慕求西化，也該奉日本爲師資，向日本去學習。我們縱說不想要學日本，但豈不該學日本之學西方嗎？至少日本在其學西方這一面，比中國是遠爲成功了。此乃一種不可爭之事實，擺放在面前。若我們說日本人只懂模倣，沒出息，因此不如歐美；但我們既主張全盤西化，豈不是主張徹底模倣嗎？在我們自己，則儘不妨主張徹底模倣，但對日本，卻偏看不起，偏笑他們僅知模倣，這又是何種的邏輯呢？我想，其惟一理由，正爲日本尚保留了幾許東方舊傳統，還配不上我們中國那一輩學者所想望。這幾十年來，留學歐美，是中國知識分子之最高榮譽，而留學日本，則幾於是一種奇恥大辱。說也可慚可笑。我們此一行，這一次去日本，口頭說的，是中、日兩邦在同一文化傳統下，該在文化工作方面更緊聯繫，更緊合作。但至少在研究東方古典籍這一方面，中國也遠落日本之後。我們到任何一大學，他們對於研究漢文典籍之努力與貢獻，平心說來，要比我們強。他們對西方各學科的翻譯工作，也還比我們努力。西方典籍，在日本是應有盡有的不斷在翻譯。在中國，則只聽見一批批青年讀英文，去歐美，蠶吃盡了桑葉不吐絲。若有人肯埋頭死心做翻譯工作，這無疑又將爲我們的先進學者認爲沒出息。我想，我們若要挽回我們自五四運動以來學術界那一種不救的死證，無疑的，我們該多去日本，向日本人學習。

戰後日本，無疑的，有許多方面，比我們自由中國強多了。我們再不該自誤，我們該把日本作自己的榜樣。我們若想糾正我們這幾十年來的盲目媚外心理，外國的月亮總是圓的，一到中國便不圓了；則我們不妨且多去日本，因爲日本也算得是外國，日本的月亮，照理也該比我們中國的圓一些。若我們眞肯承認日本月亮也還是圓的，則進一步或許能承認中國月亮有時也還可以是圓的了。

我因於衷心愛好東方文化，因而使我十分愛好日本。我平常很深愛中國的書法，然而今天在中國，肯用毛筆寫字的人越來越少了。我此次去日本，正值他們全國美術展覽會開幕，中國書法懸掛到四五百幅以上，眞是琳琅滿目。目前日本社會，對中國書道的研究，正在熱烈推進中。毛筆店和煙墨舖，規模甚大，在日本尙有絕大的銷路。我們這一行人，大家爭著去買日本的毛筆和煙墨。

我又喜歡下圍棋，我們的大國手吳淸源，若非東渡留日，那能有他今大的成就。我很想乘機去拜訪他，惜乎未得暇。有些處，我實在感得日本比中國要更中國。我以前愛讀小泉八雲描寫欣賞日本風情的書。我因於讀了小泉八雲的書，使我遊神到中國文化之某幾面。我常想，日本可愛，他們不僅能保留許多他們自己的，而且也代替我們保留許多中國的。至少東方風情，在日本確實是保留得不少。我在寫此文時，不禁馨香禱祝，在我友邦日本，能繼續保留此許多東方風情；能憑他們善於模倣的民族天才，好好來學習西方的，而同時又保留此一分東方的。我同時也誠懇期望我們中國的學者們，你們儘不妨盡量宣傳西方長處，好使此古老中國獲得了新生機，但千萬不要把打倒中國之一切來作宣傳的開場鑼鼓。我想，在明治維新時代，日本人豈不也有講究中國書道的，豈不也有一心一意在下圍棋的，這些也何損於日本之急速學得西方而向富強方面躍進呢？

這是當前人類在發展文化前途一大課題。即是東方人如何學習西方而能保留得東方，如何能將東西雙方之文化傳統獲得某種結合而從此再有更高之躍進。我深信，日本人在此方面，正有其莫大之任務與使命，儘可不太過於縈心在其目前現實利害之打算上。而中國的學者與青年們，我更希望他們能多去日本，多訪問、多學習。我們此行，匆匆不到一月的短時期，太匆促、太膚淺了。我回國以來，只想把此行所得，備作私人談話，與關心此問題的人交換意見；並不敢牟然寫公開文字，因其太不成話了。而各方面敦促我必須寫一篇文字來公開作報告。我既不願敷衍只寫門面話，則只有直率而道，把個人積壓在心尚未褪色的幾點感想，拉雜寫出，以請教於中、日兩邦之共同關心於東方文化之前途問題者。

（一九五六年三月教育與文化十一卷五期，訪日觀感專號。）

一七 中國政治與中國文化

一

國人當前，殆莫不有兩大問題在其胸中。一者較標末、較切近，即問中國此後政治出路何在？一者較根本、較深遠，即問中國傳統文化，有否再保存再發揚之價值？實則此二問題本屬一事。政治即文化之一部門、一機構。一國之政治，斷不能脫離其全部文化意義而獨立；政治不能違背其全部文化精神而自爲發展。政治與文化脫節，此種政治即無生命。故求解決第一問題，必連帶牽涉到第二問題。

試先檢討國內近百年來之新思想與新潮流，大體可劃分四階段說之。最先可謂是一種「新軍運動」，即國防革新運動。咸同以下，曾、李諸人倡之。直至甲午之戰，國人始知國防軍備乃政治之一部門、一機構，不能超政治而獨立。故求國防革新，軍備革新，必先要求政治之革新。由是遂從新軍運動轉入「新政運動」。戊戌維新以至辛亥革命，此爲第二期。然新政運動之成績，復不能滿人意，於是又轉入於所謂「新文化運動」，則爲第三期。自後一般國人意見，又謂文化植基於經濟，要創造新文化，必先創造新經濟，於是從新文化運動轉入「新社會運動」，亦可謂之「新經濟運動」，此時則共產思想盛爲流行，是爲中國近百年來新思想新潮流之第四期。今所欲討論者，請自第三期新文化運動始。

二

新文化運動，一面主張打倒孔家店，線裝書扔毛厠裏，全盤西化；一面標揭以爲西方文化之兩大主幹者，則曰「賽因斯先生」科學，與「德謨克拉西先生」民主政治。此處有一特須注意之要點，即政治與科學實不同其性質。科學無國界，可以模倣鈔襲，迎頭趕上；而政治則不然，不能擺脫國別性，不能模倣鈔襲，迎頭趕上。政治必將自本自根，切合於其本國之精神傳統與文化特性，必將由其本國之精神傳統與文化特性中生根發芽。若以全部鈔襲爲政治，則不得謂之眞政治，此種政治斷無生命。然苟政治無生命，永不上軌道，社會無秩序，人民生活不安寧，則科學亦將無由發榮滋長。當知科學亦並不能脫離政治而獨立進展。今因科學不發展，誤認爲傳統文化作梗，肆意詆排，高呼打倒，於是政治重心終不得不依附模倣與鈔襲；如此則政治永不上軌道，科學亦無地寄託，永不發展；於是再回頭咒詛傳統文化，再努力爲之挖根掘柢；如此將形成一循環無底之破壞，而終於自招毀滅。此實爲中國今日思想界一悲劇。

今論西方所謂民主政治，本由中產階級興起，爭奪政權，逐漸形成。最先起於英國，而美、法繼之。然此三國政治之機構與組織，亦復互異。其他歐陸諸國，本未能一一走上英、美、法三邦之道路。及第一次世界大戰結束，德、意、蘇三國，各自有其新政治出現。無論此三國政治之是非得失，要之與英、美、法三國之所謂民主政治則顯然不同。今既主張模倣，主張西化，則德、意、蘇與英、美、法，豈不同屬西方？何以只許主張英、美化，而不能主張德、蘇化？既謂西方盡是，中國盡非，新者全是，舊者全非；則德、蘇政治同屬西方，而又爲西方之更新者，則何不迎頭趕上，模倣其更新者之爲愈？故接著五四新文化運動而來者，厥爲共產主義之新潮流。此亦順理成章，所謂勢有必至，事有固然也。

但問題癥結則依然存在。今欲改造政治，不能不牽涉及全文化。中國有中國之傳統，有中國之特性。雖有強力，不能一切抹殺而肆言改造。當時則頗有一輩人，謂人類文化並無根本上之歧異，中國文化只相當於西方之中古時代，西方文化僅是走先一步，而現代化了；中國文化則只是落後一步，依然留在彼方之中古狀態下。故西方文化乃工業化的，中國文化則是農業化的。西方文化譬如城市人，中國文化譬如鄉裏人。只要鄉裏人遷居城市，只要中國工業現代化，則東西文化便根本無歧異之可尋。此一論點，認爲文化精神全爲經濟形態所決定；而其實則不若是其簡單。經濟亦文化發展之一項基本條件，然並非惟一條件。經濟勢力固可範圍文化，但未必能決定文化。人類文化固不能不謂其有大同，然亦不能不認其有小異。譬如人之面貌，耳目口鼻五官位置及其輪廓，固是大體相同，然亦千差萬別。相同者在大體，相異者只屬小節。然有時則毋寧小節之相異更重要於大體之相同。即依歷史實證言，西方中古時期以前之歷史演進，並不與中國歷史相似。抑且人類歷史，亦並不止中國與歐西之兩支。我儕固不能謂中國文化只相當於西方之中古時期，亦不能謂印度、波斯、土耳其諸族之文化亦都相當於西方之中古時期。西方各國脫離中古而現代化，但其相互間仍各不同，如英美法與德意蘇不同，甚而英美、英法之間亦各不同；我儕何能謂中國、印度、波斯、土耳其諸邦現代化了，便在其文化精神上可以各各相似，更無相互間之特性可言？故知只論經濟形態，不問文化本質，其說實無是處。

以上既指出純經濟觀的文化論者之無當，而此種意見，則大率盛行於上述新潮流之第四期，即主張新經濟運動的時期。若上溯第三期，即新文化運動時期，則其對文化論之意見又別。大率彼等頗認東西文化亦各有相異處，但彼輩意見，以爲中國文化乃一種失敗或較次的文化，已不適於現代之爭存；欲求國家民族重獲生命，則非徹底改造其傳統文化不爲功。此種意見蓋先有一「中劣西優」之觀念橫梗其胸膈。殊不知文化價値之估定，亦不若是簡單。文化進程，並非如誤信淺薄的進化論者所想像，以爲如一直線然永永向上，今日必勝於昨日，近代必勝於古代。當知文化進展常走波浪曲線，有升有降，正如人之健康，可以時病時健，常有反覆。稍有經驗之醫生，斷不即據目前一日之情態，而評定一人之體格。近代中國，正在病時，而近代之西方則正在健時，一方正屬上升，一方正屬下降；然若橫切此平面之一點，來指示此兩條曲線之全個形態與動勢，則無不大謬。正亦如有經驗醫生，決不單看某人一天病象而判斷其人之體況，與其全部生命力之強弱。此本極明顯之事理，而惜乎不爲今日一般國人所了解。若使今日一般國人肯放眼縱觀中西雙方全部歷史，只從大體上人人俱知處稍一思之，便知其間各有起伏，各有升降。以前如此，以後何獨不然！如何能單把眼前短短一段而判定其全部。

此一番話，若在三、四十年前說，恐難徵信。其時則歐西各國，正值如日中天，豐亨裕大；當時人羣認彼爲黃金時代，若眞一盛不致復衰矣。但不久第一次大戰起，繼之以第二次大戰，西方局勢全部改觀。居今而言，誰能保證第三次大戰定可倖免？若不幸而第三次大戰終於到來，誰能保證西方文化依然欣欣向榮而繼漲增高乎？回想第一次大戰以前之德國，其炙手可熱之勢爲何如。但兩次慘敗，此後前途，誠難逆料。意大利雖一度乘機躍起，但到底不能復興。此乃西方兩個最後新興之大國，前後不滿一百年，目下都已摧殘。第三輪到法國，此乃歐陸現代興起最先之大強國，但在此兩次戰爭中，國際地位逐步降低，此次亡而復存，以後恐難再爲歐陸之盟主。英國在歐洲大陸以及世界之領導地位，亦復在此兩次戰爭中失去。故從大體言之，此兩次世界大戰，歐洲列強轉衰勢者多，轉盛勢者少。但回頭試看歐洲以外之國家，土耳其見稱爲「近東病夫」，但在第一次大戰後一躍而爲一新興國家，第二次大戰居然能嚴守中立，縱身局外。中國則見稱爲「遠東病夫」，但在第二次大戰後，一躍而爲世界四大強之一。其次說到印度，其國家地位無疑亦將逐步升高。苟使第三次世界大戰再起，印度獨立當不成問題。

此上所說，只在指出列國強弱盛衰，時時變動，不必遠溯於往昔，即據眼前現勢已足證明。故知我儕若專據一短時期之現狀，來衡量各種文化之悠久價値，實爲淺見之尤。其次當知此幾世紀以來，自歐洲人發見新大陸，商業革命，繼之以工業革命，一時西方勢力，瀰漫全球；但除卻菲、澳、美陸之土人慘遭吞滅以外，亞洲大陸凡有文化舊傳統之民族與國家，如上述土耳其、印度、中國之類，雖亦一時受其影響，譬如大海中島嶼爲狂濤所掩，終未消失，依然成爲暗礁，兀立水底；待其潮流退落，此諸島嶼還自透露。此可證明人類文化積累之無量潛力，決非具體可見之事象所能指陳而估計。根據上述，我儕豈能遽信中國文化在此後世界上，更無其存在與再發揚之價値與機會乎？

今且讓我們承認中西文化各有其相異處，並亦各有其優劣點，並非在彼者全是而在我者全非；則試問中國文化長處何在，其劣處又何在？我姑粗率從大處言之，以中國文化較之近代西方，其短處自在自然科學，其長處則在人文政教。若言短處，幾於盡人皆知，不煩細論。至其長處，則似乎並不爲今日一般國人所認許。所幸者，歷史具在，例證燦然。試看中國四千年來蔚爲一大民族，構成一大國家，此種累積，豈西方所有？試將西方古代希臘與中國春秋戰國時代相較，希臘人在極小的地面上始終未能統一凝成一國家，中國春秋戰國時代，早已走上一大局面。其時雖列國紛爭，而其先則有周室之王統，其次則有齊晉之霸政，在分裂中依然不失有一種統一之力量。最後秦漢當朝，還是中國人統一了中國。而西方則由希臘人轉换到馬其頓人、羅馬人手裏，其事態與中國全不同。今再以羅馬與漢代相比。漢代向心凝結，乃一文化一統的國家；羅馬向外征服，乃一武力一統的國家。所以兩漢以後，依然還是中國人統治了中國；而西方則又要從羅馬人手裏轉换到北方之蠻族。中國唐宋時代，其文物治平之景象，自不當與西方中古封建時期同類相比。即論最近世，彼方所謂現代國家之興起，依然還是長期分裂，長期鬥爭；中國明清時代，依然還是一統，還是和平。若論將來人類新文化，謂將永遠分裂，永遠鬥爭，則中國傳統文化誠爲一歧路，不足爲訓；若世界將來文化，也還有回頭走上彼此協調與和平之需要，則中國文化目下縱或見其不合時，到底是走先了一步，在此方面，實別有其長處與特點。

三

以上粗舉一歷史實證。當然事象複雜，其間之所以然，並非單就一端可資說明。今就政治而論政治，則中國傳統政治確於此已盡其一部分之職責。今日一般國人，認爲中國自秦以下之政治，只是一種專制黑暗的政治。此種說法，用爲辛亥革命時期之宣傳，或無不可；若認爲是歷史情實，則相去殊遠。試問中國廣土眾民，舉世莫匹，爲帝王者，將何藉而肆其專制？若謂憑藉貴族乎，則中國自秦以下，早已推行郡縣政治，封建已破壞，世祿已取消，何來再有貴族政權？若謂憑藉軍人乎，則中國自秦以下，固未有純以軍人組織之政府，何來而有軍人政權？若謂憑藉商人富人以共治乎，則中國自秦以下，在漢則不許官吏兼營商業，在唐則不許工商人入仕，商人勢力向未在中國傳統政治下抬頭，何來而有富人政治？然則中國帝王，不憑貴族封建，不憑軍人武力，不憑工商富勢，彼固何道而得肆其一人之專制？豈上帝乃專爲中國誕生一輩不世傑出之大皇帝，綿綿不絕，以完成其二千年專制之怪局乎？

今明白言之，中國傳統政治，實乃一種「士人政治」。換言之，亦可謂之「賢能政治」，因士人即比較屬於民眾中之賢能者。有帝王，乃表示其國家之統一；而政府則由士人組成，此即表示政府之民主；因政府既非貴族政權，又非軍人政權與富人政權，更非帝王一人所專制，則此種政治，自必名之爲民主政治矣。若必謂其與西方民主政治不同，則姑謂之「東方式的民主」，或「中國式的民主」，亦無不可。

今試再一比較東方式民主與西方式民主之異同。蓋西方民主政體，前已言之，乃富人中產階級興起，與上層貴族僧侶封建勢力相衝突，其次乃上撼王室之大權以組織國會，代表民意；此一種政治精神，實由其時政府與民眾之對體敵立而起。若中國傳統政治，則政府早由民眾中之賢能所組成，政府與民眾固已融爲一體，政府自身即已代表民眾，何必再需一監督政府之機關，再來一代表民意之團體，而後始得成其爲民主乎？故西方現代民主政治，乃由政民敵立而起；中國傳統民主政治，則以政民一體爲尚。此其異一。

西方民主政治，既由政民敵立而起，故其政治風尚貴能鬥爭。彼方之政治事業，始終不脫一種相互鬥爭之形態。其先以富人與貴族僧侶乃至王室相鬥爭，而有今日所謂英法美政治的民主。其次乃有窮人與富人相鬥爭，而有今日所謂蘇維埃式經濟的民主。若中國則傳統政權本不屬於任何一階級，惟賢是用，惟能是任，選擇民間之賢能，以爲政府之柱石，故政民一體，其政治形態乃常見爲和協而非鬥爭，其政治意識上並無貴賤貧富之界劃分別。此其異二。

惟其以鬥爭爲政治，故彼方政治理論之惟一基礎乃爲權力。西方政治，實即一種權力政治。彼方政治理論之首要問題，即爲主權之誰屬。然此問題實難解答。若謂主權屬於政府，則政府民衆初不融爲一體。若謂主權在民衆，民衆散漫無組織，何從表顯運用其主權？若民衆各各自以爲主權在我，豈不成一無政府狀態？若謂主權不在各個民衆，而在民衆之全體，則此全體民衆，究其極，乃一空洞之名詞而已，何從去尋覓此全體？抑且主權在民衆一語，乃規定於憲法，乃經憲法之認可而成立。然若謂主權在憲法，則憲法乃死物，本由民衆與政府創成之，亦可由民衆與政府改爲之，憲法自身不能獨立握有此主權。然則此最後主權竟將何屬？當知在英美法諸邦革命初起，民權思想勃興，彼輩只向與彼對立之政府爭奪政權，遂一時高呼「主權在民」之口號。其言非不爽朗有力，若果細細推尋，則知此說亦非若是其簡單。若在今日而仍堅持西方主權論之舊思想，實已有不切時宜之嫌。抑更有進者，若以主權論爲政治理論之最後礎石，則綜合民衆、政府、憲法三體合一之國家整體，無疑將爲主權之最高象徵與最高代表。然不幸而近世列國並立，抑且一次、二次世界大戰，已陷人類文化於不測之危境。試問國與國相遇，彼亦一最高主權，此亦一最高主權，兩最高主權有衝突，除卻武力廝殺，更有其他解決妙道乎？故國家主權論必不適於國際之和平，此已爲近人所習知。故知西方政治理論之惟一礎石所謂「主權論」者，在國內則嫌渺茫，尋不到主權之眞主翁；在國際則又嫌魯莽，主權至高無上，勢必闖禍。今若反論中國傳統政治理論，實與西方所謂主權論者大異其趣。論語云：「不仕無義。」中國士大夫從政，在理論上，並非爭奪此一分應得之主權，實爲完成此一分應盡之義務。故曰：「達則兼善天下」，「以天下爲己任」，「先天下之憂而憂，後天下之樂而樂」，「民饑民溺，若己推而納之溝中」。可見中國傳統政治理論乃一種義務的，而非功利的；乃一種道義的，而非權力的。此即所謂王道的，非霸道的。民衆參加政治乃爲一種義務或道義，政府之責任亦爲一種道義責任。當知政府並非一主權或權利之代表，乃一種責任與義務及道義之代表。政府非一權力體，而爲一道義體。則知國家亦僅爲一道義體，而非權力體。故民衆對國家有其應盡之道義，國家對全世界人類亦有其應盡之道義。在「道義論」之下，政治始終和協，修身、齊家、治國、平天下一以貫之。此爲中西政治精神極不同之第三點。

西方政治精神在其主權論，主權則人各一分，人人平等；又看成政府與民衆對立，民衆要行使主權，監督政府，則有選舉。被選舉的代表，則有會議以決意見之從違。其選舉與議會之進行，則莫不以多數爲準。此種政治，亦可稱之爲「多數政治」。多數政治者，即一種「權力政治」。多數可以更有力，可以取勝少數；然多數未必更有道理，未必更是於少數。西方政治既尚權力與鬥爭，故其取決於多數不爲病。然在目前環境下，則多數政治亦已不免要遇到困難。原本英美法三國民主政治初興，乃由中產階級爭取政權；其時所謂多數，則有名無實，實際仍是少數，惟因少數者有力，故能爭能得權。政權既落在少數財富者之手，故其政治亦代表少數財富階級之利益與意見。資本主義與帝國主義相引而長，結果則國內財富日見充盈，其時諸國則皆成爲強大之富國，受其害者不在本國而在國外；而其本國一輩窮人，反亦相引漸富。從此彼諸國遂逐漸推行普選，實行眞的多數主義。但此種多數，依然代表資本主義與帝國主義之氣味，因其國家之富強，即植根於此。逮其比較後起的新興國家，則情形又不然。彼等雖羨慕民主先進國如英美法之富樂強盛，彼等亦想推行多數政治；然彼等國內之多數，則大體爲窮人，爲無產階級，故新興的民主政治苟以多數爲從違，其勢必變爲共產政治以及無產階級專制，此亦事理之至易顯者。何以故？因此等國家根本爲一窮國故，根本以無產階級占絕大多數故。此非一想像的理論，而確係一事實。舉證不在遠，如第一次世界大戰後，蘇維埃開始即以推翻專制而創成其共產主義與無產階級專制之新政治，此即其顯例。其他德意二邦，雖或爲勝國，或爲敗國，然其爲窮國則一。窮國而推行多數民主，則必趨於無產階級專政。此兩國者，爲欲壓制共產思想無產階級專政之潮流，而於是有一黨獨裁之新政治出現。德意之與蘇聯，同爲一黨獨裁，同爲與英美法三國已往之民主不同。其他歐陸各小國，亦竟無逃此二例之外者。第二次世界大戰告終，德意獨裁政權一時似已推倒，而蘇俄則獲躋於民主政治之行列。然政治民主與經濟民主的對立之形，終難泯滅。今若除卻英美，世界諸邦幾乎全屬窮國，而英美則一心欲推行其所信仰之多數政治於斯世；不知此即無異鼓吹無產階級專制與共產主義，使舉世盡步蘇俄之後塵。然既爲窮國，則根本無產可共；如此則窮國之所謂共產主義，勢必仍變成帝國主義。此即所謂「赤色帝國主義」是也。

當知推行多數政治而能不走上共產主義與無產階級專制之路子者，必因其國已爲一富國故。換辭言之，即其國内富人已占多數，而窮人則占少數故。不論其爲大富與小富，要之當屬於富人。何以其國能富人多而窮人少？則因其國早走上財富政權的路子，已先一步推行資本主義、帝國主義於世界其他各部而獲得其利益故。故西方今日，扼要言之，乃財富多數與貧窮多數對立之政治鬥爭；而就其對外言，勢必同走上一種帝國主義之道路。此乃今日世界一幕絕大悲劇。第三次世界大戰之能否避免，無人敢作擔保者，其癥結即在此。若中國傳統政治，則以道義爲標的，以和協爲手段，以賢能爲代表，不論貴賤貧富，絕不致產生階級政治以及國外侵略。此又其相異者四。

西方既尚多數政治，而多數意見無法表示，於是以政黨爲操縱。若論選舉，一忠良智慧之士，其勢頗不易爲多數人所知。多數人所熟知者，首必爲大權在握之貴人，次則生殺如意之有大軍權者，又次則爲積資鉅萬之大富豪。今試觀任何一社會，調查其爲人所耳聞心憶之人物，其有逃出此三數典型之外者否？故多數政治，其實仍是貴人政治、軍人政治與富人政治之變相。民衆無法直接表示其意見，並亦無意見可表示。則由民衆推選代表，其所推選者，斷斷必推選其所知，決不推選其所不知。而多數民衆之所知，則必在於大貴、大富、大強。其爲土豪歟？劣紳歟？貪官歟？汚吏歟？地痞歟？

流氓歟？則不計也。故若眞由民眾直率推選，勢必先及此數型。今西方之民主政治，所以幸不至此，則因其爲一政黨政治故。選舉大權實不在民眾，而由政黨操縱之。民眾以政黨之意見爲意見，政黨所推選，則民眾從而推選之；政黨所擯棄，民眾亦從而擯棄之。會議亦由政黨掌持，政黨之從違，民眾亦從而從違之。若是而已。故其所謂民意，實則黨意也。然政黨所代表者，其主要亦在權利，而不在道義。何以故？惟權利始可以分黨，如利於我不利於彼是也。道義則不能分黨，因道義僅有一是，不能謂「此亦一是非，彼亦一是非」，是於我者必非於彼也。故主權利則自可分黨而爭，主道義則惟有擇賢而從。今既主分黨而爭，而政黨之名義則尚處於政府之外，則且問此政黨之一切活動費從何而來？其勢自不得不由社會供養之。故惟富國有多數富人，乃能供養兩三大政黨以恣其活動。若在貧國，多數皆窮人，何來餘力供養此政黨之活動？故窮國政黨惟有轉而仰給於政府。如是則政黨已混處於政府之內。試問一黨握得政權，彼既分政費以供黨費，豈肯再供養敵黨以自制己命乎？故窮國必爲一黨專政，如蘇俄、如德、如意，皆窮國也，則皆必爲一黨專政矣。若富國，由社會供養政黨，其社會經濟情形，又必爲高度資本主義化者，其民眾間之彼我利害乃能判然劃分，然後乃可有兩大政黨之鮮明壁壘。若其社會經濟未臻於高度資本化，則其政黨分野必難嚴立，於是常有多數小黨之分立，此於政治情勢極爲不利。前者如英美，後者如法國。故富國而推行多數政治，又必爲大富之國，如英、美者，乃能有利而無弊。若非大富之國，非高度資本化之國家，而推行多數政治，則往往有利不償害者，如法國即其例。即在大富之國，若當大難臨前，向外抗爭之際，亦不宜於分黨內爭，則其時國內黨爭必暫告寧息，否則不啻自招覆敗。由上言之，可見分黨而爭之政治，並非理想中「推之四海而皆準，行之百世而無弊」之政治。且既爲政黨政治，則其政府必永永自居於代表一黨之地位。其一黨專政者無論矣。即分黨而爭者，甲黨占多數，即由甲黨握政，而政府即以甲黨爲代表；其時則乙黨爲少數黨，爲在野黨，彼則自居於政府之外，自居於政府之反對黨之地位。待反對黨得勢，則政府黨下野，於是政府黨轉成反對黨，反對黨乃轉成政府黨。然則此等政府，乃永不能代表國家之全部民眾，永只能代表國家比較多數之民眾而已。試問一國之內，何以必自分其民眾爲甲黨、乙黨之壁壘，而始可以臻郅治之盛世乎？若中國傳統政治，則在理論上乃爲代表舉國之全民眾者，而並非爲代表其民眾中之某一黨某一派者。此又中西之相異五。

四

今再約述中國傳統政治之主要關鍵，則首在選拔賢能。若使政府之所拔用者，果爲社會之賢能，則賢能自能代表道義；代表道義者自能相互和協，而完成政府之目標與職責。否則政府非賢能，其所代表者亦將不盡爲道義，其相互間自亦不盡能和協，而政府之職責自亦不能完成。故曰其關鍵在如何選拔賢能也。中國傳統政治，自秦漢以下有地方察舉制，自隋唐以下有科舉考試制，此等法規，皆爲政府選拔賢能而設。當知此等法規，上自皇帝，下至民眾，共所遵守。若論法治，則此即法治精神一實例。茲姑舉一小節言之。漢代選舉，已按各地戶口分配選額。在東漢時代，大率二十萬人口得舉一人入政府。故漢代政府官吏，乃普遍選拔，來自全國之各地，絕無偏頗不均之病。此制用意，即在隋唐以下，自由公開競選之科舉制成立，依然各地均有定額，故當時各地考試，有十人取一者，有百人取一者。由其有此法規，故中國之政府人員，自秦至清，乃大率能平均分配於全國之各區域。此一情形，若推行於政黨政治則便不適。何以故？政黨只問黨派故。試問今日西方各國之政府，是否有一規定，按額分配其政府之職官於全國各區域而絕無偏頗乎？故此層在西方國家殊不認為重要。此亦由西方現代國家興起，如英法諸邦，壤地褊小，率不過為中國一二省，故彼自不感此需要。若中國則地大民眾，苟非有此一法，則何能全國永永一統而長治久安乎？今試設想今日之英國人，亦能定一法規，按戶口比率，使印度人推舉賢能，平等參加英國政府，豈非英國政府即等於代表印度人民之政府，印度人亦何須再向英國要求自由與獨立乎？又使英國人於新大陸初闢殖民地之際，即許美國人按戶口比率，推選賢能，平等參加英國政府，則英國政府即為新大陸人民之政府，其時新大陸人民亦何必再要求獨立創造一美國乎？今使兩漢時代，只許由江蘇人或陝西人組織政府，而其他各區域人皆在例外；而希望其他各區域人民之不離叛，豈非難事？今日國人輕詆以往傳統政治，以謂只是帝王黑暗專制，則試問何以不經民眾要求爭奪而先已有此賢明之立法乎？從此自知，欲明政治，不得不於全部文化意義有所瞭解。否則妄逞臆測，斷然無當。

中國傳統政治，乃由全國各區域平均選拔賢能組織政府，卻不許於政府之下再分彼我。故中國傳統政治，其各區域之地方長官，例須他區域人爲之；至其下之僚屬，則在兩漢時代，例用本地人，隋唐以下亦須用外區人。此一法制之用意，乃在只許以中國人治中國，而不許以各地方人治各地方。此一制度，對於中國之文化一統與政治一統，亦有莫大之功效。今日國人則濡染西方權利政治論之意見，乃有主張各地方之自治，而發起川人治川、粵人治粵、東北人治東北之類之呼聲。不僅呼聲而已，今已逐漸見之於事實。三年五年，其爲利病誠難言，然政治非爲三年、五年而設者。今試設想中國人若自秦漢以來即已發明此等理論，川人治川者二千年，豈不將獨立成一四川國？粵人治粵者亦二千年，豈不將獨立成一廣東國？今日之中國，早已如今日之西方，四分五裂，不僅政治相異，語言文字、風俗禮教亦將各各不同，何來有此一泱泱大國風之民國乎？然則今日之國人，由中國治中國之觀念，轉而爲川人治川、粵人治粵，豈斷然爲政治意識或政治理論之進步乎？抑未必乎？今日國人乃謂，川人不治川，粵人不治粵，乃昔日專制帝國特定之制度；不知中國傳統政治，乃主由中國人治中國，非由帝王一人治中國。由中國人治中國，則中國和協一體，何煩再分川、粵。今日轉而改法西方，則民衆已與政府對立，各地域又與中央對立，如是之政治意識，果爲進步之意識乎？抑未必乎？此眞値得吾人之深思。中國傳統政治選拔賢能，有察舉與考試，此僅爲國民進入仕途之初步。至其已登仕籍，則進退升降別有法規，此則謂之銓敍。銓敍掌於吏部，亦非帝王所得而專制。此種考試銓敍制度，今已爲西方所採用，如英國之文官考試制度。然英國政制自有淵源，彼固不能盡捨其故常而效我，故彼之考試銓敘，亦僅止於事務官而止；若政務官則依然由政黨推選，不經考試與銓敘之資歷。彼不能盡捨故常以效我，我奈何獨能盡捨故常而效彼？且我惟一，而彼則十百而未已，捨我之一以效彼之十百，則國是常無由定。譬如汽車，或主向左，或主向右，此惟兩途。若惟主模倣鈔襲，尙將惶惑回轉，莫衷一是。何者？其重心基準不在我而在外，則固不能定其宜左或宜右。況乎政治，毋怪其轟喧逐競，紛爭日啟，或主左傾，或主右傾，水火日深，干戈日逼，而更無寧日也。

且政治亦人事之一種。無論其爲何種之政制，要不能徒法而自治，必有活人之參加。故做官不能與做人相分離，從政不能與爲人相隔絕。此亦極淺顯之事理，而仍爲今日一般國人所不瞭。若謂有新法制便可有新政治，有新政治便可有新人生，則人生依法制爲轉移，豈不直捷易簡？而惜乎其不如是之可以企而及也。就實言之，政治乃從全部人生來，法制乃從全部政治來。若此理而信，則將來中國新政治之新生命，端將在其整個社會之做人道理中重獲健康，而並不在於向外邦異國鈔襲其法律制度以爲紙上之粉飾。而其整個社會之做人道理，則仍必與其傳統精神與文化特性有不可解脫之關係，此固無從模倣鈔襲而有之。他日者，政治新生命一朝煥發，則一切新法制亦有所附麗而顯其用，而物質經濟亦有所寄託而植其根，而後科學事業乃可迎頭趕上，以盡量吸收他人之所長。故竊謂晚近百年來中國新思想新潮流之四階段，其最值商討者，乃在第三階段；乃在其主張全盤西化，而以政治與科學等量齊觀之一點。

五

上來所陳，已於國人近日縈繞心中之兩大問題粗有解答。今再扼要言之。

將來新中國之前途，必將由新政治開始。若政治有辦法，則科學自可生根發脈。而政治辦法則必從本位文化之傳統精神中求得之。故今日之中國，固貴有政治家，而尤要有政論家。所謂政論家者，自非鈔襲稗販者所能當。必將於傳統文化深知其義，又能深切瞭解現世界之大趨勢，斟酌中外，權衡古今，乃能盡其高瞻遠矚、發蹤指示之大任。近代中國，惟孫中山先生一人，創此偉業。然而知難行易，在孫先生之及身，已屢歎而屢言之。今日一般國人之意見，則所欲創建者爲新中國，而所心摹口頌者，則必曰英美之與蘇俄。今日國人，乃將以英美蘇俄之政治創建中國。乃不幸而英美蘇俄或左或右，步調不同；然則新中國之建國工作，其必陷於分黨而爭，分國而靠；政事屬於我，而政論則仰於彼，捨卻彼方之理論，我乃二千年如長夜，漆黑一團，未見天日。試問中國政治之新生命，其尚爲有希冀者幾許？故知三民主義必以民族主義爲第一，政治問題必以文化問題爲歸宿。中國人非先對其傳統文化有自信，恐終無政治新生命之可言。

（民國三十五年三月作於成都，航空委員會政治部出版。）

一八　主義與制度

政治上有一個主義，必然將形成一種制度。政治上有一個制度，其背後亦必然有一番主義。有主義，無制度，是落空。有制度，無主義，是盲目。

主義不必人人能懂，更不必人人肯信。但制度卻必須人人恪守，人人勉行。別人不懂不信，依然是主義，或許更顯其主義之高。別人不守不行，則不成一制度，只見此制度之虛之壞。孔子說：「民可使由之，不可使知之。」知之是指主義，由之是指制度。孫中山先生亦說：「知難行易。」知亦重在主義，行亦重在制度。

中國人一向在政治上的表現，比西方人高明處，即在其不高談主義，而能把其所懷抱的主義具體形成出一個人人願守、人人能行的制度。西方人則往往喜歡在沒有確立制度之前高談主義。柏拉圖的理想國，全是一番主義，其中包涵一些想像中的制度，幾乎是人人所不願遵守、不能奉行的。中國戰國時，有一部周官，書中詳列六部三百六十個官職，全是一套制度，更不談主義，實則主義全寄託在制度中而充分表現了。這是中西政治智慧不同最早最重要的分歧點。

此後西方種種政治思想，種種政治上的主義，多少都和柏拉圖理想國有淵源。直到今天，蘇維埃的共產極權政治，便很有許多與柏拉圖理想國相像。中國從秦漢以後，很少大部發揮政治主義與政治理想的著作。若要研究中國人的政治思想，便該注意中國人的政治制度。思想與主義全融化進制度，而此種種制度又確能推行，往往兩百年三百年乃至推行到一千年以上。唐六典是唐代一部最精詳最圓密的制度，杜佑通典是一部最精詳最圓密的唐代以前的制度史，但唐代卻很少高談政治主義的人。

中國史上曾有幾次根據周禮來變法的，王莽、蘇綽、王安石皆是。王莽與王安石都在制度的建立上失敗了，徒留下他們當時的許多主義、許多理想，來供我們今天作討論。蘇綽便很少關於政治主義與政治理想之發表，他只注重在制度之如何確立與如何推行，終於爲此後隋唐兩代統一盛運奠定基礎。

晚清末年，康有爲主張保王，但亦主張變法。他主張速變、全變，要變得快，要全體變。但他沒有細想變了後的新法新制度，是否人人願守、人人能行。他是一個變法主義者，實可說是一個看重主義更勝過於制度的。孫中山主張革命，但他只主張排除滿清，廢止王室，卻沒有說過要全部的變法。在他南京臨時大總統任內，便把政權交與袁世凱，他想以在野之身爲中國建造二十萬里的鐵路。此後他在廣州，寫出他的三民主義。在現實制度上，他是主張新舊參酌、中西交融的。他把中國傳統的考試制度與監察制度配合西方三權分立的理論，又提出權能分職的主張，來顧全實際，配合國情。他又劃分軍政、訓政、憲政三時期，顧慮到一種新制度的如何逐步建立、逐步推行。他實可說是看重制度更勝過於主義的。

只要你能看重制度，你自能想到一個制度必得人人願遵守，人人能奉行。你自會顧到此制度之實際性。你自能注意到國情民情。你注意到國情民情，自將注意到歷史。任何一種制度，必有它的歷史性。任何一種制度，必面對著它那時的許多實際問題。那許多實際問題，是由它本身以往歷史傳統繼續變來的。是由它的地域性與國民性以及種種自然環境而與人不同的。試問我們的問題既和別人不同，我們的制度如何能與人一律？政治制度之眞革新，是就自己問題求新解決，謀新途徑；決不是不管自己問題何在、困難何在，只一意鈔襲別人家現成制度來冒昧推行。那是一種假革新。別人家此刻的現成制度，也由別人家自有問題，自經歷史演進，生長完成；我如何能迎頭趕上，生吞活剝，強奪他人的變成了我自己的呢？

馬克斯是一個經濟學者，最多可說他是一個歷史學者或哲學者，他頭腦中根本沒有國家觀念，因此也沒有政治考慮。他只是一個想推翻現狀的革命人物。因此馬克斯頭腦中只有主義，沒有制度。列寧、史太林憑藉馬克斯主義來謀如何攫取政權，如何鞏固政權，他們只有手段、方法，亦沒有制度。若說蘇維埃有制度，那仍是沿襲沙皇的。列寧、史太林是運用沙皇制度來推行馬克斯主義，來鞏固他們自己的政權的。今天的中國共產黨，一樣只知有主義，不知有制度。此刻全國各級學校多要注重政治課程，其實他們自己便不懂政治。要你搞通思想，此乃推行主義，非建立制度。要你清算鬥爭，此仍是推行主義，非建立制度。制度須人人願守、人人能行，制度的對象是全體性的。在共產主義的政權之下，永遠有反動，便永遠要清算，永遠要鬥爭，便永遠建立不起制度來。試問那有一個無制度的政府與政權而能長久的呢？

若使共產主義而眞能制度化，那便要走上此刻英國工黨內閣所主持的那種社會主義，或是像孫中山先生所說的民生主義，而決非共產主義了。因爲共產主義根本是一個革命運動，並非政治理論與政治制度。共產主義非制度化，便決不能穩定，決不能長久。但共產主義而制度化了，便也非共產主義了。

辛亥革命以後的中國，始終在推翻自己的舊制度，羨慕人家的異制度，卻不能創建出一套自己的新制度。將來中國之出路，定在政治之制度化。將來中國新制度之建立，定不是墨守舊的，但也非鈔襲異的，而是培養生長出新的來。要培養生長新制度，定要回頭注意國情民情，定要在自己歷史傳統上生根，定還要走上像孫中山先生所大體指示的路向。

（一九五一年三月中國一周四十六期）

一九　反攻大陸聲中向國民政府進一忠告

中國共產黨在未滿一年的短短時期，席捲了中國大陸。大家說，這不是中共之成功，而是國民黨之失敗。這固然不錯。但我們也該平心細論，在中共本身，到底不能說他們絕沒有成功之因素。中共之成功，在其被逼離開江西，開始二萬五千里長征的一段。在其困處延安，過土窰生活的一段。然而好景不常，一到毛澤東走進北平，志得意滿的時候，失敗的命運便開始轉到他們的身邊了。中共第一個失敗，在其不能稍稍放寬條件，與國民政府謀和。第二個失敗，在毛澤東正式宣布「一面倒」的外交政策，以及由共產黨一黨專制的所謂「人民民主專政」。這一來，逼得他在中國國內軍事未結束、政權未穩定的緊要關頭，匆匆鑽進鐵幕，向克里姆林宮磕頭求媚。這半年來的急劇變化，迫得中國大陸民眾重新回頭來想望國民政府由臺灣重回大陸。中共政權既已失盡人心，而他們在內政、外交上的種種措施，又暴露得太過偏激、太過猛烈了。縱使他們此刻內心有不少的悔悟，急切也回不轉身來。中共政權的前途，實是夠悲觀的。在這種空氣的急劇轉變中，臺灣的國民政府又重新恢復勇氣信心，揭起「反攻大陸」的旗幟，這不是不可能的事。但我們又得平心細論，我們爲國家民族前途打算，我們實不願又讓人說，這不是國民黨之成功，而只是中共政權之失敗。我們希望此刻國民政府在其本身，應該具備幾許自己可以成功的條件與因素。平心論之，國民政府在其已往，也不是沒有幾許成功的。尤其是九一八事變以後，外面是日本帝國主義嚴重的侵略，內部是共產黨心腹大患，在內憂外患雙重壓迫下，當時的國民政府，確實磨礪出一段精神。直從西安事變到七七抗戰，國民政府曾為全國人民所擁護，所愛戴。它之開始走上失敗的厄運，是在太平洋戰事發動，大批美援源源而來之後。若使我們明白得上面指出的一段教訓，此刻的國民政府，既已失盡大陸，僞處海隅，困心衡慮，應該是他們覺悟與轉機的時候了。我們爲國家民族前途打算，不得不對此刻的國府再寄以十分衷誠的期望。

但我們又得平心細論，若果國民政府在此最近期一年或一年半的時間內重回大陸，果眞把共產政權推翻了，試問那時國民政府果能對中國民眾有幾多貢獻呢？說到這裏，不得不使我們對中國國家民族之前途，重新浮現起一番十分嚴肅與深沉的心情。固然，飢者易爲食，渴者易爲飲，此刻國民政府只要「反共」兩字的招牌，已經可以解民倒懸，博得全國大陸人民之歸嚮；但若使國民政府在軍事反攻上得手了，而在政治的革新上沒有把握，豈不仍要重蹈對日抗戰勝利復員後的那番覆轍？若使要對政治上有辦法，我們不得不面對現實，仔細估量。此刻中國大陸，較之對日抗戰勝利復員的那一時，眞不知又要破壞了幾多倍，艱難了幾多倍。從前國民政府正爲掉以輕心，認爲只要軍事勝利，其他可以迎刃而解，才有這幾年來的失敗。當前的中共政權，也誤認爲只要軍事勝利，其他可以迎刃而解，因而又招致了此刻勢將陷於不可避免的失敗。若果今天的國民政府，還是認爲只要軍事勝利，其他可以迎刃而解，則殷鑑不遠，此後國家民族的前途，眞要使人想來不寒而慄。

此刻中國共產黨的口號是「有困難，有辦法，有希望」。當知困難是眞實的，辦法是想像的，希望是虛渺的。他們只因以一套想像的辦法，認爲可以解決一切眞實的困難，才使他們堅決信仰他們那番虛渺的希望；才使他們掉以輕心，在臨到成功關頭，重陷失敗。此刻的國民政府，似乎連一套想像的辦法還沒有；一旦重返大陸，將是有困難，無辦法，那會有希望呢？然而我這番話，並不是故意來宣傳悲觀心理。讓我引用中國歷史上一句成語說，此刻的中國，誰也救不得，除非佛菩薩出世才救得。我的意思，並不是說中國眞個將救不得；但若你把此刻的中國問題看得太容易了，誰認爲我可以救中國，誰即將加深中國之不得救。誰能眞切瞭解中國不易救，誰能深刻認識對目前的中國無辦法，那才始有辦法可尋，才始有得救之希望。毛澤東在其完成了二萬五千里長征，困處在延安土窰中的幾年，在他深心深處，應該不時感到他所領導的共產黨無辦法，無出路；在其深切感到無辦法無出路的心情中，才始有辦法、有出路可見。當他走進北京，軍事勝利衝昏了他頭腦，他開始感覺到前面一切有辦法，一切有希望，因而招致了他今天的無辦法、無希望。在他或許尚不肯認爲眞個無辦法、無希望，那將使他之無辦法、無希望更加深，更嚴重。一切失敗，全由掉以輕心，認爲我有辦法而終至於無辦法，認爲我有希望而終至於無希望。今天的中共，便是國民政府當前一個好榜樣，好教訓。今天的國民政府，應該痛切覺悟，在他們軍事勝利重返大陸之後，他們將一無辦法，一無希望。這是中國目前千眞萬確的一個現實。誰明白了這一點，便知道，誰來掌握政權，誰來負責中國，誰就命定在跳火坑，誰就走近了厄運的失敗之神的面前。眞有此瞭解，眞有此認識，你能眞切認爲無辦法，才始有辦法可言；你能眞切感到無希望，才始有希望可覓。這不是一句隨便說的空理論，只要你眞切面對中國大陸之現實，你肯勿再掉以輕心，你自將接受我上面的意見。

中國共產黨在其軍事勝利之前，他們曾對中國民衆許下了好許的諾言。在這許多諾言裏，也曾獲得了中國民衆對他們的幻想，而加速其勝利。此刻這許多諾言不能兌現，全國民衆開始失望而離心。爲國民政府打算，在他們開始軍事反攻的前奏，是不是也該給與大陸民衆以幾許諾言呢？在我想來，凡有諾言，在最近的當前，是可以引起國內民衆幾許幻想的。在不遠的將來，勢將仍不能兌現，而徒然招致他們更大的失望。然而，若是一無諾言，豈不成爲爲反攻而反攻，爲重回大陸而重回大陸嗎？這又何貴於有這一番反攻，這一番重回大陸呢？在我想來，理想的新政權，應該是肯痛切面對現實的，應該勿再掉以輕心而完全以嚴肅與深沉的心情出之的，應該痛切承認自己之無辦法，而始於這種痛切認識之下來另找辦法的。今請本此意見，來代當前國民政府借箸一籌。

興國大業，決不是一件容易事。從國民革命創建民國到今三十有九年，試問興國成績何在？這裏面自然有許多因素，然而最大的則在全體國民對此興國大業實在沒有一番堅定的信心。這一種信心之建立，更不是一件容易事。至少在國民心裏，應該有幾個成功的人物來維繫他們的信仰，來鼓舞他們的精神；不幸而在此三十九年中，只有孫中山先生一人，算得是一個。當中共握得政權，試要將中國從頭五千年歷史一氣推翻的狂妄決心之下，他們對孫中山先生還是不敢輕易誣蔑，這是一件當前最好的例證。蔣先生無疑是此刻中國唯一偉大的領袖，目前大陸民眾在中共政權水深火熱之下，無不重回頭來，希望蔣先生再回大陸。然而蔣先生再回大陸之後，如何使中國民眾對他不再感到失望？我們愛護中國，不得不愛護蔣先生，希望蔣先生此後不再失敗，成爲中國近代興國史裏又一位成功的人物，好讓他也在中國民眾心裏永遠維繫著對他的信仰，來作鼓舞精神的一個象徵。若能由此著想，蔣先生果能在抗日勝利復員的前夕，早就潔身引退，國民黨政權最近的崩潰是否可免，我們暫不深論，然而蔣先生則早已成爲中國全國民眾心坎裏一個象徵。中共軍事勝利，可以糟蹋國民黨與國民政府，卻糟蹋不到蔣先生。這樣幾年來的蔣先生，他對國家的貢獻，我想一定較之當前的蔣先生更偉大而且更輕易。中國歷史所以能綿延五千年，經歷如許艱難挫折而屹然常在，我想有兩點值得在此一提。第一點是中國人常常崇拜失敗英雄而故意看輕成功的英雄，因此使中國人常在成功時適可而止，而在失敗時能奮鬥不輟。第二點是中國人常教人功成身退，因此中國歷史上常養育出許多成功的人物，永遠維繫著中國人的信心，永遠鼓舞著中國人的勇氣。此番蔣先生若果軍事反攻勝利，重返大陸，我想無論爲國家前途計，爲蔣先生自身計，是應該適可而止，急流勇退了。這便是無辦法下一個最好的辦法。蔣先生從此將不再失敗。蔣先生成功了，便是中國民眾內心精神上一番大成功。在當前的中國，又出來一個成功的人物，好讓中國人增加信心，增加勇氣。這並不是蔣先生對當前中國困難不負責任，僅爲個人功業名譽打算，實在是對當前中國打破困難的一個最好最有效的打算。一個人的功業，到底有限度。蔣先生自民十六領導北伐，完成統一，又經過抗日勝利一番艱苦卓絕的大奮鬥，此後若能重返大陸，把中國民眾再從中共政權下解放出來，蔣先生的一生事業，該可告一段落了。重返大陸後之一切安排，一切收拾，我們不該再來重勞蔣先生。蔣先生抽身事外，無形中，在精神上可以鼓舞國人，可以讓國人心中多一成功的象徵人物，來增添信心，增添活力。美國建國到今不過兩百年，美國人所以有今天，華盛頓、林肯許多人物之留在美國人心裏的影響，是遠超過今日之金元與原子彈的力量的。若使中國人對近代史的記憶裏只有袁世凱、吳佩孚一些人，中國人將永不會有對自己的信心與勇氣。將來的興國大業，將永無希望。此刻的中共政府，在百無聊賴中，只有借列寧、史太林來建立信心，來鼓舞精神，這是他們命定的失敗處。而且蔣先生在他內心深處，必然也感覺到這一次流亡臺灣重返大陸的波折，本不是不可避免的。他自該爲此事眞誠引咎，痛切表明他這一番再膺艱鉅，計畫反攻，並不在爲個人爭勝敗，爭權位。一俟反攻勝利，即日翩然引退。這一表示，無形中必然在全國人心中引生一種說不出、說不盡的精神感召與內心影響。而且蔣先生若在事前懇切有此決心，有此表示，他自己個人當前的一切用心和一切措施，也會更達到一個意想不到的境界的。

其次說到國民黨。國民黨在此三十九年的興國史裏，有他不朽的功績，這是不煩再言的。然而今天的國民黨，實在是腐化了，變質了，這也不容掩飾。今天的國民黨，應該首先來改造黨自身，其次才談得到再來擔當改造國家。然而國民黨要改造自身，這不是件容易事。國民黨自身對他所揭櫫的「三民主義」的信仰，早已淡漠而且散失了。三民主義本身，無論在理論上乃及實際措施上，也該有一番與時俱新的改進。這一層，斷非急切所能完成。國民黨對自身改造無信心，如何會對再來擔負改造中國的艱鉅重任有信心呢？自己沒有信心的事，是千萬嘗試不得的。你若勉強嘗試，勢必失敗多於成功。我想國民黨應該坦白承認，對中國當前的困難無辦法；一到重返大陸，來一個道地而眞誠的還政於民，國民黨自身退歸一平常政黨的地位，埋頭來改造自己。待它精神新生，組織重歸健全，國民黨依然有它的前途。此刻國民黨在政治上的一筆本錢，拆穿說來，只在蔣先生一人身上。若國民黨仍要利用蔣先生來做政治上的賭注，把國民黨來拖垮了蔣先生，這是於黨於國兩俱無益的。

其三要說到一輩黨國要人以及政府大僚。有些在黨在政占居高位已逾二十年，有些也在十年之上，他們都已成爲黨國之元老。其次五六年、七八年不等的，也至少是要人，是顯宦了。這裏面當然不可一概論。其聲名狼藉，久爲國人輿情所吐棄的不必說；其他雖無昭昭之惡，卻亦無赫赫之功。國事敗壞至此，我們並不是在「春秋責備賢者」，只是他們身居要津的時期太長了，他們理當負此一部分責任。現在他們有些是在臺灣，有些是在香港，有些則已遠颺國外。若果國民政府重返大陸，試問此輩人誠有良心，何面目重見國人父老？此刻正該是他們從頭懺悔的時期。我想他們此刻無論是依然在政府，或是不在政府，都該在良心上懇切負疚。第一是他們萬不能處身事外。第二是他們再不該鬧派系，要手段。第三是他們再不該作馮婦之想，再不該重溫他們往日身踞高津之迷夢。他們應該一心一意，徹底認錯，徹底懺悔。他們若果眞心反對共產黨唯物的理論，他們便應該瞭解，只要他們此刻一念轉變，無形中便可有一番精神力量發揮出來。他們無論如何，此刻還是在代表著舊政府，代表著國民黨。他們每一個人，只在他們杜門閒居之中，只要眞從良心肺腑中，肯吐露出一句兩句引咎認錯的話；出於一人之口，入於別一人之耳，一個傳兩個，兩個傳十個百個，這眞是速於置郵而傳命。較之無線電放送，較之飛機發傳單，更有力，更有效。只要以前十年二十年乃至五六年、七八年來的黨國要人，眞說是覺悟了，懺悔了，這一風聲傳播開來，同樣有它說不出說不盡的影響的。只要和他們接近的人，眞個相信他們是在認錯，在懺悔；眞個相信他們只待一旦政府重回大陸，他們是只想做一個老百姓終身，再沒有絲毫功名之念的，而今日則只是盡其所能，在各自的崗位上，作眞誠的努力，求贖罪，不求建功；這一個集團的精神懺悔，無疑地決然將產生無限而不可計的影響。這將給別人的精神上一番絕大的刺激與興奮。將來的新中國，明明再不是他們的事了，然而他們還如此般地在良心上奮鬥，在人格上努力。一輩自覺地感到對將來新中國會有地位、有擔負的人，決然不會不從他們身上引生出內心的感動。舊政府的污點，國民黨的頽風，都將在他們這一番集團的精神懺悔下洗刷而淨化，而感召新生。至少在國民黨自身改造上，非得這一番壓在上層的元老要人之徹底懺悔，懇切認錯，集團的良心表白，是不會急切有下手處的。勇於悔過，勇於認錯，這也不是一件容易事，而且是一件難能而極可貴的事。縱使一個犯了絕大罪惡的人，當他判定死罪，在臨刑的一剎那，若誠心懺悔，這一剎那的懺悔心，仍將留在人世間，有其莫大之作用，回贖了他生前千罪萬惡而有餘。這不是宗教家的隨便話，這裏面實在有顚撲不破之眞理。此刻一輩國民政府元老要人，若是一個個分別而論，未必都可指摘。然而認錯懺悔，並不眞就坐落在「錯」字上，這只是表現人的一種美德，一種至高無上的純潔心情。平心說來，也不該把國家當前局面盡推在幾十個政府顯要的身上。然而這幾十個人，眞個肯將這一番罪孽認眞擔當，認受在自己身上；即此一點，也便是國家前途一番光明。這不是假意做得出來的事，這要在以往的黨國要人內心深處痛切眞誠的感覺到，才是眞精神，才有眞力量。然而這事也並不難。一人如是，即可感召十人，十人感召百人；心理變了，空氣變了，局面也變了。革命先革心，攻敵先攻心。這才眞是一個聖潔的戰爭，可以勝敵於廟堂之上的。你若不信我話，我試問你，依然是那番舊心理，依然是那番舊作風，如何有把握重返大陸？又如何有把握在重返大陸後不再蹈已往的覆轍？

其四，我要說到此刻在政府的一批統兵大員。無疑的，目前是軍事第一。除非軍事勝利，其他一切談不上。然而軍事勝利，並不是一切的勝利，毋寧是軍事勝利最易冀。政治接收之困難，將萬倍於軍事佔領。軍人執政，至少是民國三十九年來一件對完成興國大業最大的障礙。軍人在勝利來臨的時期，在歌頌勝利、崇拜英雄的一片歡樂空氣中，最易忽忘了他們的本分。若要此後眞有一個理想的新中國出現，一天軍事勝利，一應統兵大員便應該即速交出軍權，再不重蹈以前三十九年來軍人執政的舊覆轍。一面也好讓政府即速裁軍。這一點，此刻在臺灣一應的統兵大員，均應事先深切覺悟。若使以往三十九年來，每一次戰爭結束，在勝利一方的統兵大員，早就有此覺悟，中國決不致有今天。若使此後的中國，仍將由統兵大員來領導政治，中國前途也決然無望。這決不是看輕目前的統兵大員們。即爲目前一批統兵大員私人打算，他們肯在事前早有此覺悟，早有此決心，一旦勝利來臨，即決然解甲歸田，絕對不預聞政事；只在這一決心上，便將使全部軍心士氣，振作百倍，眞個明白我們的統兵大帥，出生入死，所爲是國家，是民族；這一信心，便強過了平添百萬大軍。而統兵大員們的一切計畫，一切措施，在此公忠爲國、恬澹犧牲的偉大決心之下，自然也會平添無限智慧、無限勇決。而在勝利以後的那番退不居功、瀟然物外的高風亮節，更將形成軍人的最高典範與英雄的最高風格。如是的勝利，始是永遠的眞勝利。否則民國以來，一應軍人在軍事勝利後留戀政權的最後下場，豈不可做自己的借鏡？

上面說了許多話，或者要疑心我太消極、太悲觀，沒有提出正面積極的主張。若果今天國民政府誠心接受我此一番忠告，將來重返大陸，全都潔身引退，此後中國殘局，又將是誰來收拾，誰來安排？我想這並算不得是一問題。若果如作者所言，此後將引致中國一新生，中國全體民眾將會在此新生中歡欣鼓舞。「老僧已死成新塔，壞壁無由見舊題」。若果抗戰勝利時的國民政府，早具備了我上文所述的這一番心情，中國斷不致有今天。若果共產政權初在北平得志，也具備此一番心情，中國也斷不致有今天。若果民國三十九年來一切操握政權者，在其政權到手之日，能具備此一番心情，中國將隨時有新生，隨時可以扭轉局面，都不會有今天。若果眞瞭解、眞信仰民主自由的政治理論的人，也決不懷疑到我在消極、在悲觀，而怪我不曾提出正面積極的主張來。中國的將來，終會有具備此一番心情的操握政權者出現，而中國遂以得救。誰具備這一副心情，誰就是佛菩薩。

（一九五〇年四月民主評論一卷二十一期）

二〇　對新政府的希望

中國一周要我寫一篇對新政府的希望。我很高興能有此機會，我將最簡單扼要地述說我所希望於新政府的唯一必備的條件。

我只盼望，新政府能眞做成一個代表民衆的政府，更勝於其是一代表眞理的政府。政府必須是代表民衆的，這句話，本身即是政府至高的眞理。政府代表民衆，同時即已代表著眞理，此謂兩得之。若政府有時自認爲是站在眞理的立場上，而寧願違離了民衆；如是，則它不僅違離了民衆，且已違離了眞理，是謂兩失之。

中國儒家政治理論，本來是最強調政府必該代表民衆的。所以說：「天視自我民視，天聽自我民聽。」天尚且爾，何論政府。這是說，民衆的眼睛向那裏看，政府的眼睛也該向那裏看。民衆的耳朵往那裏聽，政府的耳朵也該往那裏聽。政府不該有自己的作爲與行動，一切作爲行動都隨著民衆。故又說：「民之所好好之，民之所惡惡之。」民衆喜歡的，政府也喜歡。民衆厭惡的，政府也厭惡。政府不僅沒有它自己的作爲與行動，而且沒有它自己的好惡，一切皆以民衆的好惡爲好惡。

故又說：「國人皆曰賢，然後察之。見賢焉，然後用之。國人皆曰可殺，然後察之。見可殺焉，然後殺之。如此然後可以爲民父母。」可見政府不輕考慮用一人，必俟民眾都說他賢，才考慮用。政府不輕考慮殺一人，必俟民眾都說他可殺，才考慮殺。這樣的政府，民眾自會愛戴它，如子女之愛戴父母般。中國儒家所謂「爲民父母」，並不是說政府可以隨心所欲來指使民眾，只是使民眾親近政府，如一家父母子女般。這只有眞能代表民眾的政府，才能得民眾如是般反應。

道家思想，沒有儒家那樣積極而富正義感。但道家至少也懂得，政府不該太違背民意，太遠離民眾。道家對政府，至少不敢自認爲是站在眞理一邊，而不顧了民眾。

法家便不然。法家的意態，似乎像一朝權在手，便可獨行己是，不再顧慮到民眾之從違。因他們認爲，他們是站在眞理一邊了。他們認爲他們已代表著眞理，遠離他，便是遠離了眞理；反抗他，便是反抗了眞理。於是用法來指揮民眾、壓制民眾。所不幸者，民眾往往像愚蠢糊塗，豈僅不懂得客觀的眞理，而且往往不懂得當身的利害。所以說：「民可與樂成，不可與慮始。」商君講這句話，他認爲是眞理。因其自認爲把握了眞理，而同時遂挾帶了傲心。因其挾帶有傲心，而同時遂表現出愎性。他在想：我所作所爲，你們那懂得?讓我放手做，做成了，你們來享受，你們也會高興的。我把握有眞理，因此必然會把握有民眾。民眾離不開眞理，因而也離不開我。他不懂得，他只要掌握了政治大權，只要在幹政治，他便時時不該離開民眾。他隨時離開了民眾，也即隨時離開了眞理。他既站在政治立場，既掌握了政治大權，他只有遷就民眾，代表民眾，才是他唯一的眞理。其他一切眞理，在他立場，有時會變成非眞理，他使不得。只因商君不懂得這一條眞理，使他自遭了殺身之禍。而秦人之亡天下，後人還認爲是商鞅立法之所賜。

宋代的王荆公，也頗帶些法家味。他所以說：「天命不足畏，祖宗不足法，人言不足恤。」其實天命、祖宗也只是人言。人言之所以不足恤，由他看來，人多只是流俗。他自信深、自負高，自謂是超出流俗，握有了眞理。在他未跑上政治舞臺，著書立說，自信自負，儘不妨。但既當了宰相，做了政府領袖，這態度便要不得。荆公與人議事，怪人不讀書。他豈不自負讀書多，見理明，眞理在他這一邊。程明道一日赴中堂議事，荆公方怒言者，厲色待之；明道徐曰：「天下事非一家私議，願平氣以聽。」荆公爲之媿屈。你若想當大教主，做萬世師表，你儘可伸私議，儘可說別人盡錯了，只你對；但你若爲政府領袖，政治是衆人事，政府該代表民衆，不能高踞上位，儘伸私議。你見解儘高，議論儘是，儘算是站在眞理一邊，你還得俯順羣情，平下氣來聽公衆意見。你不該憑權位，把私議壓衆見。人家便會說你有傲心、有愎性、有拗癖。所以荆公被人稱爲「拗宰相」。但荆公到底也拗不過衆人。他晚年有詠商鞅絕句，云：「自古驅民在信誠，一言爲重百金輕。今人未可非商鞅，商鞅能令法必行。」可證荆公到老沒有明白得他政治生涯失敗的原因，他還在欣賞商鞅之能驅民使法必行。若眞要法必行，必先使政府爲一代表民衆的政府。若政府果能代表民衆，不在把權位與形勢驅其民，而一切法令，那有不行之理。荆公只在想如何使法必行，如何把政府一言的價值增重了。他欣賞商鞅不惜百金之貴來增成政府一言之重，那錯了。商君所爲，明明是權術，非信誠。而且他不想政府如何去看重民眾，只想民眾如何來看重政府，把先後輕重顛倒了。

近代中國，開始接受西方民主潮流，開始推崇西方法治精神。但西方民主潮流之激起，正爲以前西方人，不懂得政府該代表民眾，而認爲政府乃代表天，代表權力與地位。西方所謂法治精神，正是由代表民眾的議會來創訂憲法，限制政府，使它不得離開民眾而妄有所作爲。而近代中國學術界，因於提倡法治，又誤認商鞅、王安石、張居正之流爲中國歷史上的大政治家。其實此諸人的內心意態，決不近於近代西方之民主與法治。

因於這一種歧見與誤解，遂使近代中國人的政治想望，很易從歌頌民主與法治，滑落到崇拜法西斯、納粹與共產政權之獨裁。凡屬獨裁政權，則無不自認爲政府乃代表了眞理。因此，他們只在盡力想出一套使法必行之法而驅民以必從。不僅在西方，這是近代民主與法治潮流下一反動；即在中國，亦是傳統儒家思想、傳統政治一反動。

因此，我絕不希望以後的新政府，自居爲是一個代表眞理的政府。我還是卑之無甚高論，寧願希望將來的新政府，肯切實做一個代表民眾的政府。要代表民眾，既具體，又淺近，人盡能之。若要代表眞理，則既抽象，又高深，非有名世傑出超絕羣倫的大人物出現，斷難勝其任。縱使有一名世傑出超絕羣倫的大人物出現，只要他不是在社會下位想當大教主，想做萬世師表，而他已高踞政府上位，成爲一個政府領袖，則他仍必降低自己來遷就民眾，代表民眾，把遷就民眾與代表民眾來作爲他在政府職位上唯一的眞理。

所以堯舜與孔子，雖說「先聖後聖，其揆一也」，但堯舜是政治上領袖，他們似乎沒有說什麼，沒有主張什麼，只是「恭己正南面而已」；到孔子，才始主張了許多眞理，教人該如何般做人。即堯舜之爲大聖人，亦由孔子始指出。孔子的意思，你若做了政治領袖，便該像堯舜般。中國古語又說：「作之君，作之師。」堯舜是君，孔子是師。作之君，在一時。作之師，卻不限於一時。所以後人說：「孔子賢於堯舜遠矣，自生民以來，未有孔子也。」當知社會人物之所以高出於政治人物者正在此。但並非一當政治人物，便不得爲大人物。他只要懂得自己政治上職分，他只要不因踞高位而誤謂自己是社會上至高的人物，他肯不高談眞理而俯就羣衆，他只循循在他政治領袖的地位；他若懂得俯就羣情，即是他自身最高的眞理，那他也即是一至高的人物了。因此，正使有一超絕羣倫名世傑出的人來當了政治領袖，他自會懂得，他的政府該代表民衆的意見，而不再另有他一套與衆違異的主張與眞理。

我希望，我們的新政府，肯眞心眞力做成一代表民衆的政府。此一原則若希望到，其他一切希望，將會連帶有希望。否則，政府不成爲一代表民衆的政府，其他一切希望，也全可不必再希望。

（一九五四年五月中國一周二一四期）

二一　宗教在中國思想史裏的地位

西歐、中東、印度和中國，代表著人類四大文化體系。在西歐有基督教，在中東有回教，在印度有印度教，中國呢？好像對宗教很淡漠，甚至有人說中國根本沒有宗教。

依我個人意見，無論那一個文化，都該有一個共同信仰。這一共同信仰，不單要超出個人，且要超出時代。有了這樣一個超個人超時代的共同信仰，才能在流變的歷史中，凝成社會文化。而這樣的一個信仰，也可叫做一種宗教的信仰。

中國歷史文化四五千年來維持到今天，我們既然找不到宗教的明顯地位，那麼他的共同信仰是怎樣的呢？

中國人在商代時便有了對「天」的信仰。到了周代，周公再三地表示對天不敢知，又說「天難諶」，他說上天的意志是難以爲信的。商代曾經自命是上帝（天）的意旨叫他們來統治中國，現在商代亡了，是不是上帝不喜歡商人，另請周人來呢？那時很多人還以爲這都是天的旨意。周公對此不敢自以爲知，並認爲難以置信。所以他只教他姪兒好好地治理國家，不必管自己做了皇帝是不是上天的意思。所謂「疾敬德」，就是叫我們盡人事。

後來，春秋時代，子產說「天道遠，人道邇」，這是一句很有名的話。這是說，天的道理渺遠，人的道理卻很切近，所以我們該先從切近的人生注意起，不該追逐得太遠。

在這裏，我們該特別注意的，是他們都並沒有否認天道。周公說對天不敢知，難信，並不是沒有天。不可知，難信，只是本著學者的態度，謙恭的心情，不敢妄言知、有所信罷了。子產說「天道遠，人道邇」，也並沒有抹殺天道，只因天道太玄遠，我們應該踏實地從切近處做起。由於這兩人對天所持的恭謹態度，已使中國的宗教另外走上一條「人文宗教」的路上去。這種思想，到孔子而大成。

有一次，子路問孔子應該怎樣事奉鬼神。孔子說：「未能事人，焉能事鬼。」子路又問死後怎樣。孔子說：「未知生，焉知死。」所以孔子根本不講死後。他只注重人的生前。這便更和一般的宗教分途了。

在論語最後的一篇裏，孔子說：「不知命，無以爲君子。」並說自己「五十而知天命」。所以孔子也存有天的觀念，不過他總是不肯講，平時只叫學生敬天畏天，抱著敬而遠之的態度。只有在他環境困厄時才說及。在宋國，有「天生德於予」的感慨。顏淵死，有「天喪予」的嘆惜。所以他的學生說：「夫子之文章，可得而聞。夫子之言性與天道，不可得而聞。」就是這原故。

戰國時，孟子說：「盡心知性，盡性知天。」也是承接中國人過去對天的觀念和態度。孟子最喜歡講人心。心是切近的，天是渺遠的。能夠徹底引發我們的心，便能懂得我們的性；能懂得我們的性，便可以知天了。

儒家是怎樣教人盡心知性的呢？孔子在這裏提出了「忠恕」兩個字。「忠」是盡自己的心，「恕」是由盡自己的心而推及於他人。能夠知己知人，才可以說知天。我們雖然不曉得「天」究竟是怎樣的，但是，如果我們能做到忠恕，孔子以爲和天道也差不了好多了。所以說：「忠恕違道不遠。」

孟子講愛敬。人的最大要求是希望別人敬愛自己，所以求得敬愛的心情是人心共有的本性。我們既然知道人人都希望別人敬愛自己，爲什麼我們不先去敬愛別人呢？倘使我們敬愛別人，別人未能敬愛我自己，也不必去責怨他，更不必因此便停止我敬愛的心。我們應該自己反省，是不是我自己對別人還不夠敬愛呢？那麼我們又再加倍地去敬愛他。這樣，我們只在自己身上用工夫，所謂「反求諸己」，「盡其在我」的道德實踐，便能夠盡我們的心了。由盡自己的心，而知公共的性與天命，是儒家「下學而上達」的最高明又最平易的法門。

孟子同時，中國又出了一個絕頂聰明的人，這就是莊子。孔子叫我們「知之爲知之，不知爲不知」。莊子也懂得我們不曉得的事情比曉得的多得多，但他總以爲我們多少也該有所知！所以中國人一向不敢自以爲知的天，他說他知道了。是怎樣的呢？莊子說，天是「一氣之化」。春變成夏，晝變成夜，水變成汽，蝌蚪變成青蛙，不都是那個氣在那裏化嗎？至於這是怎樣會化的，莊子便說不知了。這雖是一個小小的轉變，可是影響已夠大了。既然天只是「一氣之化」，那麼還有什麼值得我們敬畏的呢？在此以前的人對天所存的敬畏之心的喪失，是莊子以後一大轉變。莊子以後的老子道德經，不但認爲天是「一氣之化」，而且它的變化是有一定公式的，這個公式也可知，就是循環往復的道理。如「福兮禍所倚，禍兮福所伏」，就是一個例。既然這個公式我們也知道，我們便可拿來加以運用，於是權謀變詐術數由此而起，以下便開韓非法家言，這和儒家主張敬畏天命的態度更遠了。

墨子用「天志」來講「兼愛」，因爲對天無所證明，所以也發展不成宗教。秦漢統一中國，成了「天無二百，人無二王」的新局面，皇帝的尊嚴實在高得駭人。那時大家就這樣想，究竟在皇帝上面有沒有更具權威的呢？戰國時有一個鄒衍，用流行的「五帝說」（黃、青、赤、白、黑）來重建古代天帝的舊信仰。漢代人都很尊信他的話。本該他可以變成一個教主，但畢竟他只有宗教的知識，而沒有宗教的人格，人們還是拿孔子來尊爲教主。然而孔子的思想，根本沒有像鄒衍所說的那樣詭異，而且孔子到底不是一個宗教家，所以鄒衍的學說也失敗了。

到魏晉南北朝時候，便分成兩路思想。其一是虛無主義。其一是自然主義。虛無主義認爲一切從虛無生。自然主義認爲一切自然的變化是自己如此的，並沒有其他力量使他如此。所以前者是無創始的，後者是無主宰的。

佛教只講法，他們有所謂「三十三天」，而佛法不自天上來，是自我悟得的，所以佛也不只一個，而佛的地位則比諸天還高。這和其他宗教爲一獨一無二的上帝代言人的不同。

佛家所看的世界是空幻的，這和道家所說的自然主義不同。自然主義並沒有否定現實世界，只以爲現實世界更無一主宰。佛家根本便否認現實世界，認爲這世界是空幻的。在這空幻世界以外，另有一眞常的涅槃境界。「涅槃」就是「眞」的意思。它是怎樣的呢？則不可說，故謂之「眞如」。「眞如」的境界才是佛家的天堂。

宋代的理學，特別提出「天理」二字。但程明道說：「天理二字，是我自家體貼出來。」他不說天，也不只說理，而說「天理」，這有他們的一番苦心。因爲單講理，不易見理的尊嚴與統一。單講天，卻不易明其意。天命難知，天理卻比較易知。但更重要的，是天理可由自家去體貼。怎樣去體貼呢，這又分成兩派。

程朱認爲「理一分殊」。天只一理，但因萬物所分得的不同而各異。因此萬物各有本性，性與性相通便有理。故要體認天理，便該「格物窮理」。所以朱熹說，大學開始教人，一定使求學的人就著一切天下的事物，從他已知道的粗淺道理出發，加倍用心去考究它，希望將來能造詣到極頂；等到工夫用到足夠的時候，自然能夠把一切道理貫通起來，這便可以體貼出天理了。

但天地間理的分殊太多了，如果要一件件來窮究，那裏來這麼多工夫呢？如是便有認爲此理即在我們心中，我們本心即知此天理；這是陸王良知之學。王陽明認爲我們的本心便有一個天理，故他體貼天理的工夫，不在窮究天下的萬事萬物，而在「反身而誠」。

中國人一直到宋明爲止，到底還是拿出「天理」兩字來作爲我們的共同信仰。其間雖有派別分歧，但是如孔孟、程朱、陸王等人所講的，都不是些徒託空言的哲學上的爭論，而是以嚴肅的態度步步求實踐的。所謂「吃緊爲人」，就是一種道德的人生。而他們的爲人，實在都具有宗教的精神和教主的人格的。

今天中國人，對自己本有的一切都抛棄了，但新的宗教思想又不能建立。維持社會人心的，實在還是「天理」二字。在此我們希望熱心宗教工作的人，能先了解到中國人心的此一共同信仰，則今後中國的宗教事業，自當有其光明的前途。

（一九五二年六月香港道風山神學院講演，光與塩文叢刊載。）

二二 中國文化與科學 一

一

今天談此問題，首先必會有一問題浮現於諸位之腦際，即中國文化中何不產生科學？此有兩事當先承認。

一、中國人並非沒有科學智慧，抑且中國人在科學界亦有卓越成就，決不遜於其他民族。

二、中國文化亦非反科學，有使科學決不能在中國文化裏生長之內涵性質。

其次又當知，西方現代科學，亦自最近三四百年來始產生。敍述西方科學史，固可遠涉及於希臘及遠古，但現代科學之正式產生，卻是嶄新的一事件。因此，現代科學之開始產生於西歐，此乃一種歷史機運，並不當涉及文化本質問題。至於西方科學傳入中國，亦已經三百年之長時期，而科學在中國，仍不生根，仍不能急起直追，突飛猛進，此亦屬於歷史機運，當從中國近代史求解答。

二

其次尚有第二問題，即西方現代科學傳入中國，在中國獲得其理想發展之後，是否與中國傳統文化有衝突？此一問題，當從兩方面討論：

一、就物質方面言

近人常說，西方是物質文明，東方是精神文明。此一分辨，實不恰當。當知科學便是一種精神事件，我們決不當從純物質方面的觀點來看科學。而且精神與物質，亦難嚴格分開。有物質便寓有精神，而且精神亦必在物質上表現。中國傳統一向亦並不忽視物質生活，中國古人常以「衣冠文物」誇示其文化之優異，可見中國人一向亦以物質進展來代表文化之進展。易經言「開物成務」，自伏羲、神農、黃帝以下，凡中國古人所稱爲「聖人」者，皆以其能「開物成務」之故。左傳言「正德、利用、厚生」，求厚生必先知利用物質。求能利用物質，必先懂得正德。「正德」一語涵有兩義，中庸「盡人之性」、「盡物之性」，皆正德也。大學言格物致知，朱子以窮理說格物，謂「凡天下之物，莫不有理，即其已知之理而益窮之以求至乎其極」，此爲格物。中庸言「盡物之性」即格物窮理，格物窮理即是正物德、盡物性。但專窮物理、盡物性而人德不正，人性未盡，仍難言利用。故必二者兼盡，盡人之性，又能盡物之性，乃始可以贊天地之化育，與天地參。這即是「人工」與「天德」之合一。由於上引諸語，可見中國古人決不曾對物質方面予以輕視，最多只能說中國古人本有此一番極大理想，而後來未能切實到達之而已。

亦有人說，中國是一個農村社會，向以農業經濟爲主；新科學發展，新的工商業興起，勢必對中國傳統社會發生甚大影響。此屬當然之事，毋寧亦可謂是中國人本所希望與理想。但中國歷史上之經濟發展，實際亦決非偏重農業。工商業在中國歷史上，遠從春秋戰國以下，早有高度發展，而且綿延繼續，從未中斷，並有逐步升進之勢。即就城市言，西方近代城市之興起，乃西方歷史上一大事件。因於城市興起，而有工商業中產階級興起，近代西洋史從此轉機，現代科學亦由此新機運中產出。但中國城市，遠從春秋戰國直迄現代，往往一城市緜亘踰二千年以上，其繁榮情形亦始終不衰。所與西方城市不同者，中國城市除爲工商業中心外，同時又爲一政治中心，各各隸屬於中央。故在中國歷史上，要舉出純與西方中古時期相同之情形，實不可得。此後因於新科學之利用，新的工商業興起，只是給社會增加繁榮；若謂將對傳統社會有激劇衝突、激劇變動，近似杞憂，未符情實。

因此，此一問題，應變爲下二問題：

一、如何依照中國傳統文化，在科學發達，新的工商業驟興之下，來調整中國社會。

二、中國社會應如何調整，始可使新科學有突飛猛進，新的工商業有發皇暢遂之新機運。此問題主要屬政治，亦可說仍是一歷史機運問題，非文化本質問題。最主要爲道德精神。

二、就精神方面言

中國人一向重視現實與應用，亦可說重視事實與證驗。此一點，亦即是中國文化精神。因此在中國文化體系中，不僅宗教不發達，即哲學亦不發達。中國人一向所重，乃在道德與教育。教育之重心則仍是道德。故我常說中國文化精神之最主要者即爲道德精神。道德非宗教，非哲學，亦非法律命令。道德乃是一種人類之躬行實踐，經歷長時期經驗，獲得多數之人共同證認而成立。故道德不離躬行實踐，不能由純理智之推衍而創生。論語說：「人能弘道，非道弘人。」此猶言道德乃由人生實踐產生，亦由人生實踐發展；離了人生實踐，道德便不存在。中庸說：「言顧行，行顧言，君子何不慥慥爾。」中國人一向所理想之君子，必是言行相顧，相引而益長。中國人不喜憑空建立一套哲學，或憑空發揮一番理論。中國人認爲離開了人生實踐，即無理可得。眞理產生於人生實踐中，並不先由信仰或純理智之推衍，先認識了此眞理，再回頭來指導人生，那即是「由道弘人」了。中國人只是實事求是，在躬行實踐中求體悟有得，此是中國文化精神。即如論語開始第一章：「學而時習之，不亦悅乎。」此一語，正從孔子個人躬行實踐中體悟得來，並不是孔子純從理智之推衍而窺見了此眞理。因此，只此一語，便可獨立存在。此一語，並不需要在某種思想體系之邏輯中而始能成立。孔子此語，只是一番人生經驗。後人亦只有各憑自己經驗，來體悟此「學而時習之」一事確是可悅，便夠了。若專從宗教信仰，或哲學推衍，即無法體悟得此語。我們正當用此方法來讀論語。論語好像只是幾許格言，分散不成條貫。但我們若把論語全書融會貫通，自見孔子思想自有一體系。只是孔子此一番思想體系，主要建基在孔子之人生實踐上。孔子亦是言顧行，行顧言，必待行有證驗，而後言始成立。由此推之，中國其他思想家，實都與孔子無甚大區別。因此在中國思想史上，乃不能有如西方哲學般之發展。

其次，中國思想極重天人合一。因人類處於大自然之中，人類一切行動事爲，不能不顧及大自然，亦不能不與大自然期求一和會合一之道。此即中國人之所謂「天人合一」。但中國人之所謂「天」，每主即於人以見天，即於人之身與即於人之心而見天。因人自天來，故天即在人身上表現。除人外，尚有物。物亦自天來，故中國人又主即於物以見天。因萬物莫非由天來，故天亦即在物上見。如此說來，除卻人與物，是否更另有天之存在呢？孟子說：「莫之爲而爲者謂之天。」此語最道出了中國人心中「天」字之眞體段與眞意義。中國人心中之天，乃是一最高不可知境界，而實隱隱作爲此一切現實可知界之最後主宰。換言之，一切現實界種種事象，或由人道起，或由物理生，此皆可知；而除此以外，尚有不爲人類知識所能知者，中國人乃謂此爲「天意」或「天命」。而在西方之宗教與哲學，則或由信仰，或由純理智之推衍，而確言天爲如何如何之存在。此乃雙方一絕大不同點。

上面所講，中國思想上之兩項主要態度，即「主實驗」與「確認不可知」，卻與西方現代科學精神甚接近。科學知識，正亦重視實事求是，重視證驗有據。科學知識亦爲可以分割而各別存在。科學知識正貴逐步證驗，逐步推進。科學知識正貴從一些可證可驗各別獨立存在之逐項知識中來再求會通。科學知識亦不是由信仰或純理智推衍而先完成一大體系。科學體系乃由逐步證驗而逐步推擴改進。因此科學知識必有一限度。在目前科學知識之最高限度外，仍有一不可知境界，此正與中國人思想中之所謂「天」相近。因此我敢說，中國人之思想態度及其道德精神，實與西方現代科學精神較相近，實更近於西方宗教、哲學之與其現代科學之距離。由此言之，又安得謂中國傳統文化精神乃與西方現代科學精神相衝突而不能並存乎？

三

如上所講，竊謂科學任務應可分爲三方面：

一、格天。

二、格物。

三、格心。

西方現代科學，於「格物」方面成績卓著，但在「格心」方面，則似尚有缺。西方現代心理學，乃屬自然科學中一分支，乃從物理生理方面來探求心理，其間終是隔了一膜。最近西方心理學亦在逐步推進中，但仍不能脫離其原始規模。最多亦只是著眼在每一人之個體身上，常把人離開了人圈子，離開了日常羣體生活，而爲之特別安排一環境，而來探求其現實。其實人心之靈，非投入人圈子，使其處於現實的羣體生活中，則不易見。中國文化傳統，於此方面，能直接注意到實際的活的人心，其成就似較西方現代心理學遠爲超越。中國人自有一套心理學，乃在現實的日常羣體生活中，經歷潛深的自我修養，即實地用證驗工夫體悟而得。其另一途，則從曠觀歷史以往情實，與社會人羣種種繁變，而會通得之者。此兩途會並合一，而成爲中國人所特有的一種「心性之學」。此種心性之學，固亦重於反省，但非「反省」二字所能盡。固亦存有主觀，但亦不能以「主觀」二字爲詬病。中國的此種心性之學，仍是注重在躬行實踐與歷久觀察；此與西方唯心哲學家之以純理智之推衍來言心者甚不同，亦不當目之爲是一種神祕主義。中國傳統文化，關於人倫道德、政治社會一切理想與措施，乃悉以其所認識之心性之學作基礎。亦可謂中國之文化精神與道德精神即以其心性之學爲中心。而此種心性之學，則實具有現代之科學精神者。

我們亦得謂西方現代科學，其勝場屬於自然界，其建基在數學。中國傳統文化，依照上面所講，亦當目之爲是一種科學，至少乃甚接近於科學，其勝場則屬人文界，其建基則在「心學」。近代西方學者，亦主張自然科學之外，應有社會科學即人文科學，謂人文科學之基礎，應建基於歷史知識。史學在中國，亦有極長時期之發展，正爲中國人一向所重視，其成績乃非其他民族可比。然究極言之，史學只是已往人事之紀錄與解釋，雖可以鑒往知來，在人文科學中應占一重要地位；然究不比心學在人事上更直接、更主動、更積極，更把握到一切人事之主要動機及其終極嚮往。中國心性之學，正所謂「明體達用」，其受重視，尙遠在史學之上。然我們亦不妨說，心學、史學，乃爲中國傳統學術中兩大主幹。中國文化在此方面確有大貢獻，而格物之學則終較西方現代科學之所得爲淺。故西方現代科學傳入中國，正於中國傳統文化有相得益彰之妙，而並有水乳交融之趣。格物之學與格心之學相會通，現代科學精神與中國傳統道德精神相會通，正是中國學術界此下應努力嚮往之一境，亦是求中國文化進展所必應有之一種努力。此種努力，不僅可使中國文化益臻美滿，並可爲人類新文化創闢一大道，對人類和平幸福可有大貢獻。

再次言「格天」之學。此項學問，應由格心、格物之學兩面湊合而逼近之。西方現代科學，本由天文學開始，而轉入物理學。現在格物愈深微，西方科學已進入太空時代，又將轉回到天文學上有新發展。似乎格天之學，乃偏近於自然科學；而西方成績，亦遠超乎中國之上。但若就我上面所講，人類知識總有一限度。依中國人觀念，就其不可知者而歸之天。則西方格天之學，其效用只在把天之不可知之範圍要求縮小；範圍愈縮小，則天人之分際愈分明。此乃屬消極反面者。而中國人向來格心之學，因於認爲心即是天，故格心愈深，則對於天之認識亦將隨而益深。同時，照中國人意見，物亦是天，則格物愈深，亦即對天之認識益深。此乃屬積極正面者。如是兩方逼進，格天之學自會更有新境界發現。故格天之學，必有賴於格物與格心；而格心之學，則有賴於治史。而此天與物與心與史四者之融凝合一之一極大理想，則只在中國思想中早有存在。故西方現代科學，實乃對中國傳統理想有充實恢宏之作用。而西方現代科學之傳入中國，專就精神方面言，必具如此認識，乃可以別開生面，更有進展也。

四

其次有一問題連帶而來，即關於科學家之人文修養之一問題。科學家亦終是一人，而且人的涵義，並非「科學家」三字之涵義所能盡。因此每一科學家，決不能忽略了他的人文修養。西方科學家，同時亦需在西方社會中做一人，則同時不能不有西方社會中之一套人文修養。所以西方一科學家，往往同時亦信仰宗教。此項事實，看似衝突，而實不衝突。因西方人在人文修養之立場上，不能不信宗教。信宗教之外，尚有一項，厥爲奉法律。信宗教、奉法律，乃是西方社會人文修養之兩大項目。而在中國傳統文化中，既不重視宗教，亦不重視法律；因此信教與守法，並不能即成爲中國社會中一理想之完人。中國傳統文化，既是一向偏重心性之學之修養與實踐，因此中國社會，最重人格修養，以達到一種人格完成之理想境界。若使將來中國之新科學家，對於中國傳統之人文修養有缺陷，不能到達此境界，則將使中國社會專以功利與實用之見解來重視科學，此實有失科學之精神。而科學之在中國，將終不得其滿意之發展。故將來中國之新科學家，應如何重視人文修養，如何同時到達完成一中國傳統文化中所理想之人格標準，此事十分重要，應加倍注意。

唯我敢深信，中國傳統文化中之道德修養，其精神決不與西方現代科學之探討精神相違背。故一位理想的現代科學家，同時極易成爲一位中國傳統文化中所理想之道德完人。而實唯科學與道德之二途會一，始可爲將來人類創造新文化。近人多主於科學知識之上，再加以哲學之綜合。但哲學乃一種純理智之推衍，其成績僅在理論方面，與實際人生尚隔一層。因此一哲學家同時不必是一道德完人，而一切哲學亦並不即能成爲人類之道德。復有多人主張，以宗教補救科學之偏陷。但宗教與科學間，一時尚難融和。只有道德可與科學相成相足。當知宗教雖亦重視道德，而宗教主要在信仰，信仰究與道德有不同。科學可以國際化，道德亦可以國際化，而宗教信仰之互不相容，卻成爲人類當前一大問題。宗教不能統一，同樣有一上帝，或信耶穌，或信穆罕默德，西方宗教上耶、回之分，至今不能會合相通。即同信一耶穌，或屬新教，或屬舊教，亦至今不能會合相通。豈惟不能會合相通，宗教流血之慘劇，豈不赫然在人耳目，如前日事？而所以解其結者曰信教自由，信教自由乃屬道德範圍。如純由信仰立場言，在一個虔信者之心中，自不願有異端存在。但在道德立場言，道德建基在人心，人與人對面相殺，終非人心之所安。於是只有信教自由之一道，此一道乃爲異信仰之雙方所同能接受，是即道德可以解決宗教信仰問題之一個最具體之好例，其在人類歷史中，亦已有已往可證驗之成績。

人類道德，不能建基於宗教。若一本宗教信仰，則異信仰者必有互不相容之苦痛。人類道德，亦不能建基於哲學，因哲學思想正貴有百家爭鳴，而人類道德則必求普遍共認。故人類道德，必建基於人類之心性。任何各民族、各社會，決不能沒有道德，但多不著不察。而心性之學，則只有中國，乃達於甚深微妙之境界。在古代，如孔孟與莊老；在中世，如佛法傳入後之台、賢、禪三宗；在宋明，如程朱、陸王。此皆於心性之學，有甚深窺見，有甚高造詣。縱其相互間，亦有出入異同，然要言之，總不出兩途：一是歷史與人羣事變之曠觀玄覽，一是一己內心之潛修默悟。觀於外，可以證於內。悟於己，可以推於人。中國的心性之學，則確然有其科學基礎，乃及歷史證驗者。

今試再拈一節論之。孔子有言：「知之爲知之，不知爲不知，是知也。」故人類知識最正當與最可貴之處，正在其同時知有所不知。知與不知之謹嚴分別，此亦科學精神之主要一項目，而同時爲中國傳統精神之所重。孫中山先生提倡「知難行易」之說，「行易」鼓勵人實踐，「知難」則警戒人謹嚴保留此一知與不知之分寸與界線。最近中國社會，因於太重視科學之故，遂致凡屬己所不知，或所欲排斥者，即一切譏之謂「不科學」，乃致對中國人向所重視之傳統道德與心性之學，亦斥之謂「不科學」。不知此「不科學」一語之本身，卻眞是不科學。凡屬現實，皆應在科學探討之列。凡所不知，則僅屬我之所不知，卻不能因我之不知，而遂謂其無可探討，與不值得探討。科學精神，決不如是。

故眞屬一個有人文修養之科學家，唯當專一精心探討其所不知，卻不應鄙夷其所不知，而以不科學斥之。然人類所不知者，實遠超過於人類之所知。而科學家之探討求知，必貴於專一。如是則天地之大，萬物之繁，科學之分門別類，愈入愈深，愈分愈細，乃至科學部門之間，亦成爲互不相知。而綜合一切科學所知，仍遠小於其所不知之範圍。如是則科學知識將成爲支離破碎，各有門戶，各有壁壘。其有利於人生者，勢將連帶引生出有害。因此科學家首先當謹守「知之爲知之，不知爲不知」之明訓，同時則於其科學範圍之專門探討之外，必具一番人文修養。而人文修養則必可相通共認。如是，始可於同一文化中有相悅而解之樂，亦可於各自探求中，有百川匯海之效。

鄙人於科學乃一門外漢。此番演講，亦恐多有不知以爲知之嫌。其用意亦僅在提出此問題，以供關心此問題者之深入研討。有疏謬處，則惟請諸位之原諒。

（一九五八年二月臺北理工青年學術講演，二月十四日刊載於中央日報、新生報、幼獅雜誌七卷二期。）

二三　中國文化與科學　二

一

今天所說的問題，乃近百年來中國智識界一老問題。對於這一問題，主要曾討論過者，首爲中國文化中是否有科學？

在清末人，似乎都主張中國文化中有科學，他們稱之爲「格致之學」。「格致」二字，出自大學的「格物致知」。大學乃先秦古籍，又爲自宋以下一部人人必讀書。據此自知他們主張中國文化中早有科學。

但民初以來的學者並不謂然。他們似乎認定科學乃純屬西洋的外來貨，不以爲中國文化中亦有科學，故不再稱科學爲「格致之學」，而必稱之曰「賽因斯」，以見其絕非中國所固有。

今試問中國傳統文化中若固沒有科學，則接著該問，中國文化能否接受西方之科學？

當時的主張，似乎都在否定一面，多認爲中國文化殊不能接受科學。因中國文化非但無科學，抑且反科學。於是主張要接受西方科學，自該全盤西化，甚至於廢止漢字，推行羅馬拼音，乃至打倒孔家店。於是由提倡科學而轉移到整個文化問題上。有人說：新文化運動不免爲共產主義開門揖盜。此話也有幾分值得討論。到此刻，卻又不再有人認爲中國文化中無科學，更不認爲中國文化反科學。英國有人寫了一部中國科學史，此刻我們有人正在翻譯，而提倡科學乃成爲復興中國文化三要目之一。

但在此仍有新問題出現。即中國文化中本來縱是有科學，卻並不即是指的西方現代科學。則試再問：設若西方現代新科學傳進中國，究竟將在中國文化中起怎樣的作用？現代新科學又當如何在中國文化舊傳統中作貢獻？今天所講，主要則在此問題上。

二

回過頭來說，西方文化到東方，中國人開始注意者厥有兩事：一爲科學，一爲宗教。宗教卻是中國文化中所沒有。直到東漢晚年，印度佛教傳來，在中國文化中始有宗教。但各式各樣的宗教，雖是外來，依次傳入，卻都能平平穩穩地在中國自由發展，並爲中國文化所包容。

惟宗教不免與科學有衝突。民初之新文化運動，一面提倡科學，一面則有排斥一切宗教之傾向。

在此又有一新問題興起，即宗教與科學之衝突是否可以彌縫？以及將來的人類文化中是否可以沒有宗教？我們需要科學，是無問題的；問題乃在要了科學，若又要宗教，其間的衝突不能不爲我們所注意。

在西方歷史上，文藝復興，正是象徵著此下科學與宗教之代興。直至今日，科學日盛，宗教日衰，賽因斯進步，而他們的上帝卻迷失不見了。這終將成爲西方文化一大隱憂。

在宗教與科學之背後，可寓有天與人，靈與肉，精神與物質的分界。宗教尊天而抑人。如耶教有「原始罪惡」論，佛教有「造業輪迴」論，皆不免有鄙視世俗之傾向。這種終極出世的要義，在我看來，該是宗教一缺點。歐洲自文藝復興之後，由靈還肉，乃是由嚮往天國而轉歸到重視塵世。但一往不返，則又有世俗至上之趨勢，到今日而弊害大顯。用中國的俗話來講，循此以往，將是「天理淪喪，人欲橫流」。我們今天縱不以宗教的態度自居，但這一趨勢，總該警惕。這是今日人類社會文化一大問題，似乎總不應該容許此世俗至上的趨勢漫衍日盛。

正爲有此世俗至上之趨勢，乃牽涉到今天人類社會日益加甚的四大傾向：

一 爲富；

二 爲強；

三 爲爭；

四 爲色。

富強皆由比較而來，實無一確切的界線。正爲競務富強，於是富而不足，強而不安。在此背後，便生出一「爭」字。由於好爭，而形成爲好鬥、好賭、好殺、好比賽等之一切根源。即如最近一次重量級拳王比賽，每一拳手，可得兩百五十萬美金之巨額收入，正足爲今日人類愛好鬥爭一見證。爲富、爲爭、爲好勝、爲強、爲好鬥，而生出了兩次世界大戰。循此推論，除非人類能設法除去此好富、好強、好鬥、好爭之趨勢，否則第三次世界大戰仍將絕對免不了。

此外復有好色之風。男好女色，女好男色。今日之好色，已非一種好奪取，好佔有，而變爲一種純肉欲，一種性發洩。此類性發洩之所謂「性」，既不能即認爲是人類的天性，又更不是一種人文之愛。而人類文化中佔重要地位的夫婦與家庭之關係，則勢將爲此全歸於毀滅。

每一宗教，必戒淫、戒殺。但對於今日的社會趨勢，已陷於莫可奈何、一籌莫展之勢。而說到科學，則所重只在研尋物理，求能有所發明。有時反而會增長了世俗人欲方面之滋長與罪惡。若求挽此頹趨，科學乃不能勝其任，亦好在科學本身可以不負其咎。主要者，乃在人類文化不能唯科學的，則甚爲昭灼。

科學發明，在使人類能駕馭物質，給人種種方法、技術、利用。吾人固無不承認科學在世俗人生方面可以幫大忙，但卻不能決定我們的人生大方向。而過分蔑棄宗教，則同是走向一偏而要不得。

三

只有在中國文化傳統中，可以沒有世界各大宗教過分蔑棄世俗之短處。而中國文化雖無宗教，但也看不起世俗。正爲此故，我們可以不要宗教，而亦不必排除宗教。中國文化的主要意義不在超世出俗，而在匡世正俗有其極大的貢獻。因此應更能盡量運用科學發明之長處，使一切科學，只見其利不見其害。正爲科學之害，主要在人之利用，而並不在科學之本身。

中國人以天、地、人爲三才。天地是一自然，同時亦可謂是一神。人在世俗中，但同時亦可謂是一神。人要能「贊天地之化育」，達到中國文化中之最高理想，即所謂「天人合一」。但絕不是要反抗自然，戰勝自然。亦不是要取消世俗，蔑棄世俗。我們所要，乃是要瞭解自然，發展自然，利用自然，而使世俗亦在自然中走上一條恰好的道路。爲此，正貴能融宗教與科學而爲一。若科學蔑視了宗教，或游離了宗教，則只能做到幫助世俗，卻不能來指導世俗。

中國古人有所謂「正德、利用、厚生」。此中「德」字所指，並不只重在個人私德，乃是要上達天德。天地萬物大自然皆有德。「天地之大德曰生」，利用一切自然來完成人生，乃是上應天德。人之一切私德，則必歸本於天德，奉以爲宗主。故又曰：「天命之謂性，率性之謂道，修道之謂教。」此一「性」字，也不僅是指人性，亦兼指物性。盡性即是正德，性不盡則德不正。今天的世俗至上，乃是讓人類回到自然，而可以沒有文化。但此只是未盡性。中國文化理想，在能贊天地之化育，主要即在化育此天地所賦予之性。正要做到己性、人性、物性皆得化育，發展到盡頭而能融會合一，如此乃始是「正德」。可見此「德」字並非狹義的；而所謂「性」，亦非一任其自然之性。而在自然科學家則忽略了上述各點。

我們如何能盡人之性，此中大有研究。一切宗教，也未能盡人之性。故在西方，中古時期之後，乃有文藝復興。而宗教在西方，今日已淪於形式化，失去其領導人生之地位。換言之，即是宗教在人生中，已失去了其神的地位，而又不能盡人性。

中國古人的最高理想，徑可謂之是「天人合一」。西方科學家在今日，則在反宗教的途徑上走上了一套尊人蔑天的傾向。中國中庸上說：「自誠明，謂之性；自明誠，謂之教。」「誠」，便是指的那天地大自然；「明」，便是格物致知。人類一切知識，必待格物，格物即是接觸到物，由淺入深，而後始可有知有明。故性在天而教在人。中國傳統中的教育理想，乃是宗教、科學合一貫通，不相衝突，由率性而修道，由修道而立教。今天的科學則僅是一種「學」，不得稱之曰「教」。其病在蔑棄了宗教，誤以人類自我之當前現實爲至高無上，圓滿無缺。而不認人在大自然中，生命甚短暫，地位甚渺小。理想的人類教育，必將使自然與人生合爲一體。人生在自然中，不僅應有利用自然之種種方法，更應有發展自然之種種道路。其責任，則全在人之能仁智兼盡。不僅要對天地大自然有認識，還該對天地大自然有感情。若僅是一種純理智的，則絕非中國古人所謂「格物致知」之「知」，亦非中國古人所謂「自誠明」、「自明誠」之「明」。明於此義，乃可來解釋中國古人所主張之三大辨：

一、義利之辨：義者利之和，「和」是天下之達道。若太過講利則必爭，而又陷入於不義。中國商業發展甚早，大都市之存在，較西方既大又多，但沒有走上西方資本主義的路，這乃是注重義利之分之結果。

二、人禽之辨：孟子說：「人之異於禽獸者幾希。」人與禽獸同是一自然，此乃今天科學上生物學之所研究。但人與禽獸究有不同處，此乃人類文化大本源所在。中國人舉此爲教。故中國文化本身無宗教，而亦像各大宗教，一面蓄意培養人類仁愛之德，一面又蓄意培養人類謙恭之德。仁愛與謙恭，正是各大宗教設教之共同點。

三、天理人欲之辨：此亦可謂是「天人之辨」，或說「理欲之辨」。若只是一順自然，使人類與禽獸長此無辨，此之謂「人欲」。人欲並非要不得，但人欲之上還有「天理」，天理乃從人欲中淨化而見。天理亦只是一自然，並不要違逆人欲，消滅人欲。但天理並非即是人欲，乃是從人欲更進一步，經歷人文陶冶，在人欲之盡處正處始是天理。如說「己欲立而立人，己欲達而達人」，此非人欲，乃是天理，亦即是王道。

飲食男女，此都是自然，也即是人性。但當知人性尚有發展，不僅止此。如己欲立還欲立人，己欲達還欲達人。頂天立地，立德、立功、立言之三不朽，皆在此立己立人、達己達人之上，而由此以贊天地之化育，此始是天理之大。中國古人以「智仁勇」爲三達德。能仁智兼盡便是聖人。中國人立教，乃欲建立起一番「人皆可以爲堯舜」之教。所教只在人世中，不在人世外。要即在人世中見天德王道，絕非是世俗至上。故中國文化理想，正須由科學來充實；但科學亦將以中國文化爲規範，爲指導。

四

今天的科學，已成爲世界性的，無界限可言。但今天各大宗教，卻不能相融洽成一世界性。如耶教、佛教、回教、印度教等皆是。如此則將來人類所最不能相通合一之處，卻反而在宗教上出了大難題。

中國文化之最高理想與其最高精神，則不僅能容科學，以盡量求其利用；亦能容各大宗教，而使之能漸化以期於合一。

惟今天的中國社會，則並不能代表中國文化。同時，我們爲了提倡科學而排斥中國固有文化，亦爲近代中國人一大錯誤。一切重心在科學的今天，正該領導我們走上一條眞的文化復興之路。除了科學知識外，其餘一概不管，而循至於走上世俗至上，這是最要不得。

人類文化，絕對不是非科學的，亦不能是非宗教的。因沒有了宗教，即成世俗至上。今天西方科學家往往仍信上帝，仍信宗教，還有他們的傳統。我們中國的科學家，則更應注意中國文化，希望能具備一種淵博廣大的文化意識與文化興趣，而兼具一種仁愛謙恭的宗教精神。

所堪遺憾者，乃是今天的時代，將循至於達到一種沒有「教」而僅有「學」的時代。淺言之，如家庭不教子弟，送往學校；學校也不教學生，一任其自由；故只能讓學生學而不能與以一種教。同時，科學智識不斷分析，於不同的領域中，將達於一種完全不能相互瞭解的地步。這終是人類之大憂。

五

中國古人又提出一「止」字。大學說「止於至善」。「知止而後能定，定而後能靜，靜而後能安，安而後能慮，慮而後能得。」今天我們求新求進，卻不懂得一「止」字。人類的正確道路，該先從「知止」起步。能止在這步上，然後再能求進。中國古人稱之曰「安身立命」。須先知止，乃能安，乃能立。不能止，而一意求進步，將使人類永無安處，永無立處。此亦人生一大苦痛。於是至於吸食大麻，來求精神解放。爲了資本主義的儘求進步，而反動出共產主義。今天我們的自由社會，豈不也大有毛病存在？

要言之，我們既不該承認世俗至上，也不該承認功利至上。主要在能止於天德王道之上而來研究科學，要把科學來發皇完成天德王道，這是人類一正路。

所以我說，一個理想的中國科學家，應該同時是一個中國傳統文化中所理想的聖賢君子；不當僅以成一科學家自足，乃該完成理想中的中國科學家所應有之大使命。一方面是一科學家，另一方面又是一平平常常、普普通通，自己能立能達而又能立人達人的賢人君子。

諸位今天，都是獻身科學，將來在科學上有大成就之人，故敢奉獻區區之意，敬備諸位作參考。

（一九七一年六月十日清華大學人文科學講座講演，十二日中央日報副刊。）

二四　大局展望

一

諸位，今天我是第二次來到這個地方講話。我第一次來金門，到今已經差不多四年了。這四年間，金門不斷的進步，不斷有新的氣象，一到金門就增加我們對國家民族前途的信心。我想拿八個字來講，今天的金門，可說是「軍民一體、爲公爲國」。軍隊同社會融洽一體了，軍方以及社會父老民眾，都是一心一力爲公爲國。在全臺灣，金門眞可以做表率、做領導。金門這種精神，不單是在物質建設上，乃是在他這種爲公爲國、萬眾一心的精神上，這種精神今天在任何國家都不容易看到。

今天我的講題是「大局的展望」。一到金門，就可看到大陸。兩地只有一海之隔，呼吸相通，這裏講話，那裏聽得到；那裏講話，這裏聽得到。諸葛亮出師表：「漢賊不兩立，王業不偏安」，我們一定要反攻復國，「反攻必勝，復國必成」，我們有此信心。特別是在金門前線，全體軍隊與民眾更有這番深刻的信心。我們到一趟金門，就可以得到這一種精神上的振奮，加深我們不在金門的人一種深厚堅強的信念。

今天，講到信心，定要有其理性的根據。如有人問，你們爲什麼說「反攻必勝，復國必成」？我們未必有一番話可以拿來告訴人。固然這一番話，是多餘的，不必要的，但我們不妨拿所謂理性的根據來加強我們的信心，表示我們內心至誠情感之所發亦有一番外在理論根據。今天我來講的，正是要拿那外在的理論來說明我們內在的信心是有堅強的根據的。

二

首先，我想提出「理」和「事」兩個字來講。我們可以說，事必然是變動的；而理是經久的，常而不變的。譬如飛機，在科學上，應說沒有飛機前先知道了飛機的理；若使沒有飛機之理，就不能產生有飛機。又如說：人類上月球，必是先知了上月球的理，然後才有上月球這件事，而這些事則可以不斷在那裏變。人類有飛機不過幾十年，但是飛機的變化日新月異，以後還要變，永遠在那裡變。譬如上月球，從有太空船到今天，已有很多變化。我們今天還沒有登上月球，將來正式登上月球，其間還可以不斷有變。但在事背後的理則不能變，理變了，卽不成其爲理。沒有了此理，也卽沒有了此事。這是要大家明白的第一點。

有人說：「天下一切事都有理」。這是對的，飛機有飛機之理，太空船有太空船之理。但一架飛機失事，遭到意外的變化，或者爆炸了，或者壞了掉下來，這應也有一個理在裏面，否則爲什麼這架飛機掉下來、或者在空中爆炸了呢？所以說總亦有它的理，這是不錯的。但這卻是一反面的理，是一不合理之理。若說正面的理，則只有一個。飛機怎麼起飛？只是一個理；至於飛機怎麼失事，這中間理就多了，或認爲這樣，或認爲那樣，非一理可限。若說有理，卽是不合理。換句話講，一事之成，必有一個理；一事之敗，則定有個不合理。你要問我，這事怎麼成，我可講理給你聽；若問這事怎麼敗，便無一定之理可說，只可說是不合理，便是它失敗之理。我們應說：「一切成功的事，背後都有一個理；一切失敗的事，背後都有一個不合理，它之所以失敗，就在它之不合理。」

事可變，理不可變。所以我們又可換第二句話講，「理可知，而事則不可知」。坐太空船上太空，照理講，絕對可以上去。但有許多不可知的事碰到了，其變便發生了。如說一人的年齡，我們中國人從前講法，六十可以稱壽，七十是中壽，八十、九十是長壽。那麼人應該可以到六十，到七十，甚至到八十、九十，這都是合理的。但若不到六十、七十，而病了、死了，這一事可說是不合理，因其定有許多不合理的事闖進，所以他沒有活到六十以上的年齡。它實有一個不合理的理存在著。雖然在社會上六十以上的是少數，不到六十而死的還是多數，但我們不能拿這事來推翻這理。

我們今天講「反攻必勝，復國必成」，是在「理」上講這句話，這句話有合理的根據，是一定可知的。若問：我們那一天反攻，那一天復國？怎麼樣反攻，怎麼樣復國？這是事。凡屬事我們不會先知，我們所能先知的只是一個理，不是一件事。如我雖是一青年，或是一嬰孩，或身體很壞，但照理講，好好當心應該可以活到六十、七十，這是我們事先所能知的。至於中途經過許多事，是不可知的。我們今天要講反攻，或許在今天晚上，或許在明天，或許再要一個月、兩個月，甚至要一年兩年，那些是事，很難預知。今天我們的社會，是在艱難奮鬥中，也可以說是在國家民族死生存亡絕續的關頭。事變太多太大，對每一件事都要憑的理，來堅強我們的信心。

人類普通習慣只看重事不看重理，事到了才知，事未到，都不免忽略了。今天我們講科學，自然科學是有個必然之理的；而人文科學，我們的社會國家，其中也有個必然之理；只有我們中國的傳統文化，特別看重這個「理」，尤其在人文科學方面的。我們在此地，看到復興朱子祠。朱子是個理學家，所謂理學家，就是特別看重講一個必然可知之理的。我們中華民族的文化精義，也就是要把握住這一個必然可知之理，來應付一切事。那些不可預知的，有種種可能的事，我們中國人把它看成是次要，較不看重。尤其到今天，一百年來我們國家正在成敗興亡、死生絕續的關口上，我們更要增加對理的信念。至於世界其他民族，未必也抱如我們般同樣的信念，那是不足怪的。他們的毛病，正在太看重了不可知的事，而不能把握到事背後有一定可知之理。

我們試舉一事來講，就理講，中國只能有一個，不能有兩個。諸位或許要說，歷史上我們不是有過兩個中國嗎？如三國、魏晉、南北朝、五代十國、宋遼金都是，甚至中國歷史上有不只兩個的。但我要告訴諸位，不能因有人生下來就死，你就說人活到六十、七十不應該，那不奇怪荒唐嗎？我們是一個民族，一個國家，中國絕對只有一個，不可能有兩個，兩個中國是暫時的、不合理的；不僅我們堅信中國定只有一個，不可能有兩個，即是大陸同胞也這樣信。但今天在世界，甚至於在聯合國，居然還有人贊成兩個中國，因此要每年投票表決，這不能不說是世界一件最荒唐的事。將來寫進歷史，是今天世界人類一件最不光榮的記載，因他們見解太狹、太小，只看事不看理。若說德國有兩個、韓國也有兩個，越南今天也有兩個；但兩個韓國出了問題，兩個越南今天問題還未解決，東德、西德隨時可以出問題。不是其他國家承認它有兩個就算了，這只是今天世界政治家的眼光短視，這是今天人類的悲劇，他們只懂看事，不懂看理。在這點上，並不是我們中國人私心希望只有一個中國，而是中國人的眼光、頭腦，高出於世界其他的民族。我們懂講「理」，他們只講「事」；我們不要認此爲羞耻，應該認此是光榮。那麼中國既然應該是一個，到底是大陸來併了我們呢？還是我們來反攻復國呢？討論這個問題，我們該有一個廣大的心胸，所謂「知己知彼，百戰百勝」。我們且拿兩方面事來作比。

三

第一點，先談文化問題。諸位都知道，最近大陸中共要「文化大革命」，但蔣公則告訴我們要「復興文化」。一個合理，一個不合理。合理的在我們，不合理的在大陸，這是顯然的。所謂「革命」，是現時代的產物。美國革命，在爭獨立自由；法國革命，在爭人權平等。到今天，各國家中有革命的不知有多少，但政治可以革命，經濟可以革命，學術思想也可以革命，只有「文化」卻不能革命，因文化卽是「生命」，不是個人的生命，而是我們全體民族的生命。沒有了文化，就沒有了民族。我們生下來，在臉上雕「中國人」三個字，或在背上雕，都沒用，中國人就是中國人。我們所以能經歷五千年到今天，而且有一千一百一十萬平方公里的土地與世界四分之一的人口，這就是中國文化之偉大。誰能對文化來革命？革掉了這個文化，就是革掉了我們的生命，而且也不可能、無法革。

或許有人說我們要「維新」，這不錯！日本人早有過維新，但日本只是學了西方的科學與工商業，日本並沒有「文化革命」，日本人還是日本人，日本文化還是日本文化。至於日本文化從那裏來？大部份由我們中國去，他可以侵略中國，甚至可以想併吞中國，消滅中國人，但他並沒有想消滅日本自己在中國拿去的這一套文化。文化不卽是政治，不卽是經濟，不卽是科學，不卽是宗教，不卽是藝術，而是我們的「集體生命」。有了悠久的文化，才有悠久的人。有了阿拉伯文化，才有阿拉伯人；有了印度文化，才有印度人；有了中國文化，才有我們中國人；而中國文化是世界上最偉大的文化，爲什麼？我們民族經歷五千年，到今天擁廣土包眾民，文化就是我們整個的歷史，不論有文字記載的，或沒有文字記載的，都屬於文化。文化是我們的生命，我們生在這個文化中，我們就如這個文化大海裏面的一條小魚，文化大空氣裏的一隻小鳥。我們既然生活在這個文化中，怎能說來一套文化革命呢？此之所謂狂妄不合理。

我們這邊要復興文化，當然也並不是認爲理想的中國文化就在此地。不過我們要復興，而大陸的共黨卻要革命，即拿這點來講，我們是合理的，他們是不合理的。我們試在文化中間略舉教育一點來講。此地金門，在幾年前就開始實施了九年期的國民義務教育；臺灣全省，從今年開始延長了九年期的國民義務教育。我們每一個孩子，可以從小學進中學，享受九年的義務教育，特別金門的小孩子，一百個之中就有九十個以上受到教育。我請問諸位，這是合理不合理？大陸上進學校的人數，我們沒有詳細統計數字，不便講，但我們確切知道，今天大陸青年進學校，不是受教育，而是訓練他們當「紅衛兵」，到四面八方去搗亂。我請問諸位，有這樣的理嗎？這就是教育的不合理，我們就拿這個問題公開出來，請全世界注意國際問題的、注意中國問題的人，大家講講：延長義務教育，和把青年學生訓練當「紅衛兵」，那個合理那個不合理？

紅衛兵要文化大革命，請問諸位，一個二十歲前後的青年，要來革五千年民族文化的命，這不是荒唐不合理嗎？革了幾年，紅衞兵散了，闖下大禍，要收場。今天又是工人跑進了學校，學校由工人來領導，這不是同樣荒唐嗎？學校中不是知識分子教育家作主，而是由黨由工人來辦、來統治，他們不僅心目中沒有了中國文化，也沒有了世界文化，所謂文化的常道，一切不顧。世界上任何一個國家，任何一個民族，辦學校都有一個共同標準，沒有說在工廠裡的工人跑來領導學校。我請問諸位，「紅衞兵」其他國家有過嗎？工人領導學校其他國家有過嗎？

我們都知道，教育是立國大本最重要的一件事。現在我再試講經濟問題，經濟有關我們人生衣、食、住、行，是最重要的。我在四年前到金門來，看心戰部隊的資料，看我們怎樣向大陸宣傳，大陸中共又怎樣向我們宣傳，我拿兩方比一比，看到大陸一個義胞，偷渡跑到金門，他身上穿的衣服，實在太可憐，眞所謂一件百結衣。我只講這一個例，諸位就可想到其他一切。昨天我又去看這件衣服，不只看到了一件，不曉得又看到了多少件。諸位，看看你們身上穿的，看看市區、鄉村大家所穿的，再看看我們這個心戰資料室裏面，大陸漁民來金門，他們所穿的，那個合理，那個不合理？那個該存在，那個不該存在？他們曾公開的講：「要原子彈，不要褲子。」他們可以叫每個人不穿褲子，他們要試驗原子彈。因而世界上有一大批人說：「不得了！中國大陸上現在也有了原子彈。」那麼他們沒有褲子呢？大家說：「沒有褲子是他們自己的事，但是他們有了原子彈，我們卻害怕！」今天的世界，怎麼能叫他們懂得一個「不合理」？這是世界文化的低潮在下降，不是文化高潮在上升。再明白的講，就是今天世界只看重「事」，不懂得事背後之有「理」。

今天我們提倡「復興中華文化」，就是要講一個「理」。中國人一向重義理，我們今天要拿這個「理」來評判大陸與我們臺灣那一邊有理、那一邊無理。有理的，可大、可久；無理的，不能存在，必然要失敗。諸位相信不相信這句話呢？若是諸位不相信這句話，認爲無理也可以存在，也可以得志，那麼我再問諸位，中國人五千年到今天，是世界上一個最長久的民族，有七億人口，這樣廣大的土地，如果中國人都不講理，那能有今天？帝國主義因爲不講理，所以要沒落！我們拿歷史上的經驗，可以證明這個「理」一定可以存在，而且可以成功；不合理一定要失敗，而且要被消滅。今天世界是一個只講事、不講理的世界，如果要我舉例，實在是舉不勝舉。諸位，我們今天不僅是要復興中華文化，不僅是要反對大陸中共，更要爲國家民族、爲世界人類開闢一條光明的、可作爲領導的正路。所以我們要特別講一「理」字，不該只看重了面前的許多事。

我們來到臺灣已有十九年、二十年的時期，只見臺灣全省衣、食、住、行，一天好一天。我常在香港見到大陸運到香港來的東西，一天差一天。大陸上沒有飯吃沒有衣穿的，不知有多少人，可是消息封閉了，不讓人知。有些國家還講文化交流，要派記者去大陸。試問，大陸這樣黑暗，怎會允許外面新聞界的人進去？新聞人士乃至外交人士被抓了，有理講不通。諸位，今天我們的處境，是「見利卽圖，見兇卽怕」的世界，我們已在生死存亡的決鬥戰線上，我們更要增強我們的信念，將我們中國的傳統文化精神來發揚光大。今天在座的軍人，當然是我們國家民族最大希望所寄，因諸位是站在國家民族生死存亡的最前線上，肩負起反攻復國的重責大任。我們中國人講「殺身成仁、捨生取義」。

「殺身、捨生」，是一件事；「成仁、取義」，是一個理，誰也沒話講。但是，外國軍隊打仗可以十萬、二十萬光榮投降，他們只講事不重理，於此亦見。

四

其次，我們要討論「心與物」的問題。

大陸中共信仰所謂「唯物主義」，說一切事決定於物質。但褲子不是物質嗎？吃的、穿的、住的，不都是物質嗎？果使世界一切事都決定於物質，那麼大陸中共根本就不能存在。其實馬克斯也並沒有這樣講；馬克斯講共產主義，要等這個社會工商業發展到最高階段，資本集中在一個頂巓上，下邊都是無產民眾，而這些無產民眾，都經科學管理、科學訓練，具備各種智識，才能期待資本主義發展到極限的無產階級社會之出現。所謂「無產階級」的社會，僅是取銷了上面的資本主義，不是取銷了一切的物質進步。照馬克斯理論，今天的美國，才是推行共產主義最理想的社會，並不是無產國家可以進行無產政權。這些話，不用再討論，再討論下去問題更紛紜。所謂「唯物論」只是一個空想，一個偏激的理論。

西方哲學上除了「唯物論」，還有「唯心論」。今天我在此地講話，那座麥克風便是科學產品，倘使沒有這個東西，我怎麼能與一千多人講話呢？科學是備我們利用的。我上次來金門，就稱讚過這個擎天廳的偉大建築，沒有這個擎天廳，我們怎能集合這許多人講話？但是講話的是我，不是擎天廳與麥克風，它們都不會講話；而且我講話不是用我的喉管，用我的口腔，而是從我心中所想來講，講我心裏所要講的話。口腔喉管都是物，也是機器，是上帝給我們的機器，來幫助我們講心裏的話，當然還有科學的機器來幫這一架機器的忙。我們一天很疲勞，到晚上睡覺休息，這不僅是這架機器在休息，這架機器的主人翁之心也在休息。我剛才講的「軍民一體，爲公爲國」，我們是站在爲國家民族反攻復國的最前線奮鬥作戰，我們用的什麼呢？用我們這架機器的「心」，用我們心的「精神」作武器。我們知道，天下沒有一個眞的唯物論者，說是只有物沒有心，大陸做出文化大革命許多喪天害理的事，都因他們那顆狂妄暴虐的「心」在那裡發動。我們中國人的講法，既不偏於「唯心」，也不偏於「唯物」，而是講「心物一體」。譬如我心裏所想，要講出來，就得靠喉嚨、口腔、人身那一架很複雜的機器，還要補上擴音機和其他的科學機器。

「心物一體」，是心爲主，物爲奴。我們這個身體，是我們心的奴，由我們使用。但各位不要看輕這個身體，要懂得好好用它，而用它的則是你們的心。這個身體並不就是你，它只是你的一架機器而已，用我們身體的是我們自己的心。明白這個道理，我們不必再詳細講心重於物。譬如人坐飛機，總是「人」爲重要，飛機爲次要。今天如要去臺北，不坐飛機的話，麻煩得很，但飛機只是架機器，是物，最重要的是人。諸位生活在這嚴肅緊張的生活中間，我講這些，諸位一定很明白。倘使我們在臺北、或在市區一個熱鬧場合中，過著一種奢侈生活，那才更應該知有此「心」；一切應該以心爲主，勿爲外面的「物」所動搖，要能以我的心去抵擋外面物慾的誘惑。今天我在這個地方講這些話，或許諸位覺得我所講內容不夠份量。這因諸位日常親身經驗，就在我講話的份量之上。

現在讓我講個結論，「心爲重、物爲輔」。今天試問我的心在那裏？諸位！我們的心在民國、在臺灣、在金門，金門就可以抓住我的心。爲什麼？因爲金門關係到國家民族安危的前途，我們要反攻，要復國，我們就要有「金門精神」。我再問諸位，大陸千千萬萬人的心在那裏？這一問題，我們先要知道他們今天的遭遇，所謂清算再清算，鬥爭再鬥爭，逃亡再逃亡，二十年來，不斷的清算、鬥爭、逃亡，我在香港，看到他們一批批的逃亡，試問他們的心在那裏？他們的心如果在大陸，在共產政權，那就無需逃亡再逃亡。但大陸同胞實在也不能逃亡，逃亡只有一條路——香港。大陸不易逃到香港，香港殖民地政府也不同意接受逃亡。逃亡路線，只有一條火車路，只有一座橋，不容易逃過。我親自看過一次大逃亡，由一條深水河裡泅過來，兩方做了很高的鐵絲網，好不容易過來，一過來就被抓到再送回大陸。另有一條路就是向澳門逃，再由澳門偷渡到香港。但是澳門這幾年來正在鬧事，逃亡在那裡也多危險。大陸今天清算再清算！鬥爭再鬥爭！逃亡再逃亡！可以用四個字來說明，就是「心不在焉」。

今天大陸同胞的心並不在大陸，並不在中共政權，我們可以說大陸千億的心，都在我們這裏。倘使諸位的心，不在這個「爲公爲國，軍民一體」的精神鼓舞下，能有今天的金門嗎？大陸千億人的心，會全寄望在這裏嗎？今天諸位在金門，唯恐外人不到金門來看看，只要人來，金門上下軍民都非常歡迎。諸位，全世界任何人，政治家、軍事家、經濟家、外交家、文學家、哲學家、藝術家、新聞記者，他們一來金門沒有不點頭稱讚。他們的心也被留在這裏，回去了還在想念。倘使大家的心不在這裏，我們有今天這樣的金門嗎？

今天的大陸是一個無政府的國家，政府領袖被清算，黨幹部都被清算，連紅衛兵也快要清算完了。現在又要工人來當家，最後也還是清算。我們試問，他們的心究竟安放在那裏？一句話道破，「有心終是勝過於無心，無心不能勝過了有心！」譬如兩個人同看電影，一人心在電影上，能看出電影裏演些什麼。一人心不在電影，只想別的，他看電影沒有看到什麼。一個是實在的，一個是空虛的。今天的大陸，是空虛的，沒有東西的，因爲人心不在那裏。諸位！我試問，我說了半句過份的話沒有？諸位要堅信，我們今天臺灣全省的人心是在這裏的，又是互相團結的。我們的心在要解救大陸。大陸的人心則時刻在希望我們，只在責望我們：「爲什麼還不早回來？」或者說：「你們趕快來拯救我們吧。」

我剛才講的「理」，是在外面的；此刻所講的「心」，是在內面的。合起來講，合乎人心的便是理，不合人心的便不是理。內外條件合起來，理在我們這邊，心在我們這邊。我們有理，他們沒有理。我們有心，他們沒有心。我們處心積慮、臥薪嘗膽，二十年到今天；他們離心離德，眾叛親離，也是二十年到今天。諸位！這情形不是千眞萬確嗎？

五

現在我要講到第三個問題，即是「形與勢」。

我第一次來金門，最先看到的，是一張地圖，一個電化沙盤，裝有許多電燈泡，顯示出這是大砲，這是中砲，這是小砲，這些砲都向著我們這個島上。眞是驚心動魄，以爲那還了得，豈不是要不能一日安居嗎？其實不然，這裏的安居樂業，一切訓練和建設，都和我最先的想像不同。現在我們再看臺灣地圖和中國大陸地圖，一比眞是無法比，金門是臺灣島外一小島，更不能比，但這些只是「形」。形是大家當前可見的，形之背後有一個「勢」，這個勢是動的，不易看到，懂得的人會看，不懂的人不會看。譬如看兩個人打架，兩人站在那裡，大家拿著手槍，或者拿著劍，一個站在這邊，一個站在那邊。我們所要看的不僅是要看其「形」，而更要是看他們的「勢」。即是看他們的動態，不要單看靜態。單看靜態，臺灣永遠是這樣一個臺灣，大陸永遠是這樣一個大陸，這是外面易見之「形」。大陸這許多人，此地這許多人，也是一種「形」。但形後有勢，勢是動的，主要在人的「心」。大陸、臺灣人心都在那裏動，大陸人心離心離德，我們的人心是一心一德。那是我們雙方之「勢」。

我初從大陸流亡到香港，當時就有一批人，和我聊天時常說：「恐怕這一輩子，我們回不得大陸，若到臺灣也只是偏安。」我說：「你們從什麼地方如此看？」他們就舉出許多點來，如說：中共組織強，手段兇；理由很多。我說：「這許多理由，都不是理由。中國古代有一故事說：有人駕了一輛馬車，要到北平去。一人告訴他：你不能到北平。他說：我車子很堅固、車輛好、馬好、一切條件都好。那人同他說：雖然一切條件好，你還是不能去北平，爲什麼？因你車頭向的是南，而北平是在北。你馬走得快，車子堅固，便會越走越遠。這是所謂「南轅北轍」，路向錯了，跑得越好，距離目的地也越遠。今天的大陸政權，實行共產主義越徹底，失敗得亦越痛快。就是一種不可救藥的失敗。」他們說：「你總喜歡講理論。」我說：「不講理論講些什麼？」

我的話此刻是證實了，應驗了。大陸中共的三面紅旗，已經到了窮途末路。到今天，毛澤東要清算劉少奇，要清算彭德懷，劉、彭當初都是毛澤東手下最親密的人，此外就不須多講。今天的毛澤東，並不像開始，車也好，馬也好，但路走錯了。今天馬也跛了腳，車也斷了輪，不能再走了，癱瘓在那裡，還要掙扎。我今天告訴諸位，大陸的政權，正如一塊大石頭，在很高的山上滾下，今天沒有滾到底，石又如此之大，山又如此之高，滾下來時，半路停不下，滾到地上，還要壓死很多人，乃及牛、羊、犬、馬、房子、建築、草木等等。諸位若說，今天的共產政權，還不是沒有力量，力量還有在那裡。但愈是接近崩潰的時候，其力量愈大，像高山上大石滾下，豈不在滾下時要比在山上時更大。諸位看一看，三面紅旗多恐怖，紅衛兵文化大革命多恐怖，下面還有更多恐怖的事。我們大陸同胞，正是受盡苦難，然而最後總會「苦盡甘來」的。大陸同胞的災難，愈是延長一天，那麼我們大陸同胞的心理，愈是絕對的反對共產主義，他們再不會相信共產主義，相信馬克斯、列寧以及史太林等的教條，絕對不會再受愚騙。這是斷然的道理，諸位不須懷疑。

或許有人說：我們反攻必勝，復國必成，可是大陸共產主義的存在，我們不能點滴洗清，我們要再教育他們，亦很麻煩；這如何好？我想，今天的毛澤東一面在那裡殺，一面在那裡教，清算鬥爭是殺的力量，凡是共產黨裏面的人，從前儘是忠心共產主義，現在不知被殺了多少。遠背共產主義者，卻一天比一天多。毛澤東正在那裏幫我們殺，又幫我們教；我們一旦回去，還要殺，還要教嗎？諸位，我們要看其勢，不要看其形。譬如前兩年中東戰事爆發了，我們把地圖一看：不對了，地圖上以色列只那麼小的一塊土地，四面八方都被阿拉伯國家包圍著，若講人的數字，也是一人比千人，或者比萬人、十萬人。以色列有多少軍隊呢？這邊阿拉伯諸國有多少軍隊呢？飛機大砲種種方面的比較，我們在報上所看到的都是這回戰爭的「形」的方面之比較。我們認爲這個仗不用打，勝敗之「形」很明顯。但形之背面有「勢」，勢和形不同。以色列國家存亡，就在此一戰。他們和我們中國又不同，我們是一個五千年的國家，以色列到今天才能有一個國家，他們非爭不可，大家決心一死，與國家共存亡，其勢不可當。阿拉伯諸邦仗衆恃強，結果只落得一個大敗虧輸。

我們今天要復興中華文化，要我們中國人知道，世界上只有一個中國，有五千年的歷史。中國土地之大，人口之多，經歷了幾多次危亡而仍能復興。今天大陸和這邊都是中國人，慢慢變，變成一條心，這是絕無問題的。這和以色列與阿拉伯國家對敵不同，我們只要奮鬥，光明正在前面。縱使我們不拿歷史作證明，只拿地理形勢看，我們今天也很像以色列，大陸就是阿拉伯民族，我們是一心一德，他們是離心離德。這個戰爭不要等待打，勝負已決定在那裡，這是一個勢。今天有利之「勢」已在我們這邊，我們講軍事學也該懂得戰爭不在「形」之強弱，而在「勢」之順逆。

六

今天我舉出上面三個問題，一講「理與事」，一講「心與物」，一講「形與勢」。我們可以說：我們決不是一廂情願，乃是百分之百的條件在我們，理亦在我們，心亦在我們，勢亦在我們。但爲何反攻復國還不立刻發動？諸位當知，任何大事須待機會到來，不可輕舉妄動。除此外還有一問題，就是在反攻復國之後，如何來復興我們這個國家。

剛才我已講過，我們不用害怕大陸的人心，中共政權一倒，全國人心丕變，其實不是中共政權倒了，人心才起變；乃是人心變了，中共政權才會倒。可是當我們回到大陸，軍事勝利，政權統一，就沒有事了嗎？諸位，我們絕對不能抱有此想法，因爲我們的責任還沒有完。

今天大陸是怎麼一個樣子，我沒有去過，諸位也沒有去過，很難說。但是諸位即從你們的心戰資料室看看，那幾件破衣服，就可以推想知道今天大陸的情況了。今天大陸就像是這件破衣服，但這件破衣服，現在要穿在我們的身上。我們反攻大陸正待重新建國的時候，就是要穿上這件破衣服的時候了。諸位不要認爲反攻勝利，我們就可以鬆口氣；不是這樣的。今天我說把諸位的衣服脫下，穿上這件破衣服，這只是一個譬喻，不是說我們回到大陸只要大家換穿上一身破衣服便得。今天大陸，就如這件破衣服，再看看我們今天的臺灣、特別是我們的金門，卻是一件完完整整清清潔潔像樣的衣服。我們回到大陸，環境變了，穿上破衣服，要我們心理上先有準備。

諸位要知道，我們不怕窮、不怕苦，我們要在艱難中奮鬥，從窮苦中向前。我們不怕窮，只怕無志。只要有志，任何事情可成功。我們不怕苦，我們要有一腔熱血，一股氣，那氣是勇氣，是浩然之氣，是百折不回的剛毅之氣。我們要有一個顯明的目標，我們要向這目標前進。

這次我到金門，看到諸位的精神，很受到感動。我只要學到諸位十分之一、百分之一的精神，我已覺得像是換了一個人一樣。可是我們回到大陸，我們要有一個新目標，我們要立一個新志向，要鼓舞一番新風氣。是什麼呢？我想這是蔣公已經愷切訓示我們的，要「復興中華文化」。這是件偉大的事，當然這件事便可從今天做起，而後帶向大陸去發展。我們要使全中國七萬萬同胞，都要做一個堂堂正正的像樣的中國人，來建設一個富強康樂的新中國、新社會，負起我們新的使命，開創我們新的歷史。我們是爲復興文化而反攻，爲復興文化而復國。反攻復國完成後，才是我們大踏步開始，勇往直前來做一個反攻復國後的志願兵，來做復興文化的一根支柱，來做腳踏實地爲復興文化而艱苦奮鬥的一個英雄。這是我們在不遠將來的事業。

今天我和諸位講反攻復國只是第一幕，復興文化乃是第二幕，這個責任，都落在我們身上。

抗戰時期，我常同一般大學生講：「你們不要等待，坐著等待是不行的，明天一下子形勢變了，你怎麼辦？要趕快努力啊！」這許多青年說：「抗戰這許多年，我們的前途不知在那裡，聽你先生說，我們待抗戰勝利了，才有勇氣來努力。」我說：「來不及了，或許明天就勝利。」結果大家都知道，正是明天。所謂明天，是指這個勝利在你所知之外，一下子，大家說「日本投降了」，是眞的嗎？連號外都來不及刊，我們像在夢裡一般，一下醒過來，措手不及。諸位都懂得這個經驗，像這樣的事情不會不再有，或許晚上號角一吹，諸位便渡海上岸去了。諸位！這事來時，我們事前不會知道。那天來？或許是明天，或許是後天，或許甚至於一年、兩年，我不敢講。

四年前，我到此地，我說：「我認爲反攻機運快來了，我趕快得在反攻以前到金門去看一看。」現在已過四年，人家或許說我的話不靈，但我的信心並不因此動搖。我已講過，這是一個顚撲不破的眞理，理可知，事不可知，但事推不翻理。有此理必有此事。我們當一天做我們一天的事，今天做今天事，明天做明天事，但包袱須得隨時準備好。明天要出發，包袱往身上一背，就可以出發了。等於旅行，須要隨時、卽刻就可以動身，自身更沒有其他顧慮，輕輕鬆鬆的邁步向前。也絕不可站在旁邊，必要站在前面，這樣來堅定我們的信心，鼓舞我們的勇氣。

或許，我今天所講的話都是多餘的，諸位的信心已經十分堅定，不需要再講。可是爲要表示我和諸位同一信心，不過諸位是一個實行者，而我則只能借此機會來講幾句話，表示我有那一顆和諸位相同的堅定信念而已。

（一九六九年對金門防區軍官講演，二月二十三日青年戰士報。此稿乃前線記者記錄整理後即發表，未及送講演人修正。）

二五　人類登陸月球與歷史前瞻

一

西元一四九二年的十二月十二日，人類世界發生了一件驚天動地的大事。那件事，在當時，似乎不甚覺得其爲一件驚天動地的事。此事距今已過四百七十年；但在四百七十年後的今天看來，似乎更不値得稱其爲是一件驚天動地的事。然而在此四百七十年中，人類世界的天地，確乎爲此事件所驚動，而且大大地驚動了。那一件事，便是哥倫布之橫渡大西洋，而發現了新大陸。

那件事，慢慢地發展，不僅改變了全歐洲，而且改變了全世界。從此以下，遂使全世界幾乎盡入了歐洲人之掌握。起先，似乎是全世界都該歸入西班牙與葡萄牙兩國之掌握中，於是乃有歷史上著名的一四九四年的「多迪錫拉斯分界」，把世界劃成了兩半，從格林尼基西經五十度線起，此線之東，只許葡萄牙人設立他們的殖民地。此線之西，則由西班牙人來設立他們的殖民地。這由當時教皇亞歷山大第六所提出。由今想來，此事甚爲滑稽，幾於是不可想像，然而在當時，則確乎是一件歷史事實。

本此事實，美洲大陸，除卻巴西一地，全成爲西班牙的殖民地。而全部印度，以及大部分的非洲，則成爲葡萄牙的殖民地。然而西、葡兩國好景不常，只經過了一百年時間，在十六世紀之末，荷蘭的東印度公司成立了。英國人的東印度公司亦在西元一六〇〇年成立。而且不久，西印度公司又繼續成立，西、葡兩國的海外殖民，不斷受著脅迫而萎縮了。意大利神父利馬竇，則在一六〇一年來到我們中國的北京。中國人受到歐洲影響，也在此時開始。

由於此項大探險與大發現，而引起了歐洲人向外殖民的興趣。由於殖民地之占領，而爲歐洲人帶來了大量的財富。由於殖民地與財富之爭奪，而又爲歐洲人帶來了頻繁的戰爭。其先是荷蘭與葡萄牙之間有戰爭，法國與西班牙之間有戰爭，而英國與法國間亦有戰爭。最著名的是西班牙的無敵艦隊，在英荷艦隊的襲擊下而大部沉沒在北海裡，那事尚在西元一五八六年。

從此開始，戰爭愈來愈頻繁。而且這些戰爭，並不限在歐洲本土，而擴大及於全世界。英、荷兩國，因於其占奪了殖民地而財富激增，於是他們有力量來雇用土人替他們當砲灰。那些殖民地，則成爲歐洲人用軍隊壓制，用商業吮吸的無盡藏之寶庫。

這且不用說。歐洲的拓殖者，在他們的殖民地區，還需要大量的廉價勞工，來替他們從事於大規模的農業及其他工業。在美洲，許多印第安人被奴役，甚至於淪胥以盡，在大地上踪影全消。於是歐洲人靈機一動，目光轉移，賞識到非洲的黑人。西、葡在先，荷、英在後，僱用了非洲沿海岸的黑人，進赴內陸襲擊，大批捕捉移交給販賣者當作俘虜，送去美洲，幾十萬幾十萬的蔓批送。後來，據說是黑奴們也信了基督教，他們是開化了而被獲解放，這便是今天美國黑色公民之祖先。

在軍隊和商人之外，基督教徒亦曾參加努力。殖民地戰爭，在歐洲的史學家們，也把好多件歸入於宗教戰爭之列。西、葡是舊教徒，英、荷是新教徒，對於有關上帝信仰之不同而引生戰爭，那都是神聖的。直到今天，英國南、北愛爾蘭之紛擾，還可用來作例證。而在中國，則遲到一九〇〇年，也有了義和團之戰，起因也是爲屠殺歐洲傳教士乃及其中國信徒，而引起了八國聯軍。但其結果，還是一場殖民地的爭奪戰。因於韓國與中國東三省之主權誰屬，而激起了日、俄戰爭。

要之自哥倫布發現新大陸以來，歐洲人的殖民熱忱普遍延擴到全世界，而大小戰禍亦蔓延到全世界。尋其底裡，則莫非爲爭取殖民地，明白言之，則爲爭取財富。但歐洲人則深深避忌明白說出此一番動機。每一戰爭必賦與一名稱，使此戰爭必別具一理由，即如中英兩國間之「鴉片戰爭」，明明爲英國從其印度殖民地區私運鴉片來中國，中國予以拒禁，英國則必欲販運，事實極爲明顯。但在英國人則決不稱此爲鴉片戰爭，而別有其名稱與理由。但戰爭結束，中國的香港，更淪爲英國之殖民地，至今猶然。香港殖民地之主要作用，則爲吮吸中國財富，以之營養英國，此乃人類近代史上一項斷不容爭辯之事實。

二

在此期間，歐洲人向外奪取殖民地之不斷戰爭中，有兩項變相的戰爭出現。

其一、是歐洲殖民回過頭來向其祖國爭取獨立的戰爭，其先起自北美，繼而南美隨之。

其二、是東方亞洲人日本亦急起直追，慕效西方歐洲潮流，不僅能獨立自強，並亦懂得向外爭取殖民地，攫奪了中國的琉球、臺灣，隨而北進，吞併韓國，駸駸乎覬覦中國的滿、蒙，與帝俄爭奪北亞之霸權。

在歐洲人看來，他們的向外殖民，認爲是傳播文化，而日本則居然歐化了，歐洲人心中，不禁爲之肅然起敬。而且當時殖民地爭奪最成功的不列顛大帝國，正好憑仗日本來代它看守東北亞之門戶，不讓北極大熊俄羅斯帝國長驅南下，於是英、日同盟由此成立。一切鈎心鬥角，仍爲的是爭取殖民地，爭取財富。在當時，猶堪被沉淪爲他們之殖民地的，他們則一律稱此等地點曰「落後」，此等民族爲「未開化」，以備他日歐洲文化之光臨。

所不幸者，世界土壤有限，自哥倫布登上新大陸以來四百年，舉世已無一塊乾淨土未經歐洲人之蹂躪與斬割。而殖民地分配不平，於是激起了第一次世界大戰。所謂世界大戰，僅亦美其名，論其實則乃是歐洲人本身內部之戰，而且亦仍爲爭奪殖民地而戰。先占有頗多殖民地的，如英、法、俄三國則站在一邊。占有較少殖民地，乃至還沒有殖民地的，如德、奧、意三國則另站在一邊。此次戰爭，和以前的殖民地戰爭所更不同者，其一是主要戰鬥集中在歐洲大陸自相火併。其二是英法諸國海外殖民地的土人們，也被組織起來進到歐洲大陸去參加屠殺歐洲人工作。連中國也有不少勞工，在歐洲戰地服務，這就形成了一次人類大浩刼。

然而四百年來的世界大趨勢，並不能到此懸崖勒馬，戛然中止。不列顛帝國固然是喫到了些苦頭，大有保泰持盈，即此而止的想法。但其東方盟友日本，則在第一次大戰中，反而喫了些甜頭，野心勃發。中國這一塊肥肉，歐洲人一向來尚未做過要把它一口吞噬的美夢，而日本居然要來求此美夢之圓成，要爲此世界四百年來的殖民地爭奪，開出一朵最燦爛的異花，結出一個最碩大的奇果。銅山東倒，洛鐘西應，德國納粹，乘機躍起，於是第二次世界大戰重復開始而形成了人類的第二次浩刼。

那一次戰爭，有許多人想爲它起一個名稱，如「政治思想戰爭」之類，我私人意見，則認爲此一戰爭，依然是一番五世紀來傳統殖民地爭奪戰。而自有此一戰爭，殖民地爭奪戰當得最後結束，故我私下爲此戰爭定名爲「解放戰爭」，認爲此一戰爭之後，世界各殖民地，將會獲得解放，曾撰戰後新世界一文，刊載於民國三十一年五月成都出版之學思雜誌，後來又收入民國三十二年在重慶出版之文化與教育一書中。我認爲一九一四年之戰，乃歐洲四百年傳統殖民政策之搖動解放與轉變，而此次之戰，則是一種反抗殖民侵略之戰，由中國揭起此大旗，此乃是一種世界新興的文化勢力與傳統舊勢力之爭，故又當稱之爲「革命的戰爭」。但我此文，可惜只說對了一半，四百幾十年來之歐洲向外殖民，確乎在此戰後告了一段落。但另一半則直到此刻，似乎未有說對。我本認爲此次戰後，世界各殖民地獲得了解放，應有一種人類的新文化出現。在我意想中，中國四千年來的傳統文化，應在此後世界人類文化新興中占一重要地位，而此一推想，則顯然到今未見其端倪，還須待將來之證實。

此次戰爭，直到一九四五年九月二日日本在投降條件上簽了字而告結束。上溯到一四九二年十二月十二日哥倫布登新大陸，先後共四百六十三年。我們試把此四百六十三年的世界歷史作一回顧。此四百六十三年中，凡歐洲人足跡所到，全世界其他各民族，或則被消滅，或則被奴役，或則被統治，或則被侵略，被壓迫，只有日本一國，能急速歐化，獨成例外。它也能來向外消滅奴役統治侵略壓迫其隣近諸民族。除卻日本外，歐洲人或說歐洲文化，只爲世界其他民族帶來災禍，並不曾帶來幸福。而回視歐洲諸邦，西班牙、葡萄牙、荷蘭、法國、英國，非不各曾稱盛於一時，而到頭所得係何？今天的歐洲，正已明白告訴了我們。

三

此刻，我來綜述此四百六十三年的世界歷史，不用歐洲人觀念，而改用世界人類之共同觀念，則可一言蔽之，稱此四百六十三年之世界史，乃是一部徹頭徹尾的「殖民爭奪史」，換言之，則是一部的「財富爭奪史」。在其間，也並不能說更沒有人道與正義，只是一切人道與正義，須能不違背此財富爭奪之大前提而始獲得其存在。苟若違背了此財富爭奪之大前提，則人道正義皆在所不顧。在其間，更非沒有嶄新的科學進步，而一切科學進步，則主要全成爲財富爭奪之工具。此四百六十三年來之世界財富，亦不得不謂特有所增加，然而凡參加此一財富爭奪者，則全是所得不償所失，到頭落得一場空。今天的財富集中，乃不在歐洲，而轉移到北美洲；作繼續向外強烈爭奪者，亦不在傳統的舊歐洲，而轉移到蘇維埃。整個世界形勢都變了，但只有那財富爭奪的大原則似乎依然沒有變。自由資本主義，豈不仍然是爲爭奪財富，而極權的共產主義，則在理論上行爲上，對內對外，無不是爲爭奪財富。然則此下的世界人類文化前途，又和哥倫布登上新大陸以來，有何大轉向，有何大變動？

正爲如此，今天的世界雖出現了新形勢，卻並不見有新希望。在人心普遍的苦悶與煩躁中，卻又有了一次驚天動地的新事件發現。這卽是本年七月二十一日人類開始登上了月球。此已距離哥倫布登新大陸四百九十一年，快近五百年，但有許多人把此立刻聯想到哥倫布。用來相提並論，其間自有許多相同與不相同，在此可不細論。

但哥倫布登上新大陸，實已爲世界人類開出了一新局面，爲世界財富促進了一生機，只是世界人類不能把此局面與生機好好利用，其所得結果乃至如此。此本爲人人俱知的一段近代史實，好像可不須複述。但人類心理，則似乎總好前望，不肯回頭看。歷史如一面鏡子，我們若能常把此鏡子反照一下，豈不亦可有所參考，有所警惕。或有人認爲人類登上了月球，便可爲此下世界人類開出和平，即美國總統尼克遜，也如此說，但我不禁要問，目前人類未獲和平，是否爲了人類沒有上月球？若果如此，則人類登上月球，和平自可展現。否則若人類之未獲和平，另有原因存在，則此原因不消去，人類縱能繼續登上火星，登上其他行星，亦與人類當前和平問題渺不相關。哥倫布登上新大陸以後，不斷有一套大探險大發現，繼續展出，橫渡大西洋之後，還有橫渡太平洋，燦爛壯闊的人類活動，一往向前，但當時所深深刺激歐洲人心理的，卻是引起而增強了他們的向外作財富爭奪。此一心理，如瘋如迷，直到目前，快近五百年。我們且問，今天人類登上月球，是否便可把此五百年來傳統的財富爭奪的心理解消了，或轉向了？當知此下若使有人類新文化出現，則此五百年來傳統的向外爭奪財富心理，必然要不得，必然該解消。而人類之登上月球，卻並非必然要先解消了財富爭奪心理始能。人類登陸月球，只是科學上一種新成就。此種成就，則只能說是人類新文化中之一項目，但非即等於人類全部的新文化。

而且科學開新，也是逐步而來。在太空科學之前，先有了原子彈氫彈之發明，但此項發明，試問又何補於人類文化開新之前瞻？在原子彈氫彈之前，又先有了V2火箭之發明，但此項發明，試問又何補於人類文化開新之前瞻？依此逐一向上推溯，人類不斷在科學上有新發明，卻並不能即謂此等便是人類所理想的新文化在逐步展現。自從哥倫布登新大陸以來，此五百年來的世界近代史，豈不昭彰在人目前，還不堪供人作深長思嗎！

四

依照人類生活、人類歷史、人類文化言，常變、動靜、內外、本末，必然兩存，而不可偏廢。有常不能無變，有變亦不能無常。其他動靜、內外、本末皆然。中國古人說，「天道好還」，歷史不能重演，不是說天道要使人回復到其本來狀態上，但縱多變，亦不能不有一常。縱多動，亦不能無一番安定之靜。縱使儘向外，不能因向外而沒有了內。縱使儘是伸張發展，如樹木之抽枝長葉開花結果，但那些都是末，亦不能有末而無本。當然，反過來說，也不能守常不變，主靜不動，專顧著內而不知有外，專務於本而不求其末，所貴在能兩者兼盡。果使萬不得已而只能辨其緩急輕重，而專於一，則常與靜與內與本，比較上更該注重。此項觀念在中國傳統文化中，植根最爲深固。而近五百年來之歐洲史，則正處在一相反方向盡求變、求動、求向外，求在末梢處用力，用力過了分，積久難返，如此刻的西、葡、荷、英、法諸國，正是苟不變便無常可覓，苟不動便無靜無安。因於沒有了外，遂亦沒有了內；因於失去了末，遂亦失去其本。於是只有再在變動處外面末梢處求辨法，求出路，愈失愈遠，愈前愈無路，兩次大戰後之英、法，正是如此，而西、葡、荷諸國，則更可不論。

我上面所指陳，乃是就人類文化之大體言，科學則只占文化中之一部分。今天世界人類文化，還是只在向外、求變、求動，儘在末梢處求進取。即如最近之人類登陸月球，雖說亦是人類驚天動地一大事，但其驚動天地處，則正在變處、動處、向外、向末處，而無補於我所稱常、靜、內、本之一面。而且正因那一面用力過偏了會影響到這一面，而今又美其名曰「征服」，則試問征服豈是人生正軌，豈是可常之事？今所猶得自相安慰者，幸而此項征服，只是向外太空征服，向無人地去征服。較之哥倫布以下，由歐洲人來征服其他諸大洲人猶尚差可減少其病害。然而此種征服，試問又豈能爲人類帶來內部和平，帶來本身幸福？若果儘耗費了人類無限精力財力來向外作此等無限上之征服，則試問於人類自身究竟是益是損，不待大智，自能分辨。

今又美其名曰「發現眞理」。以發現眞理一名辭，較之征服一名辭，顯然更爲悅耳，更爲動聽。然而眞理亦有別。有屬自然眞理，有屬人類文化眞理。弱者肉，強者食，前此五世紀，歐洲人向外殖民，爭奪財富，無往不如願以償，此亦有一種眞理寓乎其內。然此事弱肉強食，只是一種自然眞理，非是人類文化眞理。今在人類登陸月球之後，縱能繼續無限止發現許多眞理，然亦只屬自然眞理方面，而且勢必厚積財富，以供消耗，美國人又美其名曰「求合作」。此項合作，則又必與具財富者相合作，而凡供吮吸、供榨取者則不與焉。要之殷鑑不遠，人類世界最近此五百年來之歷史，正可從其中尋得種種之答案。

五

中國傳統文化之可貴，則正其能於常變、動靜、內外、本末雙方兼顧，而尤能主常主靜重內重本。故在中國歷史上，縱少此等驚天動地之大事件連續出現，而在中國人之傳統觀念下，則必首重人道與正義，惟此兩者，乃爲可常不可變，可靜不可動，當一求之內而奉以爲一切之本者。惟此一帖藥，正可拯救當前人類文化大病。而無奈舉世如狂，人能一登月球，卽羣認爲人類將從此開出一新世界，若不勝其想望之殷。則試問今舉世人類相與之間所謂人道與正義等究何在，抑是否人道正義已建基大行而無憾？抑是否人道正義之與科學發明，能並軌而齊進？抑科學發明，是否能直接引生出人類相與間之人道與正義？若都不然，又當試問人類此下之新世界，苟其無人道，無正義，則豈不仍將走上五百年前哥倫布登上新大陸以來之舊步伐，舊路徑。所不同者，五百年前得道當令者爲西班牙與葡萄牙，而此刻則轉爲美國與蘇維埃。除此以外，相異又當何在。

或者將疑，我此所言，乃是一種老生常談，已無當於今日所謂原子時代與人類登陸月球之時代。然而所當知中國文化已緜歷了五千年，疆境則日擴，民衆則日繁，此在舉世尙無其匹，而自哥倫布登上新大陸，至今不到五百年，所有西、葡、荷、英、法諸邦，其興也倏，其衰也忽，今日之西、葡、荷、英、法則亦仍是較之五百年前無大展布。今則世變益亟，不論五百年，即五十年後亦難逆料，甚至五年以後事，亦將有不能預測而知者。爲人類文化前途之可大可久著想，則必有一可寧靜之常道，必有一求之內而務其本之先決條件，此決非專意於向外爭奪財利者所能知，亦非競求科學發明所能解決其一切之難題。老生常談，乃從人類之歷史知識來。哥倫布之發現新大陸，以及今日之人類登上月球，僅爲人類歷史開出新面，卻非從此人類歷史便可棄置於不顧。當前之人類，苟能於科學發明之外，仍能注重歷史知識之借鏡與反省，當亦不失爲一種折兩用中之道，而此所設折兩用中，則亦是中國傳統文化中一項老生之常談。

（一九六九年十月政治大學東亞季刊一卷二期）

二六　一個中國人讀索忍尼辛哈佛講詞

一

索忍尼辛不愧是現代世界上一位傑出的人物，他飽受著蘇維埃共產極權政治的迫害與磨折，幸而他終於逃出了魔掌，又幸得安居美國，深受美國社會一般的重視。最近又榮獲美國哈佛大學贈予博士學位，他有一篇講演，極受世界人士的重視。我亦因此又連帶讀到兩年前英國電視評論家對他的一篇訪問記。最先，他因愛國心切，刻意盼獲西方力量之援助。但旅居漸久，對西方社會觀察日益深密，遂一轉詞鋒，在人類文化的基本問題上，專對當前美國社會的病痛所在，嚴加指責。他的話，也可說是字字珠璣，語語血淚，從大處著眼，從小處舉例。美國人縱不能一時心服，卻無法具體答辯。但平心論之，美國人亦自有他一套淵源西歐文化的深厚根基。他移民四百年，開國兩百年，到今天，社會富足，生活充殷，既富且強，高踞全世界之首，當然有他們的長處。絕不會聽了索忍尼辛一番話，而承認自己一切錯誤，幡然改向。縱使如此，亦非咄嗟可辦。而且輕易失去了自信，遺棄了傳統，亦正足證明其如索忍尼辛所言道德勇氣的淪喪了。

二

不久，美國時代週刊登載了美國知識界八位知名人物對索忍尼辛講詞的評論，有贊同，有反對；在贊同的中間仍不免有反對，在反對的中間亦仍不免有贊同。只從這一點看，美國人還不失爲有一種泱泱大國之風，能容人異見，而再加思考。這一點，也正可說是美國人長處。

英國文化史學者湯恩比，亦多對西方文化有批評。他提出「宗教復興」爲最後的救藥。索忍尼辛亦有此見解。在美國時代週刊所發表的某一人的言論中，雖贊同索忍尼辛的指責，而對「復興宗教」一節，則表示反對。這一層，說明美國文化雖淵源英倫，而亦有其自己一套的新思想。此亦正是美國人意態開朗之可愛處。

且在索忍尼辛的講詞中，論到今天世界分裂的一大段話，遠在一九一七年，當美國加入第一次世界大戰時，威爾遜總統曾說：「我們必須爲弱小民族的權利與自由，爲一個全世界的正義領域而戰。」在一九一八年，威爾遜對美國國會講演，又提出對大、小國家同樣給予政治獨立與領土完整的共同保障，以及充分照顧到民族自決的原則等。此皆犖犖大綱，要言不煩，卽今天索忍尼辛所謂分裂的時局，實際依然在向此路邁進。惜乎在巴黎和會中，威爾遜的意見並未爲英、法政要所接受。而美國民眾亦未對威爾遜的意見有深切瞭解。威爾遜賫志以歿。直到今天，美國人亦從未對威爾遜總統那時的一番話，來重新提出，加以闡宣宏揚。然而威爾遜總統終是一個美國人，將來的美國人還可引以自豪。

根據以上諸點，我對西方文化，主要如美國，向未一筆抹煞，如索忍尼辛般，只見其病痛，不見其生存的一番深源潛力。再進一步說，索氏是一俄國人，眞照我們東方人的看法，俄國是西方文化傳統中的一部份，只其進步較緩。到今天西方人逐漸轉變論調，像英國的湯恩比，他論世界人類文化，把蘇維埃劃歸東方。卽如索忍尼辛，也把蘇維埃列入東方，來與西方文化分別立論。其實他們兩人只是在西方文化中分東、西。我們東方人，尤其是中國人，眞從世界人類文化幾千年發展的大系統看來，蘇維埃以及從前的俄羅斯，是萬不該把他歸入東方的。

索忍尼辛亦曾提到東方，他說：「任何根深蒂固而獨立自主的古老文化，如中國、印度、回教世界及非洲，從西方的觀點來看，這些世界充滿了玄祕和神奇的事物。」又說：「俄羅斯有一千年的時間，也屬於此類獨立自主的世界，同爲西方所不瞭解。」他在對英國廣播公司的訪問記中又說：「由於歷史的機緣，俄羅斯已走過了西方目前所走的路，比西方早了七、八十年。」索忍尼辛究是一文學家，不能算是一人類文化史學者。如上引之點，其中與我們中國人看法應可有甚大歧見。這一層牽涉到世界歷史文化的專門性的學術探討方面去了，我在今天不想從此方面來作更深入的討論。

三

今天我所要提出的，似乎索氏批評西方文化當前病痛的種種話，卻可使我們當前的中國人聽了，眞是「一鞭一條痕，一摑一掌血」，值得我們來作一番深切的反省。讓我從近代兩次世界大戰中，中國人所親身受到西方文化所給我們的傷痛，人人皆知，人人能記憶的，舉出一兩點來講。

第一次世界大戰，中國本來也是英、法一邊的戰友。但是在凡爾賽和議中，他們卻強將德意志在中國佔領青島的不合法的權益，拿來割讓於日本。甚至要擴大範圍到山東全省。這一種不仁義、無道德的國際決定，引起了中國的所謂「五四運動」，從北京大學發起，全國響應，人心沸騰。然而日本人在侵略中國的道路上，卻是西方人幫他再開了一條更新、更廣的門路。從此就引起了第二次世界大戰開始的中、日戰爭。

在第二次世界大戰將結束時，英、美同蘇維埃定了一個雅爾達協定，他們又把中國外蒙古、東三省乃至於向南到了朝鮮半島的北部，將日本人處心積慮強烈侵佔的無仁義、無道德的不法權益，要拿來轉讓給蘇維埃。這又是一番絕無人道的舉動，而中國人終於屈服在英、美意見之下，也承認了這一個協定。毛澤東從延安逃出，他終於憑藉了這一個協定，能在東三省取得了很多的日本軍械，重整他的武力，跑入關內佔領了中國全大陸。這不能不說雅爾達協定有它重大的關係，重大的影響。

所謂西方自由世界，第一個正式承認中共的，就是英國。而美國人則主張國民政府與中共言和，並無其他對國民政府的幫助；而他遠在共產勢力南下之前，早已全部撤離了南京。到後來他們也未嘗不想承認中共，而爲中共所拒絕。他們還只說，要看塵埃落定，對於播遷來臺的國民政府並無絲毫的幫助。直要等毛澤東「抗美援朝」大軍進入朝鮮半島，才始有第七艦隊的東來。到那時，在美國人的心中，才始有一個「流亡」臺灣的國民政府之存在。然而美國的軍隊始終沒有敢在鴨綠江乃至鴨綠江北岸投一枚炸彈，其他更不必說了。

韓國的戰事不論了，越南的戰事也不論了。然而美國總統尼克森親自到大陸，有所謂「上海公報」，有所謂「中、美關係正常化」的呼聲。直到今天，美國還是尋著這一條路在向前。今天美國全國的輿論最多只是要求在「關係正常化」之下，繼續承認國民政府，保存中美協防條約作爲一個附件，如此而已。

索忍尼辛講詞中，指出美國對強大弱小、敵友之間，種種意態相異，舉措不同，可謂絲絲入扣，語語中肯。而中國人所親受的，則尚恐非索氏意想所及。此乃西方文化傳統，遠自康德以來，只論「國際法」，並不及「國際道德」，即中國人所謂之「天下觀」。他們的國際關係，專以各自的利害打算爲主，本無道德勇氣可言。更無論於國際道德之淪喪。今天西歐列強如英、法、德、意，絕無一國與民國有外交關係，他們一體承認中共。似乎他們只知道有疆土廣狹，而更不論立國精神。而我民國則始終自認爲是「自由世界」之一員。此固亦是中國人不失其傳統美德之天下觀，不念舊惡，與人爲善，樂取於人以爲善，自謙自抑，虛心求益，不失其忠恕大道。然而我們聽了索氏之話，實在亦應該有所憬悟。

四

我們可以綜合的來講，蘇維埃政府成立在第一次世界大戰的時候，但他勢力推展到東歐，使波蘭、匈牙利一切國家都歸入到蘇維埃的權力下，這是在第二次世界大戰時。今天美國人公開宣言，要和好相處的對象，首先是蘇維埃，其次才輪到與中共的所謂「正常化」。我們從此過程看來，蘇維埃的共產極權，是西方英、美不斷加以扶助的；而國民政府遷臺，與中共政權的出現，也是受到西方兩方面的影響。

所以索氏所指責美國的話，在美國人有他們的歷史傳統，有他們的民族立場，他們不可能一口氣承認索氏的話。而且實際上，平心而論，也並不盡如索氏所指責。然而在我們東方，尤其是中國人來講，索氏所批評指責美國人的話，指責西方文化的話，卻是我們所應該深深的體驗、深深的反省，有我們自己一方面的一番覺悟。索氏這番講演中，尙有好多話可作我們的暮鼓晨鐘。如他說：「西方人持有盲目的優越感。」又說：「西方的生活方式不可能成爲領導這個世界的典型」等，都有合於美國威爾遜總統在第一次世界大戰結束時所提出的多項意見。這不是我們中國人亦應同樣看重的嗎？

索氏又說到人類生活並不能拿高級的物質享受爲一終極目標；又說：「社會在機械化的法律制度下，也非善策」；又及所謂「近代西方民主、自由生活之日趨輕率及膚淺」等語。原講詞冗長，不具引。但本文仍在，我國人皆應逐字細嚼，逐語反省，奉爲座右銘。

又索忍尼辛講詞中，雖極反對蘇維埃的共產主義，但並不曾反對俄國人的文化傳統，認爲俄國人自有他一套。這一點更值得我們中國人深切的警惕。我們很少有人能像索忍尼辛那樣強烈地看重自己民族的傳統文化和它的精神內力與道德的意向。他在訪問記中又曾說：「一個不能記憶的民族，就沒有歷史和靈魂。」我們今天的中國人，卻似乎像索氏所批評的，僅把美國作爲我們的楷模，早已忘掉了我們自己的以往。單憑這些年臺灣的經濟繁榮，物質享受，認爲就足以反對大陸的共產主義。這距索氏的意見不免又相去太遠了。

（一九七八年七月一日中央日報邀稿）

二七　對日抗戰之一些回憶與感想

一

日本乃中國東海岸外一島國，相傳秦始皇帝時，曾有大隊中國人航海至其一島上，久居而不返。下迄唐代，乃始有日本人來中國。傳去大量佛法與書物，至今尚存，日本人奉爲國寶。下迄晚明，倭寇來犯，沿海諸埠盡受騷擾，成爲明代淪亡一助因。滿清入關，明遺民乃多人去日本，並有長留不返者。及清中葉後，歐化東來，日本人最先受其影響，國情大變，於是追隨侵略，成爲中國一大敵。

清光緒甲午年，中日間，兵釁突發，中國海軍敗陣言和，乃割讓臺灣島。余生翌年乙未，即臺灣淪入日本之年。其時朝鮮半島亦已先淪入日本版圖中。日本乃成爲太平洋最先歐化一帝國，亦可謂乃全世界其他民族自創歐化帝國之第一邦。此誠在世界史上深堪大書特書之一事。

民國初年，歐洲德意與英法啟發戰爭，日本亦參加英法一面。德國敗，民國八年巴黎和會，其所占中國山東之青島，乃亦轉入日本人之手。而日本人之野心則殊不以此爲滿足。國民軍北伐，求統一，日本人乃於山東沿路横生阻礙，又陰謀害死東三省軍閥張作霖，期望中國關外横生事故。其詳不細述。

二

余曾應民國元年上海商務印書館東方雜誌徵文，成一稿，大意論中國外患，英法在海，日俄在陸。而在陸之害，當遠甚於在海。將來國家大患應在日俄，不在英法。獲東方雜誌五獎之一，但未獲發表。余曾函詢，據答：有關國家外交祕密，故不便發表。而不幸此下遭遇，乃有遠出於當年此文想像之上者。

民國八年，國立北京大學首先有全校罷課遊行運動，北平各大學起而響應。風波南迄上海，遍及全國，此即國人所謂之「五四運動」。當時罷課罷市，主要專在反抗日本侵取青島，爲無理之吞併，乃求抗拒日貨，以稍洩國人之公憤。但日本人之野心，則斷不即此而止，實乃以併吞全中國爲其終極之目標。余自民國十九年至北平，先在燕京大學任教，翌年轉北京大學，携家前往。乃於日本之侵略野心略有所知。余當時曾讀日本人所著史記會注考證一書，其間有極堪詫異者。書中凡一地名，必詳引清初余鄉人顧祖禹所著讀史方輿紀要一書，整條錄取，曾無刪節。顧氏書乃廣泛述及漢代以後歷朝史事，與史記地名多渺無關係，此書乃一一詳引原文不加刪節。後乃知日本東侵，先之如進軍北平，後之如進軍南京，其進軍路線皆無不承襲顧氏書中所詳述者。當時中國軍隊沿平津火車路線作防守，而日軍則自入天津後，卽一依顧氏書中所言地理路線西進，全不走平津火車路線。又中國軍自上海至南京，全依京滬鐵路各車站設防，而日軍則在上海早已安排大批船隻，逕自太湖西渡至宜興登陸，直達南京之南部，曾不一涉京滬路。此後各處交兵，日軍攻勢亦大都依顧書作準繩。余在昆明，西南聯大畢業生，有結隊東赴湖南長沙各地從軍報國者，羣來辭行，並請誨諭。余告以須攜帶顧氏書隨行，俾可略知所在各地之軍事形勢，稍知警備進退之方略。而昆明各書舖乃絕無此書。遠求之於行都重慶，始得隨帶成行。

又余在北平時，日本人曾派人來此接洽爲清廷未收入四庫全書中各書作提要，每篇各頒厚酬。一時應其請者，頗有人。是日軍未履中國，已早準備開國後編印新四庫全書，以爲慶祝。而此輩作序者或作漢奸或爲順民，皆已早先埋根。其深謀遠慮有如此。然當時北平學術界，學士文人實繁有徒，日本人亦未能盡行網羅。但併吞中國之兵爭既失敗，而此稿則尚完全保留，日本人無意再加付印。今聞我臺灣國人乃有卽移用此稿來作重新編印續四庫全書之準備。事業之成敗轉變有如此，此亦可謂大出乎人情之外矣。

又北平販賣舊書肆麕集處，不外兩三街道。其每一書肆，經各大學教授採購古籍，各有銷售紀錄簿。而日本亦各派專人前往訪鈔。某教授曾購何類書籍，日本人已無不網羅備知，早爲他日親切聯絡作準備。

三

抗戰軍興，北平於一夕之間卽告失陷，但城中居民均得安居如常。各大學教授幾乎盡留原居處，極少事先避難者。待淪陷後，亦各得依然安居，無絲毫驚動。如上所述，亦有有關學術方面事，日方派人前去各教授處詢問，並無攪擾，敬禮有加。余等均安居兩三月後，始離去，坐平津火車，經天津乘海船南行，平安一如日常旅行，亦無日軍盤查或留難之事。此誠兩國兵爭中所絕少遇見者。蓋此次日本出軍，意在吞滅全中國，不專限平津兩地間。留者可照常留，去者可照常去，他年當盡歸網羅，日軍已早作此準備，已早爲全盤佔據後作安排，不再在一兩月間作計較。故余等皆得平安離去，而余等之家屬則多仍留北平，暫不移動。日軍之待人寬大有如此。但抗戰前後，中國各地學術情況，則竟判若霄壤，此實大堪嗟嘆者。

又一事亦值注意，卽日本軍中大率自下級軍官起，卽多讀唐詩宋詞，或多能寫作。此亦準備入侵中國後，卽得與中國社會一般知識份子親善來往。據聞當時日本軍人在江蘇省長江南岸，盤居各鄉間者，乃怪中國鄉間已絕少堪相作詩詞討論或相互唱和之人物。余幼年蕩口鎮一小學老師華某，本留學日本，習鋼琴歌唱，能作詩詞，至是年老尚存。日軍人獲交此老人，羣相推敬，遠方駐軍亦多來蕩口鎮訪晤。余曾在抗戰中一度至蘇州，迎母同居。聞人相告知其事，惜不獲與華師一晤，細問其詳。然由此可以推想，日本軍中之傳習中國詩詞，乃亦早有用意。特爲他日侵華作準備，非由嚮慕中國文化而然，其用心之周密有如此。若果爲傾慕中國文化，多誦唐詩宋詞，則自會增盛其和平睦鄰之心，決不作武力侵吞之想望。中國文化傳統，和平相處，乃中國理想人生一大目標所在，非以供戰爭殺伐作人生之某一種手段。而日本人之慕效中國，乃非其恭敬心、嚮慕心，僅是作爲人生中一種手段，一種工具，亦可卽此而證矣。

日本人決心侵華之祕密，尤與世人以共見者，乃爲其對美珍珠港海軍之偷襲。日本人意，英法遠在歐洲，對日本侵華縱有他見，但軍事早已解決，外交事項較易應付。美國屢對中國有好意，移贈「庚子賠款」作爲辦理清華學校，培植大量學生赴美留學。恐其對日侵華或生異見，乃先發制人，大量毀滅其海軍，一時修復不易，而日本之侵華則已早臻定局。則他日美日之間，亦易轉爲外交事件來作解決。其當時內心意圖當如是，而其荒唐輕率出人意外，乃又如此之甚。此則當從人類內心深處文化本源方面來作深論，決不當僅以外面事態利害輕作評論。

四

中國儒家傳統或可稱爲「道義文化」，莊老道家則可稱「自然文化」。西方如希臘、羅馬，既無道義可言，亦非可用自然二字作解釋，宜當稱之爲「手段文化」或「工具文化」。一切人生作爲皆屬手段，一切物質建設亦盡作工具。卽如科學機械，亦盡屬人生一工具、一手段，今人以莊老道家「自然」二字說西方之科學，則遠失之矣。試問一切科學機械，那一件由自然來？此眞大非其倫矣。至於其手段工具外之人生目的，卽其終極之內心意圖，則實甚簡單，可謂只剩一項目的，求能到達。而此項目的，因其簡單已極，乃有無可明白陳說者。必以中國語說之則恐惟「人欲」二字庶爲近之。自古至今，西方文化莫不如是。

日本係一島國，其地理位置雖與中國鄰近，而其情況形勢則實與中國大陸迥異。故其民族性，實際較近於古歐洲之希臘羅馬，亦與大陸中國人相距遙遠。故日本人一切行事作爲，自近代明治維新以來，實際上皆僅爲一目的，其他盡屬手段或工具，備供使用。此乃日本人之眞性情所在。中國文化無論其爲儒家之道義，或莊老之自然，一切人生皆兼天地大自然而會通和合言之。倘專論人生，則僅爲一大目的、大標準、卽其大趨向，大歸宿，卽爲人生之「和會團聚」、「可久可常」，成爲一大局面。

其他一切手段，一切工具，則全不重要，盡可放棄。故中庸特提一「誠」字。西方人之手段文化，其大病卽在其衷心無誠，盡出於僞。其工具文化，則一切盡在物，不在心。日本人雖早受中國唐代以來傳統文化之陶冶與影響，然其本性眞處，實近歐洲人。只因其處境近於中國，遂先接受了唐代以下之中國傳統。然主要則在佛教，其一切皆在外，不得深入於其內。直到晚近與歐洲人相接觸，乃眞獲其性情之所近，唐人詩所謂「少小離家老大回」是矣。故在其明治維新以後，實有其內心深處不自覺之一大轉變。

五

今論其入侵中國，雖終不免有如南京大屠殺案之慘痛悲劇，但就大體論，究不得謂其有過分之慘殺。實可謂已善盡其在中國歷史上朝代興亡之轉變中，學得和平友善之姿態。惟其進軍方略雖如此，然論其入侵中國內心深處之眞目標，實非僅在中國歷史上只求一新朝代之興起，而當爲在全世界一大日本新帝國之建立。此中有極重大之分辨，所當明白指出者。

及受美國原子彈轟炸，日本全國無條件投降。曾兩度派遣親善訪華團來臺。余曾由政府派遣率團赴日答訪。在日所獲晤對之人士，其眞涵有懺悔慚疚之心情者，盡屬政治界或軍界人士，曾受美軍囚禁入獄者。其次南部京都學術界方面亦多尚有漢學傳統，亦知不直其以往之所爲。至於東京方面，大部分人士則多轉向大陸共產政權，又想另找一新出路。學習白話漢文，乃一時風行。曾於公開大會中，面告余，彼等對臺灣尚知敬佩者，僅吳稚暉一人。其實吳氏主「線裝書扔毛厠」，「人以機關槍來，我亦以機關槍往」。此正爲當時東京一輩日本人衷心所敬佩。此非爲一種徹底的西化心理而何？

當時余在街頭曾見有大批排隊上工廠工作之男女青年，但此輩似非爲當時一般日本人所重。乃未幾何時，日本卽步上了歐、美工商化道路，迄今乃爲全世界第一首富之國家。其間乃寓有當前世界情勢一絕大之轉變在內，惜乎尚無人能爲之抉發。所謂大轉變，其一，爲西方帝國主義漸趨沒落。其前如以往之英法，其後如當今之美國，形迹已顯，此不詳論。其次，乃資本主義可以漸次脫離帝國主義而猶得其存在。換言之，卽歐洲型之資本主義當一轉而爲猶太型之資本主義。再換言之，卽歐洲羅馬型之資本主義，將漸次回轉重返於希臘型之資本主義。

六

日本人爲當今世界第一富國外，尚有臺灣、南韓、星加坡、香港四小龍隨其後。香港僅爲一殖民地，此外三「國」，亦皆微小，何以於經濟發展上同得在東方爲一「龍」？當知日本受中國文化陶冶已千年，南韓則當達兩千年，至於臺灣、香港、星加坡，此皆中國一小部分，有其深沉之遺傳，此皆有關中國文化傳統。

再言當前之歐洲，惟西德爲首富。余嘗論西德具大陸型，其中古堡壘時期最有近似於中國處。文藝復興，城市興起，而有現代國家之成立，獨德國以地居大陸不在其列。而今日兩敗之餘之德國，乃轉而成爲歐洲之首富，其間亦必大有隱情，可資深討。而此德日兩國之現狀，世人乃俱不深討。卽連德日兩國人，亦若茫然。

最近有美、英、法、德、意、加、日之世界高峯會議，惟日本獨爲一東方黃色人種，其他美、英、法、德、意五國，皆曾爲一時之帝國大強，惟加拿大乃由英國殖民地變化而來，並未能成爲一帝國，其情形乃一如日本，當是僅賴其經濟興盛而亦得成爲世界高峯之一，此又非具體一明證乎？

七

但今日舉世人似乎俱尚不知有此一大轉變。最近日本與美國又皆相率承認大陸共黨，不惜與臺灣「中華民國」宣告絕交。此皆十足表示其同爲以往帝國主義之行徑，亦卽同是一種「手段文化」與「工具文化」之明證。整個世界之人文運行，已在絕大之改易更換中，而如美國與日本乃皆懵焉無知，絲毫未改其往昔之行徑，此誠大堪傷嘆惋惜之事矣！身臨如是之世運大變，而懷念以往之「七七」對日抗戰，則明日黃花，亦將渺不得其悲喜慶傷之所在矣。又復何言！又復何言！

（一九八七年七月三日聯合報副刊，爲「七七」對日抗戰五十週年紀念邀稿。）

二八　漫話老子在美國

余嘗謂西方文化最近已陷沒落之期。中國人云：「途窮則返本。」西方之本乃在希臘，故此下歐洲人生，一切情況大有重返古希臘之可能。若云「途窮思變」，究竟西方文化此下該變向何處去，此實難言。實則「變」與「窮」，語不同，而實相接。窮則必有變，能變則或可免於窮。歐洲現況，顯已見其窮，但不知其所將變。此一情形，已近三十年，顯可證明。

最近美國總統雷根，忽在其國情咨文中，引老子書「治大國如烹小鮮」一語。不久美國當大量翻譯老子書行世。然此僅途窮思變中一想像，非可證此下美國即會變向中國老子思想方面來。老子思想亦代表中國文化傳統之一方面一部分，中美文化途徑相異，美國文化豈能變向中國之途徑。

數十年前，英國哲人羅素及美國哲人杜威同來中國作講演。羅素極多交接中國學人，並多思想往來。聞老子書有「既以爲人己愈有，既以與人己愈多」兩語，大爲欣賞感動，稱讚不已。及其返英，並又進讀論語，多引孔子語告人。但此乃最近兩世六十年內事，此事在西方學術界影響甚微。儻以羅素事爲例，可見雷根當前既使有感於老子，其所影響當更微，不當付以甚大之希望。若謂美國文化從此有向東方中國老莊方面轉移之可能，此猶一時空想，姑妄言之，殊不足信。

上引或人告羅素老子有關經濟之兩語，此則涵義極爲深廣，人世間亦常多例證，仍値研討。但如近雷根所舉老子「治大國若烹小鮮」一語，此見老子思想實有輕視廣土衆民治平大道之傾向，與西方思想僅重個人主義、違反大羣正相近似。而其與近代西方之現實，則大相違謬。以中國廣土衆民之文化傳統視之，則實非嘉話，無可信從而遵守。

漢初曹參以軍人任齊相，人告以老子無爲而治義，曹參乃常臥牀以爲治。及其進任漢相，蕭規曹隨，一主無爲，乃成歷史上一嘉話。然此豈得謂對世界人類大羣一任政論治之大道？此下西漢一朝，乃及一部兩千年中國政治史，從政者又豈常以曹參爲圭臬？國人當所深知，此事不再詳究。

當前之美國，政事艱困，對內對外，兩無遵依，又豈臥治可了。僅謂雷根重視老子此一語，即視爲中國文化將西傳之一證，此又與實際情勢大相背謬矣。

老子書出莊子後。此在余之莊老通辨一書中早經詳考，可謂已成定論，此不贅述。老子思想當出戰國之中晚期，在當時實無大影響。此下道家言縱謂其於儒學有補救，然亦多屬枝節，非眞於大綱領處有糾正，則又烏得謂其於儒家思想有大轉變。今儻謂老子書可於中國文化對西方傳統有大貢獻，則又何從而言之？

在中國，老子書後，儒家持論可以救治老子持義偏激者，舉不勝舉。卽如小戴禮記中之大學、中庸兩篇，特經後人提出重視，與論、孟合爲四書，大加表揚，亦與老子持義相違謬。乃使老子書在中國後世不見有大患害。奈何今日而後，乃可捨棄學庸更返老子，而謂其有康莊大道之可尋。

然則今日一中國人，在西方而求闡釋中國文化、中國思想，學庸尤更重要於莊老。斷不當轉認老子一書爲中國文化傳統中一宗主，亦可知矣。今西方人既知重視老子，亦當提示其重視學庸。非可獎勵其專卽老子，而敬奉以爲此下讀中國書、採用中國傳統之津梁或康莊大道。此層余於所著各書中語之已詳，此不贅及。

實則西方人重視老子，只可謂其於當前西方文化大體或可有所補救。而求救治西方文化之爲病，正本清源，則決不在此。或以美國明年當廣行翻譯老子，潮流所趨，影響所及，乃當轉移國人之注意討論民族本己之文化體系者，則又爲一大値商討之事。

故凡論及一家一書之學術方面，必論及全民族全國之學術史。莊老在中國整部學術史中，其地位，其影響，實大値研討。若在中國學術史中，而特地專門提出老子來，則又終不免如西方學術界之重視專家，重視單獨發明與創造之流弊，而無可救藥矣。

抑且老子「治大國若烹小鮮」一語，與西方文化正有其相近處。如美國，乃一廣土眾民之大國，而其全國政治領袖大總統，可由民選，只任四年，連任則八年而止。如此潦草簡單，非眞如治「小鮮」而何？若以中國傳統「十年樹木、百年樹人」之語視之，倏忽四年八年間，又何所施爲？

老子同時有荀子，嘗批評莊子，謂其「蔽於天而不知有人」。批評老子，謂其「有見於詘，無見於信。有詘而無信，則貴賤不分」。其評莊老，可謂乃得其實。故老子言：「同謂之玄，玄之又玄，衆妙之門。」則老子知尚同而輕視其異。人生演進，古則多同，後則多異。老子之尚同而忽異，可謂正由其知古而不知今。僅知有衆妙之門，而不知衆妙之究爲何。今日國人競尚西化，乃卽自譏爲抱殘守舊。不知抱殘守舊，正是老子好古尚同之陳義。儒家孔孟尚「傳述」，尚「時」，決與抱殘守舊者有異。今日慕西化者，豈可轉反孔孟而治莊老，乃卽以爲向慕歐化之一正途乎！

中國人讀書，若僅讀論孟，不讀學庸，則老子書出孔孟後，或可轉視爲新鮮。若兼治學庸，則老子書已當在讀學庸者批駁排斥之列，自知取捨之所宜矣。今日國人並論孟而不讀，則無怪其對最近美國總統雷根語，乃慕老子爲新奇矣。

孔子曰：「人不知而不愠，不亦君子乎！」孔子不尚同，乃不爲人所知。孔子又曰：「知我者其天乎！」此則與老子之尚玄尚同，豈不大異其趣？今西方相傳以開會取決多數爲人生從違之大原則，此始顯近老子尚同之義，而有違孔學之「爲己」。但中國自學庸書出，而老子書中義，偶有可取者，亦多經融化。近代國人不讀學庸，並亦不讀論孟，則宜其讀老子書，而信及中西文化之可相通矣。所以余讀最近美國總統雷根語，而心竊竊有所憂。故不免爲之作此短文，敬告國人，勿多輕信，以增意外流弊之滋生。

（一九八八年三月十九日聯合報副刊）

二九　略論歐洲文化前途

余嘗謂西方人言自然，知有地不知有天。故知重空間，而不知重時間。故其所求在擴張，不在緜延。自希臘迄於今，亦僅當中國史演進之一半，但今日之歐洲已逐漸轉入衰退。余幼年時，即聞日光之下無不有大英帝國國旗之飄揚。但迄今余年過九十，英國已退出全世界之殖民地，並即將香港退還中國。則大英帝國之不復存在，已屬顯然。

今人好言求變求新；其實當前世界正在大變日新之中，而人苦不自知。歐洲英、法、德、意兩次大戰爭，德、意俱告失敗，英、法雖連獲勝利，亦不勝其禍害。亦可謂此兩次戰役，即歐洲史乃及近代世界史之轉捩點。英、法國運亦因此同告低落。又可謂亦即歐洲帝國主義漸向衰歇之轉捩點。

或疑及今繼大英帝國而興者，有美國與蘇聯。然蘇維埃出師援助阿富汗，多至十萬人以上，爲時已達七年，但終不敵義勇軍之反抗，迄今已謀退師。至如美國，自歐遷美，地理形勢已大不同，一偏海洋性，一偏大陸性。地理天賦既異，人文亦難相襲。立國以來兩百年，自開國十三州擴大至五十州，爲時不可謂不速。但既成一五十州聯邦之後，迄今當亦踰百年，而一切進展乃與西歐英倫本土大異。要之，乃聯邦，非帝國；安於舊土，不再擴新。最近如亞洲菲律賓，自願加入美聯邦，而美人拒之。稍前如韓國越南，美國人皆出面相助。然意圖有限，不主進取，只主保守。迄今如對伊朗，則更不曾有帝國主義之姿態。則其一切進展，決非追隨西歐已往帝國軌轍，史跡昭然，宜當明辨。美國之仍襲歐洲，僅爲發展自然科學之一端。不僅能接踵而起，其驚人之偉大，更有過之。其他有關人文方面，則一歸單純，斷不如歐洲以往之複雜。

今日歐洲殖民政策停止，卽帝國主義之衰退。就全局大勢言，其全盛期已成過去，歐洲歷史往例，多變而不常。自盛而衰，卽難再盛。此下英、法既衰，又當有何種新局面來臨，則殊難預測。恐歐洲全局就此將淪於衰退，再難繼起。

卽論資本主義，今日全世界首富乃推日本，次爲西德。余嘗謂日耳曼民族與西歐已往文化傳統稍有別，今乃繼英法傳統而起，斯乃其最可能之一新興矣。其前途復如何？此層則非本篇所當詳。

史學僅論過去，非能預卜將來。今討論西歐之過去，所能預知其將來者，則僅屬西歐已告衰退之一段。此下將來，一切詳情，自非史學事。史學家僅能根據以往對未來稍加以籠統之推斷，則僅知西歐之不將復興，如是而已。

若論帝國主義與資本主義之分合問題，則資本主義是否能脫離帝國而單獨旺盛？此層亦難預斷。卽如當前之日本，其資本主義之脫離帝國而獨能前進，此事尚難預占。苟非得美國之寬容，日本之資本勢力是否能盡向美國發展，亦大有問題。亦可謂當前日本之資本主義，乃附隨於美國之需要與允許而前進。果其雙方分裂，此下日本資本主義是否仍能背棄美國，單獨向前，此層尚難預論，有待將來之演變。

然則當前世界文化其前途之展望又如何？此則本篇所當略論者。竊謂富強本非人類文化終極想望之所在。此一層，當前西歐文化已明白告人知之。所謂人類文化，依中國傳統觀念言，應多在時間上，更重其在空間上；應多在雙方之情感和平上，不在雙方之武力衝突上。故中國人言天長地久，惟時間之緜延乃最可貴，當更在其能擴展廣大上。

此下之全世界，歐洲帝國主義既已消失，當可列國並存，髣髴古歐洲之「希臘型」，不能模倣其進而成爲羅馬型，更不能如近代英、法之帝國型。故此下之世界，帝國主義將不再見，應當模倣美國之聯邦形式爲近。天下乃惟有近似古希臘之城市分立，相互通商而止。則有國際通商，而不再見有國與國間之戰爭吞併，此當爲此下世界變局所趨。

余嘗謂果使歐化日衰，中國式之文化復興，則此所謂將來世界之希臘化，亦必近於希臘而中國化，則當爲一和平相處之希臘，卽如中國春秋末戰國時，百家競起，子學盛興。卽各國人士可各有其發明創造之機會，惟相和相安，不趨於相爭相殺。此下大局亦如是而已矣。此則豈不歐洲可仍有其將來之希望。

中國古代史，戰國分裂後，有秦漢之統一。此非統一於秦的兵力，實統一於戰國諸子百家人類文化理想之調和，以化異爲同，漸臻於一。呂不韋呂氏春秋所陳述，卽其主要一證。故秦之統一，乃醞醲於當時人類之文化理想。

秦初，爲相者乃楚國人李斯，爲將者乃齊國人蒙恬，秦始皇帝之太子扶蘇亦隨在軍中。是則秦始皇帝亦非無戰國以來諸子競起統一中國天下一家之理想，其行政措施未盡得當則有之，非如今人所謂存心以武力吞併天下而加以專制。其焚書，亦從宰相李斯議，非出其一人所想。且焚民間書，不焚中央王室書。此乃求一時之思想統一，非爲決心愚民，以臻專制。否則卽博士官制亦當廢除，不得專意排斥六經博士之以古非今。此下於秦有非難者，乃反對秦始皇帝一味偏於排古尊今之議論。但如今日一尊西方，盡情排除中國固有文化之近代思潮，豈不依稀彷彿一如秦始皇帝之所爲？而今人則謂之爲開化，不復斥之爲愚民，此亦大値思辨矣！

然則此下若求明白中國學術思想演進之正途，首當細求中國歷史眞相，復興中國文化傳統，不當盡情依照西方人觀念來作肆無忌憚之掃蕩。天下自天下，中國自中國。卽在戰國時，中國人已自存有一「天下觀」，但不妨在天下觀之中，仍有齊本位、楚本位各觀念。今日可有今日之天下觀，但不妨仍有中國自身之民族觀。其他各國亦皆然。既有天下觀，卽不妨仍保存各自之民族觀。果使只有天下觀，而又絕其各國之本位觀，可謂乃大失其道。中國有「本源論」，國乃天下之本源所在。絕棄其本國，更何有所謂「天下」。

此下之世界各國宜各保存其本國獨特之民族傳統，而仍能推己及人，廣及全世界。在「世界觀」「民族觀」之間，能執兩用中，庶乎近之。捨卻民族本位，僅知有外在之世界，則決然無當。或本世界觀，即縮其範圍，以各民族爲其中心之起迄點，此亦未嘗不可。

竊謂據今日求世界大同，則莫如法以往之中國。因中國乃「家族化」，而非個人化。中國之家與家亦各自獨立，但相互結合以成爲鄰里鄉黨，擴大而成爲國與天下。此之謂「和」謂「中」。故曰：「致中和，天地位，萬物育。」西方則主張個人主義，所育所位各在一己。能羣與不能羣，此乃其大分別所在。

今日西方文化可致世界人類福祉於無窮之將來者，有兩大端，一見於美國，一見於歐洲。見於美國者，爲有人提倡三世同堂。果能每一家庭祖孫三代同居，此始同於中國人之所謂「齊家」之家。老吾老以及人之老，幼吾幼以及人之幼，而天下治平之大本大源在是矣。見於歐洲者，爲歐洲人之會合全歐洲爲一國之議。果能如此，全歐洲三十餘國合爲一國，一切相互間之爭衡殺伐，可以從此休止。全歐洲歸於治平，而其他四大洲亦將有所景從。中國人所謂「國治而後天下平」，此亦一難得之階段。當前之歐美，果能有此一表現，亦即人類無上福祉之所在矣。

（一九八八年三月聯合報副刊）

三〇　知心與知道

一

俗云：「人之相知，貴相知心。」實則吾心可有不自知，而他人先知之者。如顏回，豈不並未先知己心，得孔子爲師，授之以道，始自知己心。即今兩千五百年，吾儕亦何由知己心，讀論語，乃始獲知己心。故孔子於人心，可謂乃一先知先覺。孔子亦僅知天，知古聖人心，乃知己心，並能獲知人心。吾儕生孔子後二千五百年，亦爲一後知後覺，其義即在此。

俗又言「知道」。知道猶難於知心。心在己，道則在大羣中。己之不知，何以知羣，更何以知大羣中之道？故知道必尤賴先知先覺。姑以飲食言，孔子「飯疏食，飲水，樂在其中」。顏子「一簞食，一瓢飲，人不堪其憂，回也不改其樂」。孔顏亦可謂在兩千五百年前，已先我而知飲食之樂。其實更在孔顏前兩千五百年前之人，亦可謂早已先孔顏而知飲食之樂。孔顏乃承此傳統以爲飲食，而同得其樂。何嘗必如近人之所謂創造，乃始有此樂乎？今日吾人亦承孔顏以來兩千五百年前之飲食以爲飲食，又何嘗必有所謂進步，縱有進步，亦可謂微知有味。一飲一食，歷五千年之久，其間固有變，而更大則爲「承」。中國人不重變，而重承，承則必有「化」。化卽由承來，前後相承處卽謂之「道」。道中有化。但化則非變，儻謂之變，則歷五千年之久，居今又何由得知古，而居古則更不知何謂今。而今日吾人則盡求變，又不知所變之係何，故今日不知明日，又何由而有前後相承之道。

由此言之，五千年前人先我有飲食，已先吾而得人生之大道，此所謂人心之「同然」，而古人爲之先知先覺。五千年後人，仍此飲食，則爲後知後覺。但五千年來之飲食花樣甚多，中國人則謂之「文」，或曰「化」。故五千年來之飲食謂之「人文化成」，猶俗語言花樣變。而此種種花樣則皆屬人生，故謂之「人文」。飲食然，其他一切盡然，其爲之主要中心之心性，亦莫不然。

其次試言男女。孟子言：「飲食男女，人之大欲存焉。」其實五千年前人已早有男女之欲，卽知相愛，又知有別，於是而有夫婦之結合。生生不絕，成家成羣，以至今日。故今人談戀愛，五千年前人已然。論其情意，何嘗有大變。但不能謂其無所化。故中國人言「人文化成」，人文卽人生花樣，一切花樣皆由化來，故稱「文化」。花樣莫大於飲食男女。經長時間之繼繼承承，此則曰「道」。人道卽天道，亦卽自然之道。中國人稱「天人合一」，卽人文與自然之合一。今人則重視科學，科學旣非自然，亦非人生。實乃人生中一工具，一手段。故余稱西方文化爲「工具文化」，「手段文化」。中國人則用一「禮」字來把人生大欲飲食男女全都平易解決了，乃有功力用到其他方面去。西方人則不知中國人一「禮」字，僅用一「法」字來防止人生對飲食男女之種種活動。愈防止，而活動愈盛。而人生其他方面則反而全消失，全忘棄了。故其文化進步乃越簡單越狹小，遠不如中國之廣大而沉深，融通而悠久。

人生飲食維持小我之短生命，男女乃維持其人羣之長生命。凡所得以維持人類之生命者，中國人則謂之本於天命之「性」。飲食男女則近性中之兩欲，而孟子稱之曰「大欲」。性則更大於欲。故中國人所重乃在「盡性」，而不在盡欲。西方人則僅知有欲，不知有性。亦可謂西方人乃知「性惡論」，不知中國人之「性善論」。故西方人信仰人生外有靈魂，靈魂始屬善，而人生則盡屬惡。故西方人於人生乃盡知飲食男女，而不知有中國人之所謂孝、弟、忠、信。中國中庸言「率性之謂道」，性中亦兼飲食男女，而人生大道則有外於此者。西方人不之知，印度佛教又排拒男女以求道，飲食不能盡拒，乃主素食。此在人道中，有承有捨，亦可謂之大愚不靈矣。耶穌教雖不排斥飲食男女，但凱撒事凱撒管，耶穌教則僅靈魂上天堂。不僅不賴有男女，並亦不賴有飲食，故有世界末日，惟靈魂天堂乃得亙古常存。此等信仰，實非其他人類之所能想像。

但飲食男女，在時間中則爲人生之常道。在空間中，則亦各有限。飲食每日限三餐，夫婦限一男一女。故中國人言人生大道，縱不排除此二者，亦不奉此二者爲主要。

二

孔子七十而從心所欲不踰矩。孔子乃中國之至聖先師，爲中國人道之大宗師。但孔子至七十之年，乃始言「從心所欲」。可見心之有欲，在中國雖亦認爲乃人道中一大關鍵，但其所欲亦不能無失，亦不能盡從。孔子亦必至晚年乃能欲不踰矩。所謂「矩」，卽俗言「規矩」之矩。西方則不言規矩，僅重法律。中國道家主「規」，儒家主「矩」，皆在人心中。非人心，卽無以見規矩。而規矩則僅在指導人生一嚮往。西方人言法律，則在人心外，容易防止人心，爲人心一限止，故西方人旣言自由，則必言法律。法律卽以防止其自由。中國人則卽心卽道，道卽人心內在之所欲。故謂「天人合一」。人生大道卽人生之大法，而此所謂法乃禮而非刑。此則中西文化大相異之所在，又誰與深論之。

莊子言「執其圜中」。圜卽規，僅有一「中」。凡天地間一切圓，皆同有一中，故有中卽猶無中。因凡圓之中，皆同而無異。老子曰：「同謂之玄，玄之又玄，眾妙之門。」中國道家尚「同」，主同不主異，故老子亦主「無」。矩則有四方，其隅各不同。儒家言：「先聖後聖，其揆則一。」非道家之僅有一中心。故儒家言同亦言「異」。如我與人，同爲人，而人各爲己，又相異。道家則言渾沌，不再看重此異處。此爲儒道之相異。故儒家言人之相處，有同亦有異，如父慈子孝卽屬禮。道家則不言禮。老子言：「禮者，忠信之薄，而亂之始。」忠信彼我一同，而禮則必分彼我賓主，不得有我而無彼，有主而無賓。孔子僅言不踰矩，故人道大同，而不害有分別之小異。五倫之道首夫婦，必言夫婦有「別」，其義深長。道家則僅言大同，而不再言別。儒道之不同乃在此。

儒家言四方，又言「兩端」。彼我賓主，卽人道之兩端。實則死生存亡，亦卽天道之兩端。儒家既言天，又必言地。天圓地方，亦卽大自然之兩端。道家言天不言地，有陽無陰，乃只一端。儒家言：「執其兩端，用其中於民。」故儒家最愛言「中道」。

三

今果自歷史文化之進程言，飲食男女，在孔子前兩千五百年，如庖犧氏、神農氏時代一平民，卽早已爲先知先覺。而孔子生兩千五百年後之春秋末年，已遠爲後知後覺。故孔子曰：「若聖與仁，則我豈敢。我學不厭而教不倦。」孔子所自負，不重在其稟於天，而重在其任於己。性稟於天，而學則任於己。故孔子尤貴言「學」。有學乃有教，而學又必先於教。先得孔子之心之同然者，乃遠在兩千五百年前犧、農時代之野人。孟子亦言：「舜之居深山之中，與木石居，與鹿豕遊，及其聞一善言，見一善行，沛然若決江河。」此所見所聞之善言善行，均出深山野人中。舜亦後知後覺，貴在其學而已。

孔子又言：「夏尚忠，殷尚鬼，周尚文。」尚忠，即貴在其能盡己之一心。尚鬼，則已走向外。古人與天皆在己之外，尚鬼則不免重外而輕内。尚文，乃回歸於己，而花樣則多了，一切古與天亦皆其花樣。今儻以中西雙方之文化演進言，亦可謂希臘重通商，已尚文。羅馬時代耶教興起，始尚鬼。較之中國，秩序顛倒，一若反其道而行。直至今日，實尚未能達於夏之尚忠時代。今日崇尚科學，花樣繁多，實仍尚文。以比之中國，則實當謂其尚未能直接走向人生大欲之眞目標。雖亦尚鬼如宗教，尚文如科學，但尚忠之人生本源大目標，則實尚未能接近。孔子言：「質勝文則野，文勝質則史。」中國之夏尚忠即其質，而西方希臘經商則早已忘其質而趨於文。亦可謂中國自商周以後，早已進入文學時代、史學時代，而爲文質彬彬一君子。西方則自羅馬以迄近代，雖若日趨於文，而終缺其質。其如核子武器之發明，亦可稱爲科學大進步，但斷非文化大進步。其實核子武器之發明與飲食男女之人生大欲又何關，豈不正反其道而行？以中國古代人之所謂「文質彬彬」言，豈不大相違戾。

求富求強，亦可謂乃發源於人類求生存之本質。至於飲食男女人生大欲所存，則本源所在，與富強之間亦尚有距離。今爲求富求強，而忘棄其飲食男女之大欲，則實非進，乃退。而中國則在滿足其大欲之餘，尚多演進，而得爲一文質彬彬之君子。故余嘗謂中國乃一「藝術文化」，西方則僅是一「科學文化」，兩者之間，實有隔距。儻今日而孔子復生，其對西方文化，必當別有一番衡論。惟不當謂其求富求強乃在人生大道之進步中，此則決然可知者。

或言西尚「別」，中尚「通」。其實中國惟莊老道家言圓通。孔子言矩不言規，又稱「道之不行」，此亦與道家別。但言「執兩用中」。窮與通，亦道之兩端。儒家不貴通，而貴中，此亦當辨。

四

今人又言西方人於求富求強外，又好言男女戀愛。但西方人言戀愛，一若偏於欲而昧於性，與中國人之言男女又大不同。亦可謂中國人言飲食男女，已進入於一種藝術化。西方人則於男女間仍近於一種欲望，而不能進入於一種藝術。僅在物質方面以種種手段求有獲得，而不知在人類內心之眞性情上求。故其言飲食，僅知有饑飽，而不能如中國人之言「知味」。其言男女，則僅知有結婚前之戀愛，而不知有結爲夫婦後之「倫理道德」之更深的演進。於是西方人乃在飲食男女上引起了人與人間之日相鬥爭，而乃以法律爲之制裁。中國人則飲食男女皆必有禮。「法」爲消極性禁止性的，「禮」則爲積極性啟發性的。故中國人之於人生大欲，皆有啟發，而不加禁止。換言之，則飲食男女，皆可啟發出人生相與之一番大道理來。禮、義、廉、恥，乃爲國之四維，飲食男女則皆在此禮義廉恥中，而豈有用法律以待解決者。

儻言「人文化成」，則中國人卽於滿足此飲食男女之人生大欲上，其內容其程度顯已明白高出於西方人。而自孔子「執其兩端用其中於民」言，則西方之今日，僅言法不言禮，僅知欲不知德，亦可謂僅執人生之一端，則不煩多言而可知。

五

儻今日世界人生而得歸於孔子之所謂道，必自改革今日舉世羨慕之歐美始。必不得已先去兵，美蘇核子武器最先當廢。再不得已而去食，則歐美之商業資本主義亦勢必當去。但雖皆去之盡淨，其去孔子之道，則依然甚遠。

然則就今日而言人生大道，西方之與中國，究孰爲質勝之先進？孰爲文勝之後進？論禮樂，則中國爲先進，西方爲後進。論工商經濟，則西方爲先進，而中國爲後進。換辭言之，西方於中國之禮樂，猶當爲一野人。中國於西方之工商業，則亦當爲一野人。今再明言之，可謂西方文化以科學爲主要，中國文化則以藝術爲主要。前者重外界之物質，後者重內在之性情。中國「儒」爲「術士」之稱，孔子以「六藝」教，則中國儒術宜卽以「藝術」爲其主要對象主要中心可知。故中國之「道義」，卽中國之藝術。與西方科學，正可謂爲人生對立之兩端。專以飲食論，則惟藝術可以滿足其要求。而科學則屬理智方面，乃手段，非目的。如飲食，西餐不能與中餐相比。如男女愛情，中國可以夫婦偕老，和好百年。而西方則言「婚姻爲戀愛之墳墓」，亦可謂不藝術之至矣。然則今後之世界，人文演進，果當科學化，抑當藝術化，亦可一辭而決矣。

（一九八七年十月動象月刊第十期）

三一　質與量

一

中國人嘗分言質、量。果言「質」，則中國傳統文化僅奉孔子一人爲至聖先師，可謂單純已極。但言「量」，則自孔子迄今已歷兩千五百年，人口增至十億以上，信奉孔子者幾何人，豈計量所能及。言其著作，孔子當身論語二十篇，共得幾許字。但後人傳述發揮其義蘊，以字數論，固難計量。即以作者人數論，亦難計。故自孔子以來，兩千五百年，單以數量計，孔門傳統早已無可計數。自今以後，其質常不變，而其量之日增日廣，則實有難言。此爲中國文化傳統一大可驚異難相比擬一要端。

人生重量，少年人可貴，以其來日之方長。老年人可貴，以其往日之已多。中國人重己，凡其數量之可計，屬之己者皆可貴。若身外之物，則無足計數矣。西方商業社會乃貴財富，此皆身外物，非中國人之所足貴。

中國人言「士先氣質，而後才藝」。氣質是其本體，即是質。而才藝則是其手段，或說是其工具，即是量。西方人則特重才藝，而似乎有輕視本質之嫌。此因中西雙方民族開始，一重農，一重商，有其不同。農業種植五穀，重在質。商業彼此交易，物質貨幣重在量。

孟子言：「人皆可以爲堯舜」，是指人生「氣質」言。如人皆能「讓」，則知其人亦得爲堯。人皆能「孝」，則知其人亦得爲舜。非謂人皆能上升政治高位爲天子，乃得謂之爲堯舜。此皆不指才藝言。亦可謂乃以言德，不以言位。故曰「性善」。善亦指德，不指位。無權無位，才能無以見，亦可不失其爲善。孔子曰：「十室之邑，必有忠信如丘者焉，不如丘之好學也。」孟子言性善，即指忠信言。但不能如孔子之好學，則雖性善，而無以求進，又何益？

顏淵言孔子之教，「博我以文，約我以禮」。博文即教其才藝，而約禮則教以氣質，即德性。子貢言：「回也聞一以知十，賜也聞一以知二。」此謂其才藝之不如顏淵，而才藝則亦從氣質來。但若謂氣質不如，則必受孔子之申斥矣。孔子之教人則多在才藝上，儻其弟子氣質不如人，則孔子亦不與以教矣。故曰：「學而時習之」，又曰：「有朋自遠方來」。可見教與學，皆重在才藝上。至謂「人不知而不慍」，則可並指氣質言。此下孟子似偏重言氣質，荀子則多言才藝。才藝可計量，而氣質則否，此兩者可相通而實相異。

二

西方人重商業，交易貨品。貨品之產生，則重在人之才藝上。儻西方人來孔門，最多當知重子貢，決不知重顏淵。當時魯國人亦謂子貢賢於仲尼。但子貢自謂其不如顏淵，斯其所以爲孔門之賢達矣。

人生有內有外，內言其質，外言其量。西方人重商品，在外可量。而於主持此商業者，則言人人平等。既屬平等，乃重多數。是西方之於人，乃亦重量不重質，不免與其所經營之商品物質亦同等相視。數學爲科學之基本，科學可以製造商品，西方人乃亦重科學。但科學發明如最近之原子彈，一彈可殺數十萬人，乃至數百萬人，亦以數量勝。資本主義重數量，共產主義同亦重數量。論其本質，又何嘗有相異。只其計量數字之方式有不同而已。

但人生終不能僅重量不重質。如當前美蘇會商裁減核子武器，亦只重計量之一例。若果論質，則核子武器卽當立刻廢棄，尚何裁減可商。我民國元年十八歲出爲人師，月薪十四元，其後爲中學教師最高一百四十元。及爲大學講師，月薪兩百元左右。教授三百元，特聘教授四百元。一女傭則月薪四元。故當時一大學教授其最高月薪等於一百女傭之工資。今日一大學教授，月薪約四萬元，已高於當年北京教授百倍。但一女傭月薪一萬五千左右，以一大學教授之月薪則僅不到三倍。數字之不足以衡量人生有如此。

西方人重數字，捨棄數字，一切無可言。如商業，如政治，一切人事標準莫不重數字。故西方人雖重個人主義。而處處亦必重多數。一切文化乃以個人相互爭多數，實質內容皆可不計。

中國人重質，人生必言「倫」。人與人相處，乃爲倫。故言倫，則決非個人。如夫婦、如父子、如兄弟、如君臣、如朋友，此爲五倫。個人獨立，自由平等，卽無倫可言。既不重個人，亦不重數字，乃惟以「成倫」爲重。此爲中西文化一大不同所在。

中國人言「量」字，乃亦不專以計數，卻以心胸之寬宏容量言。故曰：「忠恕違道不遠。」忠恕卽其心量之寬大。孔子五十知天命，六十卽耳順。耳順則所聞皆可不違於其心，此卽其心胸之寬大，能容能諒，一切違異皆可不計。

故中國後人言「量」字，乃多轉從「心」言。如氣量、胸量、識量、度量、寬宏、大量皆然。則其重內輕外之程度，卽此一字已可見。今國人多以中國爲農業傳統，故其文化守舊無進步。不知西方人言進步，則在數量上。以中國文化言，其病痛本源則多在心，不在事。如孔子「三十而立，四十而不惑，五十而知天命，六十而耳順，七十而從心所欲不踰矩」。其畢生進步，亦盡在此一「心」字上。故孟子言「盡心知性以知天」。但今人重西化，不知此心只能言質，決不以量計；僅言知識進步，乃言量，仍在外物上。中國心之所重則在「德」，德乃心之質，非量可計。

三

若論宗教，如西方之耶穌教，教主耶穌不認其在塵世之有母有姊，而謂己乃上帝之獨生子，但又更無天母。①故以西方神學爲教，據此一點言，可謂太不近情理之甚，此又何心德可言？儻以中國文化傳統論，歐洲文化亦當另尋補救，另覓出路。

最近聞法國人有重復王室之建議，此一消息，實大值商榷。法國人方以帝國主義自尊時，乃力求尊拿破崙。一遊巴黎，觀其凱旋門而可知。今則法國之帝國主義已無可復尊，則拿破崙亦當失其所尊。向外不復可獲尊，轉而向内求自尊，乃求恢復一王室，此亦不可不謂乃法國文化意義之内在一轉變。

當知人心不能視他人全屬平等，更無尊卑。人心外視，必求有所尊，此乃人情之大常。英國人在此處視法國人，似當較勝。雖其政治同屬民主，而英倫之王室，迄今尚仍保留，此屬人心情感方面事。今法國人亦求重興王室，使在人羣中客觀有一所尊，此乃人心一安慰。中國傳統政治主要負行政

---

① 編者按：耶穌教本不言聖母，直至十一世紀天主教始信奉聖母瑪利亞。

實際責任者，乃在宰相，而非君王。君位世襲，其實亦如今英國之有王室。惟中國重情不重法，苟遇君王有才能，亦使其能有適度之運用。不如英國人之重法治，乃絕不使任一君王之有所施展。此則亦中西文化一大異之所在矣。

四

細讀全部論語，似乎在孔子心中，尚未明白認定，人之死後可精神不滅，千古常存，如其生前。故孔子僅曰：「道之不行，吾知之矣。」其門弟子亦謂人死則歸休息，不復存在。故其弟子在孔子墓留三年，而子貢一人獨留六年，此在自盡己心而止。至於其師則已死，不復存在。故曰：「祭神如神在，我不與祭如不祭。」此亦可謂中國古人有「心學」非有神學，絕不有如西方人之有宗教信仰主要之一因。孟子言：「乃吾所願，則學孔子。」但似亦不知孔子之可以經歷至今兩千五百年而仍如存在。此義乃稍後始漸爲人知，而古人則決非早知。如老子言「禮者，忠信之薄而亂之始」。此亦不知禮之所在，乃屬人心相傳，可以千萬世而常存。

故孔子亦僅曰：「愼終追遠，民德歸厚。」而孔子似亦實不知人心之追遠，有可至二千五百年之久。至今仍尊孔不絕，斯亦見中國人之厚德乃無可倫比，雖至聖如孔子，亦有所不知有如此。故一切物皆可以數量計，獨人心終不可以數量計。今日西方人亦以科學方法用數字計量來作心理研究，說明人心，此則終失之甚遠矣。

然則人心不可以數量計，又何由知人心？曰：「惟以心知心」，乃始得之。己不能喜，何由知人之喜？己不能怒，何由知人之怒？己心不如孔子心，又何由知孔子？孟子提唱「性善論」即此義。荀子主「性惡論」，亦尚學，以己心學孔子心，貴在己心之「自得」。則雖性惡，亦得爲一善人矣。

五

但前人之知後人心，實不如後人之知前人心之更易更具體，更親切更微妙。故孔子不知有孟子，而孟子則明知有孔子。又孔子孟子不知後世之有朱子，而朱子則又明知古人之有孔子與孟子。人類文化進步實在此人之一心，而此心又自有進步。換言之，更重要者乃在後人之心更超於其前代古人之心。孔子曰「後生可畏，焉知來者之不如今」。則孔子固已先知其義。韓愈師說亦謂「師不必賢於弟子，弟子不必不如師」。此亦即後生可畏矣。而孟子則謂：「人之患在好爲人師」，其寓義深長，大堪警戒。而中國傳統尊師之道終於不絕，此見中國民族居心之厚，亦大堪致敬矣。此下人生不絕，千百世以下，當更勝於千百世以上，主要則全在此「心」，更要則在後生之此心，亦可知。

此下世界人類其文化前途又將何如？則惟有用中國文化傳統「以心知心」，庶可約略把捉其大概。要之，人心之質大體略相同，而人心之量則後人更勝於前人。人文進化，主要乃在此。徒重知識之量，而輕視其一心之「德」，則是知而無仁，決非人道之所宜想望矣。

（一九八八年作）

三二　今年我的最後一課

一

我們今年最後三個星期課，第一個星期是我向諸位做臨別贈言，第二星期是諸位向我發問，今天是第三星期最後一課。

我今天想就當前最近社會發生的事項，分作兩項談。第一項，再過兩天就是端午節，我想對此節日談幾句話。另一項，在過去兩天有一項學術會議，諸位或許並未注意到。我有一老學生，在臺南成功大學史學系任教，又兼臺中東海大學課。他在該會開會前一晚，從臺南來臺北，通電話來我家看我，我才知道在政治大學要開王安石、司馬光九百年紀念會。他是被邀請來出席的。他只參加上午的開幕儀式，下午就要回臺南。該會詳情，報上未有報導，一切我並不知。可是我今天要略爲講述有關王荊公、司馬溫公兩人新舊黨爭的經過。

二

諸位或許認爲王、馬兩人，只是中國歷史上人物。諸位或不知，這兩人乃是最近一百年來近代學術思想史上的重要人物。但最近一百年來的變化不知有多少，太多太複雜。王安石、司馬光兩人在近代學術史上的地位早已被遺忘，或許諸位已不知道了。

最先康有爲不主張革命，主張保皇變法。他有一學生梁啓超，講變法運動，名滿全國。「戊戌政變，譚嗣同等四君子遭難，康梁師生搭了日本輪船逃到日本去，沒有和四君子同受災禍。梁任公逃到日本後，寫了中國六大政治家一部書，上自管仲商鞅，下迄明代張居正，凡屬在歷史上主張變法的，全稱爲中國歷史上的大政治家。這部書並不由他一人寫，有朋友同他合作。王荊公單獨成一書，乃梁任公親手所寫。那一年寫的，我不記得了，大概他離去北京約十年，便寫出此書。當時這書幾乎是全國學人一本人人必讀書。不知道經過這許多年，諸位或許連書名都不知道了。中國近代社會變化之大，眞是開天闢地，爲以往歷史所未有。

我曾告訴諸位，我當了小學教師後，讀王荊公全集，我是一佩服崇拜王荊公的人。但梁任公這本書，稱讚王荊公變法，我讀了卻並不十分贊同。爲甚麼呢？他這本書，講王荊公反面的司馬溫公，我認爲講得太過份，太不對了。當時反對王荊公新法的，司馬溫公只是一主要人。譬如歐陽修，是荊公、溫公的老一輩人物，但晚年同也反對新法。又如蘇東坡，同荊公、溫公是同輩人物，同也反對新法。

新舊兩黨，實多是君子，中間出了一個蔡京，始是一道地的小人。諸位讀宋史，這該是知道的。他本是王安石新黨中人，但是司馬溫公上臺，舊黨得政，蔡京還留在政府做事。司馬溫公拿新政一件一件改過來，王荊公方退居南京，聽到一切，不當一件事。直至聽到罷免「免役法」，才說，這還該變嗎？這一法既已推行，實不易再變。只有蔡京，第一個在京都努力實行罷免免役法，深受司馬溫公欣賞，很看重他。結果他後來當政，又一變推行新法，舊黨重要人物盡被貶黜。這是宋史裡面大家知道的一件事。最後徽、欽二帝蒙塵，可說盡受蔡京影響。

新黨王荊公我很佩服，並不是個壞人。舊黨司馬溫公、蘇東坡，甚至老一輩的歐陽修，我也都很崇拜，都不是壞人。這裏面就有一個大問題。可以說當時主張新黨的多是君子，舊黨也多是君子，但何以君子同君子間，攪成這麼一套來？這一問題，今天我特地提出，請諸位注意。諸位研究中國史，有中國史上難解決的問題。論語上說「君子羣而不黨」。我喜歡講論語，講孔子。

在中國歷史上，政治場合中，攪出黨來，都不是好現象。其實就歷史實況論，中國史上的所謂黨，也並不如近代西方的黨。中國歷史上之黨，可謂乃有其名，無其實。即如晚明的東林黨亦然，但已不勝其禍。諸位研究中國史，對此一層需要深心體會，好加解釋。就像宋代，王荊公、司馬溫公都不是壞人，而新舊黨爭，宋代就這樣送掉了。送在甚麼人的手裏呢？就是蔡京。你們爭，他得意。這是一個極重要的講中國史的大問題。

三

我以前曾屢次告訴諸位，我對中國近代人物最佩服孫中山先生。中山先生提倡的「三民主義」，最先第一項便是民族主義。他在三民主義的演講中，並不鄭重提到政黨，他說「國民黨是個革命黨」，這是甚麼意思呢？中山先生似乎說，倘使經過軍政、訓政、憲政，革命完成了，便不需要黨。這樣解釋，對不對？我是黨外人，要請黨內人批評。我認爲孫中山先生是這樣講的，所以在他三民主義的講演中，不鄭重提到一「黨」字。他的五權憲法，照西方的三權，再加上兩權，一個是考試權，不僅被選舉人要考試，連選舉人也需先經考試。選舉考試是中國歷史傳統，遠自西漢以來，已歷兩千年之久。並不是照現代西方說法，每一個國民便有選舉權。中西雙方文化傳統顯見有不同。

以上所講，似乎只是我個人意見。這意見對不對？我根據歷史書，諸位可去細讀，自加判定。孫中山先生並沒有在別處更詳細講到黨和黨的選舉。五權中考試權，這是由中國歷史上的考試制度來。西方政治以前沒有考試制度，最近英國開始學中國，才有考試。第二次大戰，首相邱吉爾，他是黨的領袖。他本任海軍部長，他並不曾學海軍，乃由黨員受職。但是他們學了中國，海軍部有兩個次長，一是黨員，一經考試任用。直到今天，英國人學中國人的考試制度，門類甚多，並不止海軍一項。西方人只學了中國人考試制度的一部分，而仍不失其傳統的黨的組織之重要性。並不像中國人學西方，便要全部放棄了自己傳統。這是孫中山先生三民主義、五權憲法之特爲高出與偉大處。但當前的中國人，並不鄭重注意五權憲法中之考試權。從前歷史上怎麼考的，兩千年的經過，種種變化，都不注意了。這一層暫時不講。

四

此刻我要告訴諸位的，諸位講新講舊，今天是新，古代是舊。諸位都贊成新，不贊成舊。不知「新」「舊」兩字，實在難加分辨。即如王荆公變法稱「新黨」，司馬溫公一班人加以反對稱「舊黨」。其實依照當時歷史情實，並不如此。司馬溫公是一史學家，諸位都知道，上一堂上課我們還講他的資治通鑑。資治通鑑乃是依照左傳繼續寫下，寫戰國，寫秦漢，直寫到隋唐五代。王荆公則是一經學家，兼是一古文家，這是不錯的。我讀王荆公全集，我也告訴過諸位，因爲桐城派提倡唐宋八大家，而依秩誦讀到荆公集。其實王荆公主要精神還是在經學。他執政以後，司馬溫公不管政治，寫他的資治通鑑，而王荊公則在朝廷設局，闡述五經新義。他因看不起漢唐後代的經義，他要重寫一部新經義。他的兒子乃及新黨裏的重要分子，都參加在裏面寫。

歐陽修曾貽書給王荊公說，「我本有意作韓昌黎講究古文的傳人，今讀兄文，乃知昌黎傳人應屬兄。」至於歐陽修如何提倡韓昌黎古文的一切經過，今不詳講。他們同是江西人，不過歐是前輩。而荊公回信卻說，「公有志學昌黎，我則志在學孟子，與公志向不同。」我曾對諸位一再講到王荊公的三聖人論，這就是他有志學孟子一明證。我曾受該文莫大影響，這一層我也早和諸位講過。我讀了王荊公的全集，才開始有志攻讀宋明理學家言。

上述那位成功大學史學系先生對我說，「我在先生堂上聽先生講過，宋代理學從古代經學來，我一直記好這句話，近十幾年來我研究宋代學術史，證明這句話不錯。」他那天晚上在樓上同我這樣講的。我們當知經學家與史學家有意見不同，朱子卽爲此要寫通鑑綱目。王荊公是一經學家，司馬溫公是一史學家，政治意見自不同。我在幼年時，尚不懂經學與文學的分別。依照梁任公的說法，王荊公的文章在桐城派古文辭類纂裡面所未經選入的，如三聖人論之類，都當歸入近代人所稱述的「學術文」之內。我才從此走進了攻研理學的門路上去。

我再告訴諸位，經學在宋代初年，實在是一套新學問，史學則比較是一套舊學問。宋朝開始，一般人都講漢唐，王荊公提前講夏、商、周三代，這便是要講經學。韓愈說爲古文是要提倡古人之道，但學韓愈的，卻走上了古文一條路。像歐陽修，雖也講經學史學，但終以文學爲重。司馬溫公幫皇帝寫資治通鑑，講歷史，講政治，主要講漢唐，實乃當時的一套新學。而王荊公講的經學，主要講唐虞三代，實乃是當時的一套舊學。王荊公曾對宋神宗說，「你不要只想做漢唐明君，你該學做唐、虞、夏、商、周三代的聖帝明皇。」這在史書上明白記下，這不是講古代嗎？如此說來，講漢唐近代應是新，講唐虞三代應是舊。司馬溫公應稱「新派」，王荊公應稱「舊派」。

其實遠在春秋時代，上自管仲，下至鄭子產等，都該是新派。而孔子所想望的，如他夢見周公，則應是舊派。而在當時則羣認孔子爲新。有如近代孫中山先生講三民主義，他自稱爲「先知先覺」，對其聽講的國民黨同志則認爲是後知後覺，而全國民眾則都是些不知不覺。這種講法，都是中國三代人的口吻。孫中山先生眞算得是中國近代一天降之「大聖」。我中華民族的文化傳統，正在此等處，可謂與歐西民族大相異。此正貴好學愛國之士所當深思而明辨。

但是換句話講，司馬溫公之學是當時所流行的，王荊公之學是當時所不流行的，所以說王荊公是新學，司馬溫公是舊學。諸位今天要講美國，講科學、講民主，豈不正等於當年的司馬溫公？我在這裡講中國，講孔子，講孫中山先生，豈不正等於往年的王荊公？如此則豈不講舊的就是新，講新的又卽是舊。講美國、講民主、講科學，民國以來大家講，今天說來豈不是舊了嗎？我講中國民族，講孔子，講文化舊傳統，今天大家不講，豈不轉成爲新的了嗎？

諸位不能只聽「新」與「舊」一名稱。現在講孔子是舊，在當時孔子最是新。只有幾個人聽他講，不僅魯國、衛國、全中國各諸侯各處人民，沒有照孔子這樣講的。所以我敢於今天這樣講，我就是學王荆公，就是學孔子。大家這樣，我不這樣。人家認爲舊，其實是新。大家認爲新，其實是舊。新舊分辨眞難講。至於講是非，則又是另一問題。

梁任公的書，講新派如在天上那般好，講舊派不成話，對司馬溫公沒有一句好話。到胡適之打倒孔家店，連孔子都該打了。中國近百年來有這樣一個大變動大問題，如講王荆公同司馬溫公的那些問題，諸位今天已全不知道。我所以反對梁任公，就是反對他這種地方。當北宋亡國時，當時人都把來歸罪於荆公新政。但到南宋，陸象山已開始作平反，認爲王荆公不這麼壞。朱子也同意象山說法。到近代，大家又忽然講「變法維新」，對舊問題又發生新意見，王荆公升在天上，司馬溫公掉落到地下去。我前幾堂講過王荆公，也講過司馬溫公，司馬溫公至少不是一個壞人小人。

五

中國人的舊政治，我勸諸位千萬不要拿「專制」兩字來講。宋神宗相信王荆公，把他升爲宰相，但也看重司馬溫公。司馬溫公不肯做官，但仍請他編寫資治通鑑。司馬溫公不肯留在汴京，便讓他把書局移到洛陽去。諸位聽呀！這種政府，那算得是專制。其實司馬溫公雖不肯在政府擔任實際行政職務，只閉門著書，也並未結黨來反對政府。中國人「羣而不黨」。上自東漢的黨錮，下至明代的東林黨的名稱，都是別人用一「黨」字名稱來加在他們身上。實際上，中國歷史從來沒有像西方般的政黨出現。這又是此刻難於詳細辯論的。

當時司馬溫公資治通鑑，並不是一人一手來編，幫他最重要的有幾個助手，一位幫他編寫唐史，此人尚在科舉應考中。朝廷聽從司馬溫公請求，讓他請此人去做助手。通鑑編成，朝廷又聽從司馬溫公請求，此人未經考試仍授以進士及第後之職位。諸位聽聽，如此等事便算是朝廷專制嗎？這眞太寃枉了。

司馬溫公所編資治通鑑一書之意義與價値，此處暫不論。我最衷心佩服他的，他每日進出編寫通鑑院落的大門，看門一老僕，竟不知他有朝廷一官位，直待積年後，有人來此院落拜訪，此老僕才知司馬溫公在朝有官位，那又是如何般的修養！卽此一端，已足證明他是歷史上千古一大人物了。

你們試去翻讀西洋史，也有那般的故事嗎？倘使翻不到，我勸諸位，你們是個中國人，我積年累月講，總勸諸位不要輕易批評自己中國人。中國四民社會高居第一位的「士」，王荆公、司馬溫公都可做爲一代表人物而無愧。而現在要在社會裡找尋這樣的人，則更難了。

我再告訴諸位，我寫國史大綱，關於王荆公新政的很多材料，那裡來的呢？抗戰時，我從北平出來到長沙，我住在南嶽山上，下面是南嶽市，市內有個圖書館，藏有商務印書館以前出版的四庫珍本。我每個禮拜六到市圖書館去借一部四庫珍本，我以前在北平所未讀過的，中間有好多有關王荆公推行新法的參考材料。我的國史大綱是教科書，我不能在每項材料下註明出典。我出版了，我請老友陳寅恪指教，他只說了一句話，他說，「先生的書有好多處沒有註明出處，有的我不曉得」。我在師友雜憶一書中，曾講到這一點。以後我沒有專寫一部有關王荊公、司馬溫公黨爭的詳細歷史。今天才偶然在此講到。

我不知道在政治大學當前召開王荊公、司馬溫公紀念會講點甚麼。不過我要告訴諸位一句話，諸位學歷史，不講古代，講近代史，而我上述宋代熙寧變法的「新舊黨爭」，有關近代人的看法，諸位大概已全不知道了，那麼諸位再想想此下中國的學術界，又將如何般的變？近代史又當如何般的寫？這不是當前的莫大一問題嗎？政治大學開會，當然有一般年齡大的應該知道百年內以往的經過，但我不知道他們當前的意見又是怎麼樣。總之，學術思想時時刻刻在變動中，這絕不是一個好現象，這是斷然可定的。

今天我在這裡上最後一堂課，好多朋友甚至新聞記者來聽，或許再過十年二十年，我的姓名都被人遺忘了。現在那人再講梁任公，連胡適之先生也少人提及了。照這樣子，將無歷史可講。譬如說陳寅恪，當時在北平那個青年讀書人不知道，但現在又誰知道得他呢？求新求變，那眞是值得驚心動魄的。做人能到老到死，這也是一幸福。但今天則不待老不待死，時刻在求新求變中，這又是何等般的人生呀！諸位學歷史，我曾告訴諸位，諸位身上負了一個大責任，便是該知歷史是一些不變的事實。諸位該深切明白呀！

六

現在我要講第二項，很快來到的端午節。端午節紀念屈原投湘江而死。我曾告訴諸位，自孔子起到戰國，當時全中國的學者知識分子，都抱著「天下觀」，在戰國七雄間奔波來往。只有屈原，他是楚國王室的親族，所以他不得意於楚國的朝廷，絕不跑向別國去，悲憤之餘，寧願投江而死。這不是屈原的缺點，乃是屈原一種獨特精神之表現。

屈原的外交政策主張連齊拒秦，可知屈原心中並非只知有楚國，不知有天下。但當時的楚王，誤聽連橫家言，親秦拒齊，不用屈原，屈原遂作爲離騷投江自盡。但屈原離騷雖是上繼詩經的一篇中國古代新文學的開山作品，而屈原實不僅是一大文學家，還是一抱有外交遠識的大政治家，又是一忠君愛國大仁大義的道德實踐者。這眞不愧爲戰國時代中國一極大人物。我屢次向諸位講伯夷、叔齊，是孔子以前中國了不得的大人物。那麼屈原乃是孔子以後中國了不得的大人物。屈原就等於伯夷、叔齊，可謂乃是一「聖之清」者。

西漢初有賈誼，作爲痛哭流涕長嘆息之治安策萬言書，文帝深賞其才。但終爲朝臣所沮，遠離京師去做長沙王太傅。他是二十幾歲一青年，胸懷抑鬱。自屈原下視賈生，可謂如孔子所謂「後生可畏，焉知來者之不如今」。自賈生上視屈原，可謂如孟子所謂「先得吾心之同然」，乃在長沙爲文弔屈原。不久又爲梁少王太傅，梁王出獵墮馬死，賈誼也憂傷不壽。

太史公史記把賈生與屈子同寫一列傳，後來中國人悼念屈原，才有端午節，全國通行。但到今，則龍舟競賽已成爲端節一主要事項，可借爲國際運動會作準備作訓練。我幼年時的端節划龍舟情況之詳，諸位可讀我的八十憶雙親一文所記自知。現在的龍舟競賽，則早已西洋化了。文化侵略，可畏如此。而楚辭離騷，乃至史記屈賈列傳，則歸入古典文學中，少人誦讀。諸位治史學，如不通文學，則何從眞知屈原賈生其人。我們是一中國人，不能專爲白話文，慕效西方文學。我平日常勸諸位求爲一「通人」，莫爲一專家，用意卽在此。兩日後端節卽到，諸位不能讀離騷，又何從懷念屈原其人。難道龍舟競賽，亦卽是求新求變嗎？諸位當知，端午節主要用意在紀念屈原其人。如何來作紀念，其責任卽在史學家文學家身上，更在通聖賢之學的中國舊傳統四民之首「士」的身上。

七

諸位不要認爲我是研究史學的，可以不管經學、文學。沒有一中國史學家可以不通經學文學。也沒有一中國史學、文學家，當不起中國文化大統爲四民之首的士的身分的。西洋文學家就是文學家，史學家就是史學家，政治家就是政治家，此爲專家之學。他們沒有中國人之所謂「士」，所謂「通儒」。我在此講學快近二十年，主要宗旨卽在力矯此弊。今天趁端節來臨，再發此言。

如宋玉，大家知道是當年屈原的學生，但司馬遷史記宋玉輪不到，卻把賈生直接屈原。這種史學，不僅旁通文學，還要直究人生。品其人，乃可衡其文。論其文，則不足以定其人。如曹孟德父子，創爲建安文學，非不斐然成章，但又何能與諸葛孔明之出師表相伍偶。下至說部，自西廂記、水滸傳始，一切作品，何嘗不然。全部中國文學史盡如此，又不可不知。

我屢次同諸位講，最大學問在人的心情上。讀太史公屈原賈生列傳，尤該知道司馬遷的心情。太史公之偉大，光舉屈原賈生合傳的題目這一點，就可知道了。若要講到端午節，就在今天大家只看重龍舟競賽一項目，其意義與價值自可知。

我剛才講到王荆公、司馬溫公現在少人講了。諸位治史學，史學廣大，一切變化都能影響國家。最要一句話，我勸諸位「你們不要忘了自己是一中國人」，這是一切大本大源之所在。第二點，要根據這本源來規定自己學問路向，來改良社會風氣。

今天我講，一是前天過去的王荆公、司馬溫公九百年紀念會，一是後天來臨的端午節。我上堂喜歡同諸位講親身當前經歷，爲人爲學，莫不如此，才覺親切有味，確實可據。今天所講暫止於此，請諸位自己去親身體驗，逐步努力吧。

（一九八六年六月二十八日聯合報副刊）

三三　中國文化對人類未來可有的貢獻

前言

中國文化中，「天人合一」觀，雖是我早年已屢次講到，惟到最近始徹悟此一觀念實是整個中國傳統文化思想之歸宿處。去年九月，我赴港參加新亞書院創校四十周年慶典，因行動不便，在港數日，常留旅社中，因有所感而思及此。數日中，專一玩味此一觀念，而有徹悟，心中快慰，難以言述。我深信中國文化對世界人類未來求生存之貢獻，主要亦即在此。惜余已年老體衰，思維遲頓，無力對此大體悟再作闡發，惟待後來者之繼起努力。今逢中華書局建立八十周年慶，索稿於余，姑將此感寫出，以爲祝賀。

一

中國文化過去最偉大的貢獻，在於對「天」「人」關係的研究。中國人喜歡把天與人配合著講。我曾說「天人合一」論，是中國文化對人類最大的貢獻。

從來世界人類最初碰到的困難問題，便是有關「天」的問題。我曾讀過幾本西方歐洲古人所講有關天的學術性的書，眞不知從何講起，西方人喜歡把「天」與「人」離開分別來講。換句話說，他們是離開了人來講天。這一觀念的發展，在今天，科學愈發達，愈易顯出它對人類生存的不良影響。

中國人是把「天」與「人」和合起來看。中國人認爲天命就表露在人生上，離開人生，也就無從來講天命。離開天命，也就無從來講人生。所以中國古人認爲「人生」與「天命」最高貴最偉大處，便在能把他們兩者和合爲一。離開了人，又從何處來證明有天。所以中國古人，認爲一切人文演進都順從天道來。違背了天命，卽無人文可言。「天命」「人生」和合爲一，這一觀念，中國古人早有認識。我以爲「天人台一」觀，是中國古代文化最古老最有貢獻的一種主張。

西方人常把「天命」與「人生」劃分爲二，他們認爲人生之外別有天命，顯然是把天命與人生分作兩個層次、兩次場面來講。如此乃是天命，如此乃是人生。「天命」與「人生」分別各有所歸。

此一觀念影響所及，則天命不知其所命，人生亦不知其所生，兩截分開，便各失卻其本義。決不如古代中國人之「天人合一」論，能得宇宙人生會通合一之眞相。

所以西方文化顯然需要另有天命的宗教信仰，來作他們討論人生的前提。而中國文化，既認爲天命、人生同歸一貫，並不再有分別，所以中國古代文化起源，亦不再需有像西方古代人的宗教信仰。在中國思想中，天、人兩者間，並無「隱」「現」分別。除卻人生，你又何處來講天命。這種觀念，除中國古人外，亦爲全世界其他人類所少有。

二

我常想，現代人如果要想寫一部討論中國古代文化思想的書，莫如先寫一本中國古代人的「天文觀」，或寫一部中國古代人的「天文學」，或「人文學」。總之，中國古代人，可稱爲抱有一種「天即是人，人卽是天，一切人生盡是天命的天人合一觀」。這一觀念，亦可說卽是古代中國人生的一種宗教信仰，這同時也卽是古代中國人主要的人文觀，亦卽是其天文觀。如果我們今天亦要效法西方人，強要把「天文」與「人生」分別來看，那就無從去瞭解中國古代人的思想了。

三

即如孔子的一生，便全由天命，細讀論語便知。子曰：「五十而知天命」，「天生德於予」。又曰：「知我者，其天乎！」「獲罪於天，無所禱也。」倘孔子一生全可由孔子自己一人作主宰，不關天命，則孔子的天命和他的人生便分爲二。離開天命，專論孔子個人的私生活，則孔子一生的意義與價值就減少了。就此而言，孔子的人生卽是天命，天命也卽是人生，雙方意義價值無窮。換言之，亦可說，人生離去了天命，便全無意義價值可言。但孔子的私生活可以這樣講，別人不能。這一觀念，在中國乃由孔子以後戰國時代的諸子百家所闡揚。

讀莊子齊物論，便知天之所生謂之「物」。人生亦爲萬物之一。人生之所以異於萬物者，卽在其能獨近於天命，能與天命最相合一，所以說「天人合一」。此義宏深，又豈是人生於天命相離遠者所能知。果使人生離於天命遠，則人生亦同於萬物，與萬物無大相異，亦無足貴矣。故就人生論之，人生最大目標、最高宗旨，卽在能發明天命。孔子爲儒家所奉稱最知天命者，其他自顏淵以下，其人品德性之高下，卽各以其離於天命遠近爲分別。這是中國古代論人生之最高宗旨，後代人亦與此不遠。這可說是我中華民族論學分別之大體所在。

四

近百年來，世界人類文化所宗，可說全在歐洲。最近五十年，歐洲文化近於衰落，此下不能再爲世界人類文化嚮往之宗主。所以可說，最近乃是人類文化之衰落期。此下世界文化又將何所歸往？這是今天我們人類最值得重視的現實問題。

以過去世界文化之興衰大略言之，西方文化一衰則不易再興，而中國文化則屢仆屢起，故能綿延數千年不斷。這可說，因於中國傳統文化精神，自古以來卽能注意到不違背天，不違背自然，且又能與天命自然融合一體。我以爲此下世界文化之歸趨，恐必將以中國傳統文化爲宗主。此事涵意廣大，非本篇短文所能及，暫不深論。

今僅舉「天下」二字來說，中國人最喜言「天下」。「天下」二字，包容廣大，其涵義卽有使全世界人類文化融合爲一，各民族和平並存，人文自然相互調適之義。其他亦可據此推想。

一九九〇年五月端午錢穆完稿於外雙溪之素書樓時年九十六歲

〔附〕 後記

這篇文稿是賓四生前最後的遺稿，初稿完成於我們搬出素書樓的前三天。原準備遷入新居後，再作修定。未料賓四驟然離去，我心中的悲痛，豈是筆墨所能形容。聯合報爲紀念賓四逝世，向我索稿。此時此刻，我雖有千言萬語，也不知從何說起。賓四的這篇文稿，記載了他生前最後想要向國人說的話，寫作經過也值得懷念。我想，以賓四自己的文章，來紀念他本人，該是一件十分有意義的事。這篇文稿原是爲中華書局創辦八十周年慶而寫，承中華書局孫時敏主編慨允在聯副先發表，謹在此致上我衷心的感激。現遵聯副編者囑，由我在文後補一說明，以助讀者瞭解此文寫成之經過。

去年九月二十八日，是香港新亞書院創校四十周年慶。五月間，新亞來信邀賓四寫篇紀念文，同時請我們夫婦赴港與新亞師生同慶賀。當時賓四在養病中，他已有頗長一段時期沒有精神散步。我未敢立刻作決定，應允到時看賓四健康情況而定。八月間，新亞又來電話詢問賓四赴港的可能性。我恐怕賓四難以應付繁劇，想婉謝，就商於賓四，他不以爲然。我說：「你不能走路，怎麼上飛機呢？就是用輪椅，也得自己要能走幾步才行。」他立刻駁問我：「你沒有送我去機場，怎麼知道我自己走不上飛機呢？」於是我說：「如果你肯每天在廊上走幾步，到時我一定陪你去香港。」過了兩天，我忽然發現，賓四自己一人開始悄悄的在樓廊上散步了。於是去香港參加新亞書院創校四十周年慶典的事，就這樣決定了。

我們在香港停留五天，除新亞安排的三次聚會，我陪賓四到場作短暫應景外，其他時間我們夫婦完全在旅店中休息。每天早上旅店工人來清理房間時，我扶賓四到房外過道散步。有一天，我扶賓四正向房門走去，他忽然緊握我手，笑著說：「這幾天我一直在思考一個大問題，我發明了一個從未想到的大發現，眞高興，等下我要講給你聽。」在過道上散步時，賓四告訴我，說：「我今天發明了中國古人『天人合一』觀的偉大。回家後，我要寫篇大文章了。」又說：「這將是我晚年最後的成就了。」他正說得高興，我忽然衝口而出，說：「天人合一觀不是你早已講過多次了嗎？你怎麼自己忘了呢？」我當時以爲他記憶衰了，忘了從前已講的話，而誤以爲是新發現。賓四對我的魯莽，顯得有些不開心。他說：「講過的話，也可再講。理解不同，講法也不同。那裏有講過的話就不許再講的呢？」但也不再往下說了。

那天下午，新亞研究所的幾位老校友，來旅店看賓四。我有事下樓去了，回房時，正見賓四神采奕奕在談論。一位校友告訴我，賓四正在講「天人合一觀」，已講了半小時之久。這幾位校友，當時大概也和我一樣，以爲這些都是賓四的「老生常談」。他們除了感染到賓四的好興致外，也未能瞭解到賓四的眞意。到晚上，賓四自己仍興奮不已。

十月一日，我們由港返臺，在飛機上，賓四又提起他的「天人合一觀」。並說：「這一趟去香港眞好，想不到我竟在這趟旅行中，發現了我自己從來沒想到的大理論。我已經九十五歲了，還能有此徹悟，此生也足以自慰。」我只漫應著，仍沒有太瞭解。

回到臺北，休息了幾天，我就開始投入在忙碌中。除了家務，又爲搬家的種種傷神，不能像往常般在賓四身上投入太多關注。這其間，他雖再一次說到要寫他那篇大文章，也始終沒有眞動筆。直到今年四月，中華書局孫主編來信邀稿，才再次引起他強烈的寫作意願。

今年是中華書局創辦八十周年，中華書局計畫出一本專討論中國文化的學術論文集來紀念。孫主編來信向賓四邀稿，我因其規定每篇文長限兩萬字，又因當時賓四精神欠佳，所以沒和賓四商量就婉拒了。不久孫主編連來電話堅邀，說是賓四文章可長短不拘，他們希望在論文集中一定有賓四一文。我仍未敢應允，怕交不了卷。一次，孫主編來電話，正巧賓四在等我爲他準備食物。電話談得時間較長，引起賓四的注意。他問是誰的電話，說些什麼？於是我告訴他中華書局邀稿事。他立刻不悅的說：「你爲什麼替我拒絕？我心裡有重要的話要說。」於是又講起他要寫的那篇大文章。

事隔半年之久，賓四還清楚的記得他的新發現，我再不能等閑視之。但要把他的發現見之於文字，公之於世，也非小事。尤其今天的社會，學術風氣勇於批判，傳統文化長久以來被視爲「非主流」思想，人人可以批評。我恐怕他要惹來閑氣，不得不再次掃他興，又一次提醒他「天人合一觀」是他早曾講過的，我勸他寫了不必發表，盡興就好。

賓四對於我始終沒能瞭解他，頗覺失望。他長嘆一聲說：「學術是不能鄉愿的。我從前所講，和現在所想講，大不相同。我從前雖講到『天人合一觀』的重要性，我現在才徹悟到這是中國文化思想的總根源，我認爲一切中國文化思想都可歸宿到這一個觀念上。兩者怎能相提並論。這是我對學術的大貢獻啊！你懂嗎？」到此時，我算是體悟到他的意思了。那天早上，我兩在素書樓廊上對談的情景，此刻仍清清楚楚顯現在我眼前。

第二天是星期日，家中只有我們兩人。早餐後，賓四命我爲他準備紙筆。我提議，他說我寫，以節省時間和精力，他終於同意了。賓四向不喜用錄音或由人筆錄方式寫稿，在我的記憶中，十幾年來，他雖已雙目不能見字，但除修改外，他總是堅持自己寫初稿。這是第二篇由他口述我筆錄的文稿。記得那年索忍尼辛訪臺，中央日報爲此來邀稿。賓四正在病中，體弱不能伏案，但對索氏來臺事，興致很高，竟立刻應允寫稿。於是他躺在沙發上口述，由我筆錄完成。

那天，賓四居然一口氣說了近兩千字。他認爲已經把他想說的交代清楚了。我徵求他的同意，刪除了一些重複的句子，又曾作了三次修正，每次他都命我一再重複的唸。賓四此時的精力已大不如前，反應的靈敏度也退步，然而他對工作仍興趣很高，精神好時又曾作了兩次增補。最後一次，是在端午節上午，正是我們準備遷出素書樓的前三天。增稿來不及在搬家前修正，我們夫婦說好，待搬定家儘快修正交卷。

我從來沒有料到，搬一次家，會使人如此心力交瘁。在新居，我們雖曾工作兩次，但太過疲累的心身，實在難以全神貫注，以至於僅是敍述孔子短短一百多字的一段文字，也沒能完成修定。更不用說，最後應有的一氣呵成的全文修定了。

我曾表示，文章太短怕不合在論文集上發表。我又表示，賓四自己未能多加闡釋，怕讀者也會和我當初一樣，體悟不到作者的用心所在。賓四斥我為世俗之見。他說：「學術思想豈能以文字之長短來評價，又豈可求得人人能懂、個個贊成？不懂的人，就是你寫一本書來說明，他還是不會明白。能懂的人，只要一句話，也可啓發他的新知。我老矣！有此發明，已屬不易。再要作深究，已非我力所能及，只有待後來者之繼續努力。我自信將來必有知我者，待他來再為我闡發吧！」我深受感動。

這雖是賓四生前一篇未完成稿，但其實也可算是他的已成稿。聯副要我寫一說明，我竟然寫了幾日夜，難以交卷。每一提筆，往事如泉湧，悲難自抑。勉力成此，也可使並世關懷愛護賓四之讀者，以見一位學者生前最後之心聲。學人寂寞，自古皆然。死者已矣，生者情何以堪？情何以堪！

錢胡美琦揮淚寫於賓四逝世三七後一日

（一九九〇年十月二十六日聯合報副刊）

《錢穆先生全集》總書目

甲編

國學概論
四書釋義
論語文解
論語新解
孔子與論語
孔子傳
先秦諸子繫年
墨子　惠施公孫龍
莊子纂箋
莊老通辨
兩漢經學今古文平議
宋明理學概述
宋代理學三書隨劄
陽明學述要
朱子新學案（全五冊）
中國近三百年學術史（一、二）
中國學術思想史論叢（全十冊）
中國思想史
中國思想通俗講話
學籥
中國學術通義
現代中國學術論衡

乙編

周公
秦漢史
國史大綱（上、下）
中國文化史導論

中國歷史精神
國史新論
中國歷代政治得失
中國歷史研究法
中國史學發微
讀史隨劄
中國史學名著
史記地名考（上、下）
古史地理論叢

丙編

文化學大義
民族與文化
中華文化十二講
中國文化精神
湖上閒思錄
人生十論
政學私言
從中國歷史來看中國民族性及中國文化
文化與教育
歷史與文化論叢
世界局勢與中國文化
中國文化叢談
中國文學論叢
理學六家詩鈔
靈魂與心
雙溪獨語
晚學盲言（上、下）
新亞遺鐸
八十憶雙親師友雜憶合刊
講堂遺錄（一、二）
素書樓餘瀋
總目